叢書パルマコン・ミクロス m 06
pharmakon micros

前田久吉、産経新聞と東京タワーをつくった大阪人

松尾理也

創元社

前田久吉、産経新聞と東京タワーをつくった大阪人

目次

はじめに――大衆社会、大阪、メディア人間

一世一代の熱弁

トットツ、という感じではない。よくしゃべる。かといって、雄弁という感じでもない。声はやや甲高い。いってみれば、「大阪のオッチャン」ふうである。こんなふうによくしゃべるオッチャンは、大阪にたくさんいる。

株式会社東京タワー（正式社名はＴＯＫＹＯ　ＴＯＷＥＲ）のビルの一室で、前田久吉《まえだひさきち》の声を聞いている。前田は東京タワーの創設者であり、かつ産経新聞の創業者でもある。音源は、一九五二（昭和二七）年に大阪・西梅田《にしうめだ》に竣工した大阪産経会館（現・ブリーゼタワー）のオープニングセレモニーでの前田のあいさつである。

内容は平板だが、声に迫力はある。「新しい出発を、いたさなくてはならない。そして今までこうむったご厚恩に報いるために、もっと、大きく、飛躍しなくちゃならん」「われわれはまさに、羽ばたきをせんといたしておるのであります。将来、今日以上の大きな発展に向かいたいのであります」。前田にとって一世一代の晴れ舞台だ。たしかに、熱が伝わってくる。

このオッチャンを、どれだけの人が知っているだろうか。

前田は産経新聞の創業者であり、東京タワーを建てた人物である。関西テレビ、ラジオ大阪の創設者であり、参院議員を二期務めた政治家であり、千葉・鹿野山《かのうざん》にあるマザー牧場の創設者でもある。さらに、現在の関西みらい銀行の源流の一つをなす大阪不動銀行の創設者であり、大阪電気通信大学をつくった人物であり、日航のルーツのひとつとなった航空会社を設立した人物でもある。ほかにも証券会社、高等学校、禅道場などをつくった。

南大阪の貧しい農家に生まれ、小学校卒の学歴で新聞業界に飛び込み、全国紙の一角に食い込むまでになった立志伝中の人物として、戦後「怪物」「天才」「今太閤」「風雲児」「惑星」などと呼ばれた。「惑星」とは、実体はよく知られていないが有力そうな人、といった意味で、戦後しばらく使われた表現である。読売新聞を全国紙に育て上げた正力松太郎《しょうりきまつたろう》は「大正力」と呼ばれ神格化されているが、一時は「東の正力、西の前田」と同列に称されたことさえあった。

そのなごりを今、見出すことは難しい。

なぜなら前田は、中心的かつ最大の事業である産経新聞の経営を最終的にはあやまって途中で退いた。加えて、筆の立つ人間ではなく、自らを語る、あるいは歴史のなかに位置づけることに興味がなかった。結果として、あいまいなパブリック・イメージのまま人々の記憶から遠ざかった。

前田の伝記としては、まず一九七九（昭和五四）年、米寿を機に当時会長を務めていた日本電波塔（現在の株式会社東京タワー）から刊行された『前田久吉傳』を挙げることができる。ただし顕彰の意図からつくられた非売品であり、おのずから一定のバイアスはかかっているとみなければならない。著者である元時事新報記者、清《し》水伸《みずしん》は、書きもらした部分を補足するために『前久外伝』を上梓しているが、これも『傳』の方向性を逸脱するものではない。

東京タワーが完成した翌年の一九五九年には、『東京タワー物語』が前田久吉名義で出版されている。一人称で書かれてはいるが、多忙を極めた前田が自ら執筆したとは考えにくく、また、文体や刊行時期から考えても、東京タワー開業に合わせたパブリシティ本だとみるのが妥当だろう。さらに二〇〇八年にはジャーナリストの鮫島敦《さめじまあつし》が『東京タワー50年』を出版しており、その中で前田の生涯についても触れている。ただ、主眼は東京タワーの成り立ち、歴史、エピソードに置かれており、また日本電波塔監修と明記されていることから、前田に関する記述は従来の範囲を越えるものではない。

批判的な視線を含めた著作としては、前田が産経の経営を水野成夫《みずのしげお》に譲ったあと、水野とともに産経に移って経理を取り仕切った菅本進《すがもとすすむ》による『前田・水野・鹿内とサンケイ』が一九九六年に出版されている。さらに、ノンフィクション作家の中川一徳《なかがわかずのり》による『メディアの支配者』は、『前田・水野・鹿内とサンケイ』のベースとなった菅本の手記に基づき、前田についての記述を盛り込んでいる。両書とも、客観的な視点から前田の姿を描いたものとして貴重な存在である。ただ、それぞれ主眼は産経新聞社、フジサンケイグループの経営の全体像を描き出すことにあり、前田に関する記述はその一部に過ぎない。

執筆者が前田自身の名前になっているものとしては、一九五三年に刊行された『新聞生活四〇年――日々これ勝負』がある。参院全国区からの出馬にあわせて出版されたことを考えても、パブリシティという目的は明らかである。実際の執筆者も、古くからの側近の吉田禎男《よしださだお》という人物であることがわかっている。少なくとも、第三者が批判的な視点も含めて客観的に書いたものではない。

ただ、吉田は本書で重要な役割を果たす。それは、未発表の詳細な回想録が存在するからである。『思出の記』と名付けられたその回想録は、吉田の日記をベースに引退後約一〇年にわたって書き継がれたもので、前田のための口述筆記でも、監修者が存在する顕彰本でもないがゆえに、逆に資料価値は高い。もちろん、吉田は自ら前田の〝右筆《ゆうひつ》〟を自称していた人物であり、記憶自体が前田寄りになっていることは事実である。それでも吉田は文章家として強い矜恃を持っており、事実を大きく歪曲した部分があるとは考えにくい。

さらに、産経新聞社による社史編纂資料がある。といっても、産経の社史は刊行されていないが、何回か社史編纂が試みられたことはあり、資料収集や関係者からの聴きとりが行われた。東西両本社にそれぞれの調査結果が未整理のまま残されている。インタビューといっても、多くがすでに鬼籍に入った人物を対象に行われたもので、確認がとれない内容もある。ただ、そうした事情を勘案した上ならば、貴重な一次資料として扱うことも可能だろう。

そのほか、前田を刻苦勉励の末に成功を収めた立志伝中の人物と描くストーリーは少なからず存在するが、ステレオタイプを脱したものはほとんどない。

関西風味の反エリート主義

なぜ、今、前田を取り上げるのか。忘れ去られた人物を発掘するというだけでは、答えにはならない。過去の薄暗がりから彼を引っ張り出して光を当てようと試みる理由は、大きく四つある。

まず、前田が最初の新聞を創業した百年前、すなわち大正後期から始まった日本の大衆社会を振り返るのに格好の人物であるということである。大衆社会百年の歩みは、日本の支配者がエリートや名望家から〈ひとり　ひとり〉〈みんな〉に移り変わっていくプロセスであった。百年に起きたこととは、社会の民主化であり、自由化であり、平等化であり、既成権威の打倒であったが、同時に衆愚化であり、反知性主義の浸透であり、一部の特権階級による横暴から〈みんな〉による横暴への変化でもあった。

変化は、ウェブやSNSの猛威に人々が翻弄される現代に続いている。とすれば、今、大衆社会百年を振り返る意味は少なくないし、振り返るにあたって前田は格好の素材ということができる。

二つめは、地方と中央、大阪と東京、関西と首都という関係性を問い直す素材として興味深いという点である。大阪に生まれた男として、前田は大阪に対する愛着をしばし語ったが、一方で中央進出への野心を隠さず、まわりに反対されても東京へ向かった。最終的に、前田は大阪ではなく、千葉・鹿野山を終の住処に定め、そこに眠る。

大阪人としての特性は、大衆社会の申し子としての前田によく似合っていたが、一方で東京に出たとき最終的には通用せず、一敗地に塗《まみ》れることとなった。前田の生涯に、「大阪性」というべきものが存在するとすれば、それがどこまで中央で通用し、また武器として作用し、そしてどこに限界があるのかを考える上での興味深い検討材料となるだろう。

前田の人物像は、大阪という土地の特性とも相通じるところがある。スマートで効率的な中央たる東京に対して、大阪はあか抜けず、「どこがどう偉いのかわからない」が、中央への反発心や、自らを頼むところは旺盛で、単なる一地方にはとどまらない活力を持つ。

自らを語ることを好まなかった前田の性格も、大阪的である。「昔の話をするヒマがあったら、次のことをやる」といわんばかり。実利的でもあるが、同時に、大言壮語をよしとしないハニカミでもあろう。大阪人はおしゃべりだが、同時に自らを言挙げすることを好まず、洒落や冗談に紛らわせてしまう。文化芸能評論家の木津川計《きづがわけい》はかつて、大阪がハニカミを忘れ、経済偏重のがめつい町になってしまったと嘆いたが、(1)前田をみていると、実はそのがめつさこそ、近代大阪人の含羞のなせる業だったのでないかと思えてくる。

過ぎ去ったことは語らない。自慢話をまぶした昔話ほど無粋なものはないのだから。だが、知らず知らず効いてくる副作用は強烈だ。自らを語らないうちに洒落や冗談が本当になってしまう。歴史意識の欠如は、回り回って自らの評価を下げてしまうことになる。

三つめは、前田が〈メディア人間〉の一類型として興味深いという点である。

〈メディア人間〉とは、佐藤卓己《さとうたくみ》が雑誌『実業之世界』などで知られる野依秀市《のよりひでいち》を研究した『天下無敵のメディア人間―喧嘩ジャーナリスト・野依秀市』で提出した概念である。昭和前期から戦後にかけて「言論界の暴れん坊」の異名をとる一方、「国士まがいのユスリ・タカリ屋」としてしばしば世間から眉をひそめられたジャーナリスト野依秀市を通じて、佐藤は〈メディア人間〉の概念に、「自分自身を広告媒体と強烈に意識した宣伝的人間」という定義を与えている。(2)メディア社会が生んだ特徴的な類型でありながら、言論人という視角だけでは見逃してしまうような人々のことである。

野依は「二〇世紀メディア劇場の露出系役者」[3]とでもいうべきキャラクターであり、前田のたたずまいとは一見、似ても似つかない。喧嘩ジャーナリストと佐藤が呼ぶ野依と違って、前田は一歩引いて揉み手をしているし、そもそもジャーナリストでさえない。だが、佐藤は〈メディア人間〉研究の意図を、「喧嘩ジャーナリスト」の人格よりも、「負け組メディア」のシステム」の考察においていたと述べている。[4]とすれば、前田もまた、〈メディア人間〉の一類型ととらえることが可能だし、そうするべきだろう。

実は、野依主宰の雑誌『実業之世界』はしばしば前田を取り上げている。しかも、ほとんどが好意的な文脈である。夕刊大阪について「大阪に於ける二流紙中の白眉」と評したり、[5]「大阪朝日、大阪毎日の二大新聞の牙城である地元で無資本独力で今日の産業経済新聞と大阪新聞を築き上げた腕前は全く惑星の貫禄充分といわねばならぬ」と戦後の活躍を称えてみたり、[6]誰にでもかみつく野依にしては意外なほどの親近感が読み取れる。

戦後、野依自身が前田と産経について書いている。復刊した自らの帝都日日新聞を、貧しくも強い言論を貫く「貧強新聞」の復活だと自賛し、折からの警察官職務執行法改正をめぐる国民的な反対運動の高まりに対して「財界側が警職法改正案の成立にそれほど希望をかけているならば、ナゼもっと言論機関に対する方策を平生から考えないのか。（略）この時に当って、痩せても枯れても、日刊新聞として、始めから堂々と警職法改正賛成論を打ち出して『朝日新聞』初め大新聞の愚論暴論に戦いをつづけたのは（略）『帝都日日新聞』あるのみだ」と大新聞批判を繰り広げたすぐあとに、「大借金で首の回らぬようになった『産経新聞』は『朝日』の如き左傾的ではない。どちらかといえば右傾の方である」とシンパシーを示す。さらに「創立者であり、現会長でもある前田久吉君が一切の私財を悉く新聞拡張のために打ち込んでいる事実がわかって、前田氏は今さらの如くに財界の一部からその人物を見直されたというのは結構々々」と持ち上げるから驚く。[7]「『産経新聞』がたとえば警職法改正案のような場合に、堂々と正面切つて賛成論をブツようになれば『帝都日日新聞』の存在も無用となつて至極結構」と続けているところなどは、正論路線を打ち出し保守色を強めていく産経新聞のその後を予見している感さえある。

メディア化、という概念がある。メディアというものの本質は、言いたいことや伝えたいことの内容にあるのではなく、それをどう伝えるか、その影響をいかに最大化するかにある。そう考えるなら、メディア化とは、言いたいことではなく、それをどう伝えるかに関心を集中させるプロセスである。

今や政治のメディア化、そして個人のメディア化が進んでいることは、競うように大衆迎合に邁進する政治家たちやインスタグラムのキラキラした個人のストーリー、ツイッターにあふれるとげとげしいやりとりをみれば明らかである。その帰結がどうやら幸福で楽しいだけのものではないこともまた、今日明らかになりつつある。〈メディア人間〉にも、さまざまなタイプがあるが、関西風味の反エリート主義的〈メディア人間〉たる前田久吉の軌跡を振り返ってみる価値は小さくないだろう。

新聞とタワーを結ぶもの

四つめは、今や世界都市東京のシンボルとして押しも押されもせぬ立場を確立した東京タワーの意味を、創設者をめぐる文脈でとらえ直してみるとどうなるか、という興味である。前田、あるいは産経新聞から東京タワーへつながる系譜はみえにくい。むろん、戦後の民間放送草創期における電波戦争の主要プレーヤーとしての新聞社が、総合電波塔としての東京タワー建設にいきついたという流れはわかる。が、今、東京タワーはそうした説明をはるかにこえて、東京のシンボルとしての多彩な表象をまとっている。そこに前田がどう関係しているのかが、どうにも説明がつかないのである。

東京タワーをめぐる都市伝説は無数にある。午前零時にタワーが消灯する瞬間を見たカップルは永遠に結ばれるといったロマンチックなものもあれば、タワーの敷地はむかし増上寺《ぞうじょうじ》の墓地で、そのためしばしば幽霊が出没するというホラーめいたものもある。ちなみに、タワーの敷地は空襲で焼失した紅葉館という社交場があったところで、一部増上寺から購入した土地も含まれているものの、墓地だったという記録はない。タワーに用いられている鋼材が朝鮮戦争で使われた戦車に由来するという話は、読売新聞が解体業者から証言を取っている。[8] しかし、東京タワー側あるいは施工にあたった竹中工務店の記録には残っていない。

ことが事実関係ではなく解釈、あるいは表象に及ぶと話は複雑になる。宗教学者の中沢新一《なかざわしんいち》は、東京タワーが立っているのは「縄文時代以来の死霊の王国」があった場所であり、かつ「おびただしい人命を奪った東京空襲の傷跡もなまなまし」い場所でもある敷地に、「たくさんの人の命を呑み込んだ戦争の現場から持ち帰られた戦車をつぶした鉄材」で建てられた「タナトス（死の誘惑）の塔」であると説く。[9] 中沢は否定的な意味ではなく、むしろタワーの魅力を賛美するような文脈で語っているのだが、それにしても「タナトスの塔」というラベルをありがたがる当事者はいまい。

中沢の解釈の当否はともかく、問題は、東京タワーがそのような過剰な意味づけを背負わされていることである。むろん、それは東京タワーがすっかり人気を定着させ、東京のシンボルとして不動の地位を占めていることと表裏一体である。が、そもそも創設者の意志は、そんな複雑な解釈とつながっているのだろうか。神ならぬ人間がそれほどの先読みをできるはずはないが、だとすれば、今や後景にしりぞいている前田のどんな特質が、どんな行動が、意図せずして、首都のシンボルとして屹立する東京タワーが発するオーラにつながったのだろうか。

文芸評論家の前田愛《まえだあい》は〈塔〉について、都市景観の構造に不安定な要素を持ち込むものだと論じている。明治以後、高層建築が次第に街に増えていくが、それは同時に、「塔屋《とうや》に向けて集中するおびただしいまなざしが、江戸空間の安定した構造に亀裂を走らせ、そのあわいから新しい都市の統辞法が浮上し始める」ことでもあった。[10] 一九五八年に完成した東京タワーはたしかに「おびただしいまなざし」を集めたが、その結果浮上した「新しい都市の統辞法」とはいかなるものだったのか。

そうした問いを念頭に、本書は前田久吉という人物の素顔をさぐっていく。ひいては百年前に誕生し、膨張し、変質を経つつ、われわれを支配している大衆社会というとらえどころのない存在の尻尾をつかまえることを期待しつつ。

第1章　ここがロドスだ。ここで跳べ——黎明の時代：一八九三—一九二〇

太閤の夢

「学歴」「財産」なしでも開いた扉

前田久吉は一八九三（明治二六）年、南大阪・天下茶屋《てんがちゃや》の裕福でない農家に生まれた。天下茶屋はその昔、太閤秀吉が堺の政所を訪れる行き帰りに茶を喫したという休息所があり、殿下茶屋といったのが、天下茶屋になったと伝えられる。(1) のちの「大大阪」時代に住宅地として急激な都市化を遂げる天下茶屋も、そのころはどこにでも見られるようなさびしい農村だった。家族は両親とのちに生まれた弟妹あわせて八人、前田は次男で、九〇歳をこえた父方の曾祖母がなお健在であった。(2)

「ヒサキチ」と読むか、「ヒサヨシ」と読むべきかは、はっきりしなかった。「どっちでもいいですよ、小さくて死んだ兄の名、ヒサヨシをそっくりついだんですがね……」と述べた記事があるが、(3) 一般には「ヒサキチ」と呼ばれた。もっとも、大阪産経会館オープニングでの音源を聞くと、「ヒサヨシ」で統一されている。ヒサ

ヨシという読みは太閤豊臣《とよとみ》秀吉（ヒデヨシ）とも通じるところがあるから、そう呼ばれたいと思っていたのかもしれない。

かと思えば、ほぼ同時期に刊行した自叙伝『日々これ勝負』では、わざわざ奥付にある名前に「ヒサキチ」とルビを振っている。同書は前田の参院選への出馬にあたってのPR本という性格があったから、ヒサキチという読みを強調する必要があったわけである。名にこだわらない前田の面目躍如である。前田は、自分を〈すっと下げる〉タイプの人間だった。いうまでもなく、それは卑屈であるとか、プライドがないとかを意味しない。

ものごころつく前に天王寺・茶臼山《ちゃうすやま》界隈に移り、少年時代を過ごした。徳川家康《とくがわいえやす》が本陣を構えて大阪冬の陣をたたかい、夏の陣では真田幸村《さなだゆきむら》が家康方を迎え撃って戦死した地である。今はビルに遮られているが、当時は北東に四天王寺の五重塔がみえた。農作業に忙しい両親に代わって子どもたちの世話を引き受けていた曾祖母は昔話や英雄譚を膝の上に抱いた前田に話し聞かせ、「ともかく平凡には終わりたくないという気持ち」を植え付けた。(4)

後年の前田は、貧窮の中から身を起こした苦労人の成功物語との筋書きをことさらに強調しようとしたフシがある。のちに側近として産経新聞の社長を務め、公職追放中に旭屋書店を創業した早嶋喜一《はやしまきいち》に嫁いだ妹の重子《しげこ》は、「うちはそんなに貧乏ではなかった」としばしば口にしていたという。

ハードワーク、長寿のイメージと違って、前田は病弱だった。二〇歳になるまで生きられないと医者にいわれたこともあったらしい。また、祖母のトラホームがうつり、持病になった。だから健康には人一倍気を使った。自ら考案した体操を老いても毎日やっていた。

この時期、茶臼山界隈、のちの天王寺公園一帯で大阪の発展に大きな影響を与えることになるイベントが開かれた。一九〇三（明治三六）年の第五回内国勧業博覧会である。

内国勧業博のにぎわいを、橋爪紳也《はしづめしんや》は次のように描いている。「農業館、林業館、水産館、機械館、美術館、通運館、動物館など多岐にわたって建設」され、「アメリカの製品では八台の自動車」や「初の冷蔵庫」がお目見えした。「日本初の本格的な水族館が建てられ」、「メリーゴーラウンドや大阪初のエレベーターを取り入れた展望台」や、「電気光線応用大舞踏と称した踊りを見せてくれる不思議館」などが登場。茶臼山の斜面を利用したウォーターシュート「飛艇戯」が人気を集めた。(5) 前田少年は夢中になったに違いない。

後年、前田は「新しい物好き」と呼ばれた。「博覧会男」とも称された。大正後期から昭和前半にかけての新聞の発達に、メディア・イベントとしての博覧会が果たした役割は大きなものがある。(6) まさしく『朝日』『毎日』の二大紙が得意とした手法だったが、資本力に劣る新進の前田がそこに参入したのは興味深い。幼い目に焼き付いたきらびやかな光景は、のちのあゆみに少なからぬ影響を与えているだろう。

司馬遼太郎《しばりょうたろう》は、明治期の人びとの心持ちを「坂の上の雲」と表現した。苦労して上った坂道の先には、理想が雲のように湧き立っている。司馬は、明治をそんな明るい時代と描いた。

問題は、「雲」がごく限られた人びと、すなわち「市民＝ブルジョア」の間でしか共有されなかったことである。市民社会の入り口では「学歴」と「財産」という入場切符が求められた。前田はどちらも持ち合わせていなかった。

ただ、狭かった入り口は、ちょうど前田が社会に出た明治末期から大正期にかけて急激に広がっていく。前田は身をもって恩恵を受けることになる。明治期「市民」社会が、大正期「大衆」社会へと変化していったのである。

名門小から丁稚奉公へ

前田は、小学校を出て丁稚奉公に出た学歴のない人間であった。学歴はなかったが、彼の〈学〉自体はどうだったのか。

前田から産経新聞の経営を引き継ぐことになる水野成夫ほか知識人との座談会の記事が残っている。テーマは「これからの青年」。水野は東大卒。戦前の共産党で機関紙赤旗の初代編集長となり、またフランス文学者としてアナトール・フランスの翻訳でも知られるなど、第一級のインテリである。会話をリードしているのは、縦横に弁舌を駆使する水野である。

> 私の学生のころは第一次世界大戦で日本が成金になった時分ですね。同時に戦争が終わりましてデモクラシーの思想が出て、（略）賀川豊彦《かがわとよひこ》、西欧でいうとトルストイとか、ああいうものが感受性の強い青年たちに大きな影響を与えた。

今は労働価値説は古くなって知能価値説だという。マルクスの労働価値説というのはもう原子力の出た時代には私も古いと思う。人間の知恵が発達してゆけば、一人の人間で何百倍、何万倍の仕事をするのです。

さすが、というべきさわやかな弁舌だが、そこに、前田はたたき上げの価値観をもって対抗している。

自由ということを取り違えたのじゃないですかな。あまりにも自由だ自由だといって、勉強するのもしないのも自由だというようなことで非常なはき違えをやっているのじゃないかと思う。私は終戦後アメリカの一九歳か二〇歳くらいの兵隊を七人ほどうちに置いてみたんです。見ていると非常にダラシなくて、女と手を組んだり非常に自由なんだ。（略）ところが日曜になると、きちっと朝八時なら八時に起きて教会へ行って礼拝する。（略）自由な国民だけれどもそういう努力とか規律とかいうことは厳重なものですね。

前田の言葉を受けて、水野は「おそらく、前田さんは本格的な、小説一冊も読んだことがないですよ。しかし身をもって文学の精神、人間というものを知っておられるのじゃないかと思う」と打ち返す。(7)マルクスやトルストイを引用する水野と、徹底的に実体験にこだわる前田。ふたりはのちに火花を散らすことになる。

前田が天王寺《てんのうじ》師範学校附属小学校（現・大阪教育大学附属天王寺小）に入学したのは、一九〇〇（明治三三）年四月のことである。大教大附属天王寺小に、明治当時の書類が残っている。めくっていくと、前田久吉、という名が確認できる。

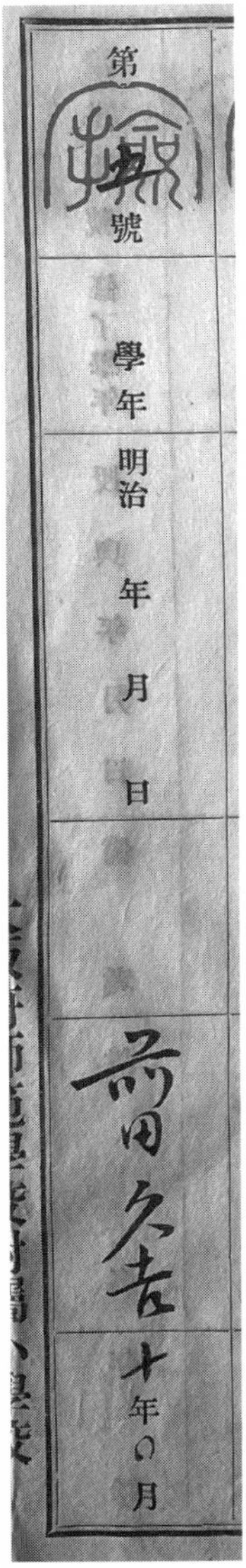

図1　前田の卒業記録（大阪教育大大附属天王寺小蔵）

師附と称された名門に進学した理由はなんだったのだろう。

同時期に入学した生徒の入学願書をいくつか確認することができる。たしかに「無職」という家庭もあるものの、銀行家、商店経営などブルジョアとおぼしき階層が主流を占める。すべて達筆でしたためられ、一定程度の「教養」を備える階層の子どもたちが集まっていたことは一目瞭然である。

前田が小学校に入学した年は、第三次小学校令が公布され、義務教育制度が完全施行された年にあたる。住まいを天下茶屋から茶臼山に移していたから、近くの師附に通ったのかと推察することもできるが、実は前田の入学の翌年まで、同小校舎は中之島《なかのしま》にあった。まだ市電は開業しておらず、前田少年は歩いて通ったかと思われる。そこには強い就学意志がうかがえる。

成績は優秀だったようだ。「小学校時代の私は一年から四年までずっと代表者として生徒長の名誉章をもらっていました」と自ら書き残している。[8] 中学校への進学を強く勧められ、父母も進学を望んだが、家計の苦しさを考え、丁稚奉公に出た、という。

最初に奉公したのは桶屋だった。日露戦争が始まり、戦地に送る梅干しや漬物の輸送に使う漬物桶の需要が急増し、桶屋は好景気に沸いていた。が、戦争が終わると景気は急に下火となった。今度は、本町《ほんまち》の呉服問屋に住み込んだ。「木綿着に角帯の丁稚姿で、呉服類を積んだ車をひき、番頭さんのお供をして街を歩いた」(9)。車を引きながら歩いているときも講義録を懐に隠すようにして読んでいる前田に、番頭は「けったいなヤツ。丁稚が本を読んでなんになる。やめとけ」と説教した。

ある日、高麗橋《こうらいばし》付近を通りかかり、三越呉服店を目にした。番頭に聞くと、「三井は手放したらしいのや」という。天下の大金持ちがさらに大きな仕事をしようとしている……。そう考えた前田は、暇をもらって家に帰ってしまった(10)。

いかにも先を読み、将来を考え抜いた末の決断のように思えるが、一方で、戦後、前田の後妻となった前田ヒサは、産経新聞の社内インタビューに答えて「どこへ行っても続かないんですって、気が多くて」と述べている(11)。「仕事がきつくて体がもたず、奉公先を辞めて帰った」「二〇歳を迎えてもまだ仕事が定まらず、うろうろしていた」(12)。ずいぶん印象が違う。先を読む目を持っているのか、単なる移り気なのか。

ひとつ言えることは、明治から大正にかけて、成功への「入り口」が大きく広がったという事実だ。前田は「末は博士か大臣か」という明治期の立身出世のスキームには身を投じることはできなかったが、一方でビジネスが急激に膨張し、富や豊かさがこれまでとは違ったルートで配分されるようになる時代の先端に居合わせたのは幸運だった。

だが、入り口にたどり着くまで、前田はしばらくの試行錯誤を余儀なくされる。

フロンティアを求めて

渡米の夢

前田は新聞創刊を夢見ながら大きくなったわけではない。二〇歳を前にして、熱望していたのはアメリカ行きだった。[13]異国の地、さらにいえばフロンティアに羽ばたこうという大志、好奇心が原点にあったことは記憶されてよい。

明治の青年にとって、米国渡航は輝くような成功物語への道をひらくものであった。渡航者の内訳は、農民や肉体労働者から学生や政客、論客まで多様であったが、「狭い内地に愚図愚図しているよりは、もっと文化の進んだアメリカへ行こうとその気にもなったのだ」「そこで何か働きながらうんと勉強して大学まで出てみたい」とのちに述べているところをみると、学びたいという気持ちが強かったと思われる。[14]

学生といっても、学費、生活費に困らない富裕層あるいは官費留学生ではない。可能だったのは、渡航費用をやっと捻出して一文無し同然で米国に上陸し、そのまま現地の家庭に学僕として住み込む「スクールボーイ」と呼ばれた苦学生の道だった。

成功を収めたスクールボーイは多数に上るが、その一人に武藤山治《むとうさんじ》がいる。武藤は一八八五（明治一八）年に渡米。皿洗い、庭師、日雇い労働者などを経て現地の大学に学んだ。帰国した武藤は三井銀行を経て鐘紡《かねぼう》の総帥に上り詰める。こうした成功物語が、若き前田の血を沸かせていたことは想像に難くない。

武藤は、若者に繰り返し米国移住を勧めていた福澤諭吉《ふくざわゆきち》から直接の薫陶を受けた慶応義塾卒業生であり、福澤が創刊した時事新報の経営が昭和に入って傾いたとき、再建をめざした人物である。道半ばで武藤が非業の死を遂げたあと、いよいよ窮地に陥った時事の経営を引き受けたのが、前田だった。あるいはこのころから武藤、さらには福澤への敬慕の念があったのかもしれない。

米国渡航は明治末期に最盛期を迎えた。カリフォルニア州在住の日本人は四万一三五六人（一九一〇年度）に上った。[15]日本移民の大量入国は米世論を刺激し、いきおい排日運動がさかんになり、日本側が移民送出を制限する日米紳士協約が一九〇八年に結ばれた。渡米者は激減した。[16]世界に夢と機会を提供していた米国は、扉を閉ざしはじめていた。

一方、明治から大正に時代が変わり、天下茶屋はもう昔の寒村ではなかった。南海電車が天下茶屋まで通り、人口が増え新建築が並び、次第に町の体裁をととのえつつあった。「日露戦争に入って、天下茶屋は、付近にロシアの捕虜収容所のようなものができて、それから開けてきたんです。南海鉄道というものができて、郊外の別荘地ですか、裕福な人たちの別荘地などもできてきて開けてきました」。前田は後年、回想している。[17]

一九一三年、二〇歳になった前田は徴兵検査を受け、丙種合格となった。丙種とは、身体検査の結果、合格ではあるが現役には適さないと判断されることである。前田は小柄かつ病弱であった。軍隊に行かずに済んだことで、前田はさらに渡米への夢を募らせた。

父母、祖父母はこぞって反対した。とりわけ反対したのは、母方の祖父母だった。おとっつぁんやおっかさんの苦労が目につかないのか、というのである。では、何をするのか。「気の多い」前田に足る職業はなにか。

「一つこの店をやってみたらどうなんだい、新聞の販売は、難しいには違いないけれど、それだけまた働きが

図2　若き日の前田（東京タワー提供）

いのある仕事だよ」。

しばらく前から手伝っていた母方の祖父母、有川昭次郎、マツ夫妻経営の新聞販売店、有川新聞舗《しんぶんほ》であった。[18] 明治期の大阪で、新聞販売店は地元の名士が請け負う名誉職的な色彩があった。それを営んでいたのだから、ここからも前田が単に貧しいだけの出自ではなかったことがわかる。

一九一四年、前田二一歳。七月、第一次世界大戦が勃発した。海外ニュースが食卓の話題に上るようになり、人々の頭に国際社会という概念が生まれた。ニュースは専門的な内容に進化し、明治期の政論新聞は近代的な大衆新聞へ変貌した。ジャーナリズムは論客、政客主導から記者が編集局という組織でチーム取材を行う世界へと変貌を遂げたが、同様の変化は新聞販売業界にも起きていた。

それまで、新聞は読みたいと思う人しか読まないもの、勧誘して読ませようとしても、特段の理由がなければ読まないものだとだれもが思っていた。だが前田は、新聞はもはやあってもなくてもいいものではない、生活にとって必需品になったと考えた。みんなが新聞を読んで当然だし、読むべきだ――そこで、当時ほとんど例のなかった個別購買勧誘をやった。見通しはあたった。[19]

有川新聞舗は、急成長した。前田が経営を引き受けたときの販売部数は、朝日・毎日あわせてせいぜい五〇〇〇部程度だったが、数年で二万五〇〇〇余りの読者を持つまでにふくらんだ。[20]

急成長を遂げた有川新聞舗は店舗を新築する。新築祝いの席に、朝日の村山龍平《むらやまりょうへい》、毎日の本山彦一《もとやまひこいち》という当時の新聞界の両巨頭が訪れた。まだ新聞販売店の専売制は敷かれておらず、有川新聞舗も朝日、毎日両紙を扱っていた。前田は感激と同時に、「不遜にもこの二大先輩を目標においた」(21)。

イソップの寓話に、古代ギリシャのアスリートの話がある。「ロドス島で、私は大跳躍をやった。あの島の誰でも証人になってくれる」と自慢する男に対し、聞いていた男がいった。「証人なんか必要ない。ここがロドスだ。ここで跳べ」。

もっとも、ここで跳べ、というなら、跳べるだけの環境は重要だ。その意味で、前田は幸運だった。新聞という新しいビジネスが急成長し、メディアが人々の意識を変え、結びつけ、大衆社会という新たな枠組みが姿を現しはじめていた。世界有数の都市に成長しつつあった大阪は、その最前線にあった。前田がアメリカに夢見た新天地、フロンティア、成功物語は、実は大正という時代、大阪南郊という場所、新聞という事業に転がっていたのである。

名より実

晩年の前田は千葉・南房総の鹿野山で多くの時間を過ごした。雲海荘と名付けたその終の住処は、駐車場から短い坂道を上った先にある。

前田はことあるごとに〈母〉を語った。談話や講演などで徳をたたえた。参院選出馬にあたって「母を憶う」なる小冊子をつくった。後年千葉・房総地方の開発にあたって牧場を拓いた際にこれを「マザー牧場」と名付け、その一角に「佛母寺《ぶつもじ》」なる寺を建てた。(22)今、前田はそこに眠る。

ひたすらに母を慕い、孝行を説く。わかりやすい。ただ、ストレートに受けとってよいものか。自らをわかりやすく描く前田流の演出ではないのか。

たとえば――。すでに触れた天王寺公園での第五回内国勧業博覧会。近所に住んでいた前田少年はもちろん行きたかったが、母の許しが出ない。やっと許しが出て、大喜びで出かけ、夕方帰ってきたら、母の姿が見えない。探して裏口へ出ると、木の陰に背をみせて立っていた。泣いているようすだ。実は、母は博覧会に行きたがる子どもたちに新しい着物を着せてやるため、高利貸しから金を借りていたのだ――。(23)

また、たとえば――。呉服屋奉公に出ていたころ、母のシゲノが大病でどっと寝ついてしまったことがあった。起き上がれない母がふと、「スイカを食べたい」ともらした。前田少年はなんとかして食べさせたいと思ったが、もう秋も半ばすぎなので普通では手に入らない。兄と手分けし、足を棒に、大阪中を尋ねまわって、とうとう天満《てんま》の市場で待望のスイカを尋ねあてた。財布をはたいて買った財布を持って帰ると、母は枕にすがって、かんじんのスイカよりも私と兄の手をとって涙を流した――。(24)

ほとんどのエピソードがこの調子である。真正面から受けとって、単純で前近代的な人物であったと考えるべきではないだろう。ストレートで屈託のない人情噺ふうのストーリーの裏にはむしろ、屈折した物言いや、咀嚼されていない内面をみせることを嫌う大阪人の含羞が隠れているとみるべきではないか。

前田が新聞業界に乗り出した大正後期、朝日、毎日の二大紙は急激な部数の上昇を記録した。それは読者〈数〉の増加とともに、読者〈層〉の拡大でもあった。難しい文語調の論説、政論はもはや求められなくなった。社会のリズムが速まり、ゆっくりと社説を読む読者が少なくなり、かわって寸鉄人を刺す夕刊短評が隆盛を迎えた(25)。

そうした時代に新聞を出した前田は、映画欄やラジオ欄、演芸欄といったわかりやすく、大衆が求めるものを最優先にした紙面作りで伸びた。新聞販売店あがりで読者をよく知っていたから、と説明されることが多い。しかし、それだけではないだろう。

前田は小学校卒だが、本の虫といわれるほど読書好きだった。すでにふれたように丁稚奉公時代、懐に本を隠して読んでいて、「本を読んでなんになる」とバカにされたのだが、案外、その時に大衆というものの機微を悟ったのではないか。

前田は〈まなざし〉に敏感だった。挑戦者であり後発組であった前田は、絶えず周囲からどうみられるかを意識していた。それは、東京からの〈まなざし〉によって自らを規定しがちな関西人の性質とも重なる(26)。

前田は終生〈二流〉だった。高学歴エリートからは小学校卒と軽んじられ、新聞業界では「販売店上がり」とジャーナリストたちに見下され、経営者になっても朝日、毎日ほか「一流紙」を追いかける立場にあり続けた。東京に行けば大阪から出てきた田舎者とバカにされ、名門時事新報の再建に乗り込むと無学な商売人と冷笑された。今、東京タワーは、世界都市東京のシンボルとしてその文化的な地位を不動のものとしているが、元を正せば前田が戦後の電波戦争でおくれを取り、ラジオ・テレビ局の開局をめぐって後手に回ったことから「漁夫の利」的に実現しためぐりあわせがある。

〈二流〉であることは、〈まなざし〉を常に意識し続けることである。堂々とわが道を行く〈一流〉の格好よさは、〈二流〉には無縁だ。だからこそ、現状に満足せず、突拍子もない勝負に出る。下手に出るが、闘う前から白旗を上げているわけではない。〈すっと下げる〉前田のたたずまいは、「難しいことはわかりまへんの や」と韜晦しつつ、「名より実」とばかりソロバンをはじく大阪人、あるいは関西人の自意識と重なる。単純どころか、〈まなざし〉に沿って自らを最適化する複雑な近代人の自我そのものである。同時に、その立ち居振る舞いは、大正後期に到来した大衆の時代とも適合的であった。

第2章　夢のように楽しい忙しさ——大衆の時代：一九二〇—一九三一

「記者募集、南大阪新聞社」

百年前の就活

一九二一（大正一〇）年秋のある日。二五歳の吉田禎男は思い立って南海電車を天下茶屋駅で降りた。この南大阪の小さな町は一八八五（明治一八）年に阪堺鉄道（のちの南海電気鉄道）が通り、大阪市中心部への通勤者たちの住宅地として発展を遂げつつあった。

明るい静かな日だった。駅東側出口の草むらに小さな花が揺れていた。

駅前から東へ向かって道路が伸び、しばらく行くと南北に走る道路へ突き当たって四つ角となる。まっすぐ行けば聖天坂《しょうてんさか》、左へとれば天王寺、右へ向かえば住吉《すみよし》、堺《さかい》。右に曲がった。紀州街道である。

吉田は大分・国東《くにさき》半島の出身。作家になる夢を抱いて上京し、早稲田に学んだ。大学時代に投稿を繰り返し、何度か活字になるなどいいところまで行った。が、あと一歩足りない。

だんだん理想と現実が衝突し始める。小説家でなくても、文章を書くことで身を立てることができればいい、となった。一九二〇年に卒業し、徳富蘇峰《とくとみそほう》の國民新聞に入った。だがそこも一年で辞し、大阪に移った。

いつまでも東京で夢を追っているわけにはいかない。大分の家族はそのころ大阪に移ってきていた。吉田は長男として一家を支えていかなければならなかった。南大阪・住吉神社近くに移り、市内まで南海電車で通いながら職を探した。

天下茶屋でふらりと下車したのはそのころである。粉浜《こはま》、玉出《たまで》、岸ノ里《きしのさと》、天下茶屋、萩ノ茶屋《はぎのちゃや》。南海線のどの駅名も文学青年の吉田の興趣を誘った。なかでも天下茶屋という響きには心ひかれるものがあった。

世は就職難だった。社会学者、難波功士《なんばこうじ》によると、「今日的な就活のあり方が定着し始めたのは、大正期に入ったあたり」である。[1] 好況をもたらした第一次世界大戦は一九一八年に終わり、二〇年三月には株価が暴落して戦後恐慌が始まった。二五年の大学卒業生の就職率は五五%あまりにすぎなかった。[2]「大学を出てもなかなか職が見つからなかった。(略)大学出といえば雇ってくれないので、わざわざそれを隠す者さえいた。ウソのような話だが事実だったのである」と吉田は回想している。[3]

おそらくはそんな鬱屈を抱えながら、角を曲がった。道路の両側には田舎びた家並みが続き、商店や食堂が入り交じっている。五、六軒行きすぎた右側に新聞の販売店があった。「有川新聞舗」の木札がかかっていて、横手の格子窓に「記者募集、南大阪新聞社」と張り紙が出ていた。気にもとめず通り過ぎようとしたとき、引き違いのガラス戸を開けて出てきた人物をみて、吉田は驚いた。[4]

南大阪新聞社、いや有川新聞舗から出てきたのは斎藤悳太郎《さいとうとくたろう》。大阪毎日新聞七代目の社会部長を務めた新聞人である。渓舟《けいしゅう》と号し、俳人でもあり、古美術にも造詣が深かった。吉田は大阪での職探しにあたって、斎藤にツテを求めたことがあった。思いがけないところで出会った吉田を、斎藤は内に招き入れた。

この新聞店の主人は南大阪新聞という週刊ローカル紙を経営しているのだが、今度日刊紙に改めたのを機に、私に編集を頼んできたのだ、と斎藤はいい、「しばらくでもここで働いてみたらどうか。そのうち毎日にも紹介しよう」と持ちかけた。

現役の一流新聞人の下で記者のイロハを学びながら給料ももらえる。さらに朝日と天下を二分する大阪毎日新聞社へ紹介してもらえるかもしれない。異論のあるはずはなかった。承諾すると、まもなく、あまり風采の上がらない若い男が応接室に入ってきて「私が前田です」といった。歳は自分より三つ、四つ上の三〇歳前後か、と吉田はみた。

「妙に顔色が白く、痩せぎすで、背も低い方だった。和服の着流しで無造作に兵児帯《へこおび》を締めていた。では——といい残して部屋を出て行くとき、うしろに結んだ兵児帯の端がだらりと下がっているのが妙に印象に残った」。

月給は七五円。当時大学出の初任給は大会社でも七〇円前後が相場だったから、予想外の高額といえた。(5)

大阪・天下茶屋の新聞販売店「有川新聞舗」の店主だった前田久吉は、小さな地域紙、南大阪新聞発刊をもって新聞経営に足を踏み入れる。吉田は創刊直後に加わった編集スタッフであり、詳細な回想録のかたちでほぼ唯一、当時のもようを記録に残している人物だ。

この日吉田が入社を決めた南大阪新聞が、現在の産経新聞の源流である。本書は以後、産経新聞、関西テレビ、ラジオ大阪、東京タワー、マザー牧場、禅道場などさまざまな事業をてがけた前田の生涯をたどっていくが、たとえ後半生において距離を置いたかたちになったとしても、変わらず前田の心の中心にあったのは新聞発行だったといってよい。だから、出発点たる南大阪新聞がどんな新聞だったかは、前田を語るには欠かせない。

ところが、その南大阪新聞の原紙がどこにも残っていない。新聞販売店で取り扱っていた大手紙の「付録」的な位置づけから始まったこともあって図書館などにも保管されておらず、内容を確認するすべがないのである。とすれば、前田の自伝など周辺資料からその内容をうかがうほかないが、それがまた一筋縄ではいかない。前田の晩年に伝記執筆を引き受けた清水伸は、公式な記述としての制約に飽き足りないものを感じ、『前久外伝』と称する一般書籍を出版した。そこで清水は、前田が出発点でつくろうとしたのは次のような新聞だったとしている。すなわち、

一、人の裏面やスキャンダルなどを種にして、素っ破抜くような内容ではなく、
二、一般庶民の日常生活と地域社会の発展に役立つような記事が載っていて、
三、大新聞の目が届かないような地域ニュースの報道に力点を置く、
四、本業の新聞販売店が扱う朝日、毎日の併読紙、あるいは朝毎読者へのサービス紙としての新聞

という四カ条で表されるような新聞である。(6)

文句の付けようはないが、しかしこれだけではどんな新聞かほとんどわからない。品があって、実用的で、

地域密着型の新聞といえば問題はないが、それはいうなれば「悪い新聞」ではなかったといっているにすぎない。

清水の記述は、基本的に功成り名遂げて晩年を迎えた本人の記述に基づいている。未来に向かってもがいていたときの矛盾や失敗、欲望、思い違いはきれいに整形されている。加えて前田は、等身大の自分を語ることにほとんど興味を持たなかった。実際に起きた事実を語り残すことよりも、通りの良い成功物語や立身出世譚で自らを説明するほうを好んだ。

もっとも、四番目に挙げてある販売方法については、この通りだろう。大阪で新聞を出す場合の最大の難問は、その販売網の確保であった。朝日、毎日は明治期からの激しい競争を経て、一九一五年に新聞販売についてカルテルを結び、大阪における独占的な地位を築き上げていた。

朝毎以外の新聞は、自ら新聞販売店を構築しなければならない。すでに大資本の域に達した朝毎を向こうに回して販売店網を構築するには、莫大な資金がいる。それに、たとえ資金があったとしても、販売店を動かすノウハウ、人的資源はおいそれと手に入るものではない。

こうした独占を突破あるいは迂回するには、前田の「併読紙」あるいは「サービス紙」というやり方はほぼ唯一の方法だった。有川新聞舗はすでに南大阪における二万数千の朝毎ほかの固定読者を持ち、そのリストがあった。つくった新聞はそのまま配達することができた。さらに、のちに有川新聞舗は大阪毎日系の専売店となる（この時点では合売店）が、トップクラスの新聞販売店経営者として前田は大毎の本山彦一社長のお気に入りだった。編集面では大毎の著名なベテラン記者を送り込んでもらった。

その新聞が、自由に、威勢よく、書きたいことを書きたいように書くものではなかったことは当然だ。明治の新聞が自分の、あるいは政党機関紙としての党派的な主張を天下に問うものであったとすれば、大正期の新聞はまず読者のニーズを考えるものに変わった。理想を掲げ見得を切る勇ましさは、もとより前田には縁のないものであった。本心や主張は後回しに、まずは下手に出て生き残りを図るのが前田のやりかただった。

ともあれ一九二〇年初夏、前田は二八歳で南大阪新聞を創刊した。貯め込んだ金を全部投げ出して資金にあてた。印刷は堂島《どうじま》にあった大阪毎夕新聞社に委託した。最初は週刊で南大阪一帯の読者に配るだけだったが、順調に発展して日刊に改めることとし、紙面を充実させるべく、斎藤渓舟に編集協力を依頼した。

吉田は、その打ち合わせで天下茶屋へ立ち寄った斎藤に出くわしたのである。

創刊をめぐる謎

一九二〇（大正九）年初夏に南大阪新聞が創刊されたと書いた。吉田の回想録は、すでに発刊されていた南大阪新聞の拡充にあわせて自分が採用されたと述べている。

ところが、日本電報通信社（現在の電通の前身）が発行していた『新聞総覧』は「大正一一年七月九日の創刊」「同一二年四月二五日日刊南大阪新聞と改め」「同一三年三月一五日夕刊大阪新聞と改題」と述べている。(7)『総覧』は広告データとしての色彩が濃く、信用性は高い。当時電通大阪を率いていた能島進《のじますすむ》は天下茶屋在住で、前田と親しく協力関係にあった。掲載内容には前田も目を通していたと考えていいだろう。

つまり、産経新聞の源流たる南大阪新聞の創刊日には二つの説があることになる。

「大正一一年七月九日創刊説」は一定の説得力をもっている。『日本新聞年鑑』大正一四年版にも「大正一一年七月九日創立」と記されている。(8)現在の『日本新聞年鑑』は日本新聞協会から発行されているが、当時は日本新聞研究所という民間会社が出していたものであり、時代の影響もあって現在と同様の正確さを期待すべきではないことに留意すべきではある。が、原稿はそもそも各新聞社側から年鑑掲載用に提出されたものであろうし、一定の信用性はあるとみてよい。

南大阪新聞は創刊後まもなく夕刊大阪新聞と改題され、さらに戦時下の新聞統合で大阪時事新報ほかを統合して大阪新聞となった。大阪新聞は産経新聞の僚紙として長く関西の読者に親しまれたが、二〇〇二（平成一四）年に休刊した。その大阪新聞が刊行した『七五周年記念誌』は、一九二二年七月九日の創刊と述べている。(9)編纂にあたった元大阪新聞記者、田中準造《たなかじゅんぞう》によると、とりあえず中立的かつデータとして信用がおけると考えられる『新聞年鑑』『新聞総覧』などの記述に準拠したという。

大阪の新聞史の古典とされる福良虎雄《ふくらとらお》『大阪の新聞』をみると、一九二二年七月に南大阪新聞が創刊され、翌年に夕刊大阪新聞と改題したとされている。(10)福良は大阪毎日などで活躍した著名ジャーナリストだが、大毎定年後の一九二七（昭和二）年、前田に請われ夕刊大阪の主幹となっている。その意味でも一定の信用はおけるだろう。

さらにいえば、大阪新聞自身が戦後の一九四八年一〇月二日付に掲載した「本紙の沿革」で、「有川新聞舗の社屋において大正一一年七月九日創刊第一号を出したのがそもそもの始まり」と述べている。当時前田は公職追放中だったが、自身の新聞に掲載しているのだから、前田は記載内容についてなんらかのチェックはしていたと考えるのが自然だ。

ところが、前田本人はインタビューで創刊を一九二〇年と明言している。「大正九年に私は、親父が失った（天下茶屋の）家や何かを取り戻しまして、家を新築したわけです。そしてその一部に輪転機を備えて、九年に始めることになったんです。当時、私は専務と言っておりました。大正一一年は私が社長に就任したときです。始めたのは九年です。（略）そして大正一〇年に日刊にしました」。福良の記述についても「その本を書かれたときは、福良さんもだいぶ年とってましたからね」と一蹴している。[11]

公式な伝記である『前田久吉傳』も、創刊を一九二〇年七月としている。同書は前田の米寿記念として刊行され、本人も目を通していた。戦後になって、前田は雑誌によるインタビューなどにもしばしば答えているが、二〇年七月創刊という点は一貫している。

産経新聞社で試みられた社史編纂作業においても、統一した見解は得られていない。大阪本社の編纂作業チームの記録[12]は、一九二〇年に「販売店周辺の読者を対象に南大阪新聞と題したローカル紙を日曜日に発行。大手一般紙に付けて付録のようなかたちで配達」し、二二年七月九日には「日曜だけの南大阪新聞を日刊に発展」したとしたうえで、この日付を「大阪新聞の創刊日」としている。当初週刊で、日刊化したのが二二年というのはおおいにありうるが、残念ながら典拠が示されていない。

さらに吉田禎男の回想録がある。すでに述べたように吉田は南大阪新聞創刊直後に記者として加わった。その時点ですでに日刊化されていたか、少なくともその直前だったことが読みとれるが、加えて入社後、大隈重《おおくましげ》信《のぶ》死去の記事を南大阪新聞で取り上げた旨の記述がある。

「私は（当時南大阪新聞の印刷を委託していた）河合印刷所の二階で原稿を書いていて、大隈老侯没すの報に驚かされた。複雑な気持ちを抑えきれず、取りあえず私なりに哀悼の一文を書き、斎藤さんの許しを得て南大阪新聞紙上に載せた。その一文を自分で何度も読み返したことを憶えている」[13]。吉田は早稲田出身で大隈には思い入れがあったので、特に編集長の許可を得て取り上げたというのである。大隈死去は一九二二年一月。とすれば、南大阪新聞創刊が二二年夏であるはずはなく、やはり二〇年と考えるべきであろう。

どうやら南大阪新聞の創刊は一九二〇年とみるべきのようだ。とすると、では大正末期に確固とした姿を現す夕刊大阪新聞へ成長を遂げるまでに、南大阪新聞にはどんな変化があったのか。二二年七月になにが起きたのか。ひょっとしたら、創刊にも比する重要な何か、あるいは「事実上の創刊」ともいうべき何かがあったのではないか。そんな仮説を検討するためにも、まず、南大阪新聞から夕刊大阪への成長の過程をもう少しくわしく振り返っておこう。

前田は、大きく三つのステップを踏んでいる。

第一のステップは「日刊化」である。週刊から日刊への切り替えは、編集陣の強化、印刷能力の確保、輸送・配達ルートの確立など大幅な業務内容の変更を必要とする。次のステップに踏み出す覚悟と、おいそれと後戻りはできないというリスクを伴うものであることは明らかだ。

日刊化について前田自身は一九二一年のことと述べているが、正確な日付には言及していない。[14]『前田久吉傳』も二一年のこととしているが、日付にはふれていない。

『前久外伝』は、日刊化を二二年七月としている。なぜ『前田久吉傳』と『前久外伝』で異同があるのかはわからない。[15] ただ、二二年七月九日は複数の記述で創刊日とされている日付であり、それが日刊化という区切りの日とされているのは、なんらかの根拠があるとも考えられる。

当然、一九二二年創刊説を採る各記述は別の日付を示している。『総覧』は「大正一一年四月二五日、日刊南大阪新聞と改め」と書いている。単に適当に辻褄を合わせた、と考えるには、具体的な日付が登場している点が気になる。

『七五周年記念誌』は、「大正一一年にはタブロイド版二頁ながらも、毎日発行する日刊新聞となった」と述べている。[16] その際、大阪毎夕新聞社に委託していた印刷を「北区の河合印刷所に移した」という。が、そうすると、繰り返すが二二年一月の大隈の訃報を委託先の河合印刷所の二階で書いたという吉田の記憶に矛盾する。

「本紙の沿革」は「大正一一年六月、創刊以来一〇カ月でこれをタブロイド型二頁の日刊に改め、ここに初めて日刊紙の面目を見る」と具体的な時期を示している。が、これ自体『総覧』の日付と食い違うのはどういう理由からだろうか。

第二のステップは「自社印刷開始」である。委託印刷を改め、天下茶屋の自宅を改造して輪転機を設置したが、この時期も明確ではない。『前田久吉傳』は二二年七月としている。[17] 日刊化と軌を一にした進化というかたちである。「本紙の沿革」は二三年一〇月に「待望の自社印刷を開始する運びとなり、マリノニ式輪転機、活字鋳造機各一台など諸設備を整え天下茶屋の社屋で運転を開始」と書いている。

ともあれ、大隈死去の時点ではまだ委託印刷の状態だったことは吉田の回想から明らかである。出版業と違って自社印刷を基本とする設備産業としての側面を新聞業の特徴とすれば、自社印刷開始は大きな跳躍であったことは想像に難くない。

第三のステップは、夕刊大阪新聞への改題である。戦後参院選に出馬した際に前田自身の名義で刊行した自伝『日々これ勝負』は、「(大正)一二年四月、発売区域を南大阪等大阪市全域とし、朝刊を夕刊に切り替え、その題号も『夕刊大阪新聞』と改めた」としている。[18] この記述とおおむね合致しつつも、微妙にずれているのが『七五周年記念誌』で、「(大正)一二年に日刊化し、六月一日に『夕刊大阪新聞』と改題した」と述べている。これは、戦後、大阪新聞社が発行した『会社概要』が、「大正一二年六月、社名を夕刊大阪新聞社と改称、題号を『夕刊大阪新聞』と改題」と記しているのを踏襲したのかもしれない。[19]

一方で前田はインタビューで「改題は大正一三年です」とも述べている。[20]『年鑑』大正一三年版も一三年三月一五日と特定している。[21]『前田久吉傳』は「大正一二年六月一日」としており、『会社概要』と一致しているが、当の大阪新聞による「本紙の沿革」は、自家印刷開始と同時の「大正一三年一〇月」としている。

こうした足取りを経て、「チラシに毛の生えた程度」[22]だった南大阪新聞は、大阪市内への進出をうかがうまでに成長していく。結局、一九二二年七月九日に何が起きたのかはっきりと特定することはできないのだが、そのころ、上記の三つを含む重要なステップのひとつがあったと考えることはさほどピント外れでもないだろう。

ところで、断続的に残っている夕刊大阪新聞原紙をみると、第三種郵便物認可の日付が「大正一一年七月一四日」となっている。第三種郵便物とは出版物として割引郵便料金が適用される仕組みで、永続的な出版物として刊行を続ける覚悟と体制を示すものといってよい。一九二二年にはまだ夕刊大阪は存在していないから、南大阪新聞として認可を受け、それを引き継いだものと考えられる。

前田自身、二二年を「社長に就任した」年と回想している。[23] それまでは専務だった。そこに、何か重要なできごとが起きた気配がある。

これらの点を考え合わせると、二二年夏に起きたこととは、具体的な特定は難しいものの、「本格的な新聞発行の開始」だったと考えてもよいのではないか。

はっきりしない部分は残る。それは前田自身、ひいては前田がつくった産経という新聞に共通する性質である。常に忙しくしていた前田は事実と違う記述を目にしたとしても、直接の不利益をこうむらない限り「べつにかまへん」とやりすごしただろう。名より実を重んじるのは美風でもあるが、歴史意識の希薄さは自らの足元をあいまいにもしていく。

大阪新聞の「本紙の沿革」にしたがって、南大阪新聞から夕刊大阪に改題する前後の新聞のすがたをみておこう。

はじめ日曜発行の週刊紙で四ページ建て、一面には南大阪一円の行政記事を収録し、二面は社会面として事件事故ほかニュース、三面には芝居その他趣味娯楽記事、四面に読み切りの講談、小説を配した。定価は三カ月で三〇銭。頒布範囲は阿倍野《あべの》・天王寺から大和川《やまとがわ》岸までの南大阪一帯と限られていた。「それでも約一万部を売り出し逐年増加の一途をたどった」。週刊四ページはタブロイド型二ページの日刊に進化し、印刷も大阪市北区の河合印刷所に移転、「いよいよ郷土味豊富なローカル新聞の特色を発揮し始めた」。まもなく全大阪を対象に夕刊大阪新聞と改題。大型四ページに充実し、販路を全大阪へと拡大した。[24]

編集はどうしたのか。ここが急所だった。決して無学ではなかったにせよ、商品価値を持つ紙面を毎日編集する能力は前田にはない。『前久外伝』は、前田の古い友人であり、有川新聞舗時代から新聞販売の道をともに歩んだ苅部利一郎の証言として「のちに大毎の社会部長となった木下不二太郎、作家を志望していた吉田禎男、まもなく前田の妹重子《しげこ》の夫となった早嶋喜一らの、若い張り切った人たち」が編集にあたったとしている。「若い友人を編集に利用する方法を考案したのである」[25]。前田はカネにシビアな商売人であったが、一方で同志的結合を重んじる人間でもあった。

贅六の自負

伸びゆく〈南〉

大阪で「南北問題」が前景化して久しい。二〇一五(平成二七)年、二〇二〇(令和二)年と二度にわたって「大阪都構想」が住民投票で否決された際、区別にみると北区、中央区などを中心とする〈北〉が賛成多数だったのに対し、〈南〉がこぞって反対し、南北が分断されてしまった現象である。

所得格差、年齢構成、気質や情緒までさまざまな議論が沸き起こった。先進的でビジネスライクな〈北〉と、昔ながらの下町情緒漂う〈南〉は、多くの面で対照的なことは事実だろう。

前田久吉が南大阪新聞を創業した天下茶屋は、典型的な〈南〉である。今、南海線と阪堺電車にはさまれた古い町並みを歩くと、梅田やなんばの繁華街とは別世界のようなノスタルジーが押し寄せてくる。ハッキリいえば、寂れた感がある。

百年前は違った。南大阪新聞創刊からややのちになるが、大阪毎日新聞のカメラマンだった北《きた》尾《お》鐐《りょう》之《の》助《すけ》という人物が天下茶屋界隈のルポを残している。[26]

> 阪堺線の踏切を西に越して、曳舟《ひきふね》町＝堺筋の東街道に出て、南にあるいて、南海天下茶屋駅の通りへ出てみる。この小さい通りは恵比寿線（阪堺）の北天下茶屋停留場と、南海本線の天下茶屋駅とをつなぐ道で、東西線としてはこの辺で一番賑やかな細道である。
>
> 地理的な配置は、今とほぼ同じだが、現在と違って大にぎわいである。
>
> すし屋がある＝麺類商がある＝料理店がある＝菓子屋がある＝西洋料理がある＝さういふ歓食居にまじって、新しい店舗も多く建ち並んでいる。ある時計屋の店飾（ウインドー）を覗き込んで、その中から何かの地方色を探し出そうと努める。定価一二〇円の純金ダイヤ入指輪というのがここの店の最高商品である。一個三円という新ダイヤが、秋日和に女王の如く光ってゐる。

あちこちから東京六大学野球リーグ戦を中継するラジオが聞こえてくる。「いらっしゃいませ、純喫茶店、コーヒ、紅茶」の看板をみつけて入り、コーヒー一杯一〇銭を払って出てくる[27]。目につくのは質屋、美容院、助産院、花道指南、裁縫教授。借家の多いのに北尾は驚いている。家賃は高くない。すなわち、市内で働く者たちの、それもあまり高額所得者ではない層のねぐらである。

北尾は、にぎわいの理由を整備が進む道路網に求めている。「南への発展は、これらの道路の開鑿《かいさく》によって非常な速度で伸びていく。大阪の北部は、梅田の高架線と、福島、海老江《えびえ》の工場地帯、新淀川等によって阻まれ、阪急、阪神等の電車によって、遠く阪神へ散発的にその発展をもっていったが、このあたりへ来てみると、大阪が南へ伸びていく勢力のすばらしさを感じない訳にはいかない」。現代の「南北問題」とは反対だ。

前田が生まれたころ、天下茶屋周辺は農村地帯で、まだ電車も通っていなかった。戦前の雑誌に、江戸時代の南大阪を振り返った描写がある。「日本橋筋の今宮札の辻から以南は人家もまばらに住吉街道となり、安立町から堺へ、堺から紀州へと街道が一路連なっていた。新家、天下茶屋、住吉の要所要所は家並みがあったが他は殆ど野道であった。(略)乗り物は住吉駕《ママ》が往き交うていた[28]」。そこに田畑が開墾され、樹木は切り倒されて、人家が立ち並んでいく。交通機関が通り、都心とつながり、あっという間に都市の一部となっていく。

南大阪新聞が生まれたのは、こういった時代の、こういった場所だった。

有川新聞舗は天下茶屋の本通りに面し、表側に営業部、業務室、応接間。奥には家族が住んでいて、編集室はなかった。

天下茶屋の隣、岸ノ里に住んでいた吉田は毎日、取材のために地域内の役場や警察を回り、南海電車で難波《なんば》へ出て市電に乗りかえ、梅ヶ枝町《うめがえ》へ通った。記者は吉田の他に六、七人いた。

編集責任者を務める斎藤渓舟は定刻に姿をみせ、吉田たちの書いた原稿を直して見出しを付け、工場へ回す。大組みが終わり、大刷りを点検したあと、吉田たちに明日の指示を与えてから、他に頼まれている仕事があるので、と、その方へ出向いていく。記者がまだ新聞社という企業組織に完全には取り込まれず、それぞれの技量を社会が共有することができた時代だった。吉田が机に向かって原稿を書いていると、背後には文選工が活字を拾いながら行ったり来たりした。

吉田たちは残って印刷を待ち、初刷りができるとそれを手に電車で天下茶屋の本社に帰る。もう夕方に近かった。

前田はまだ仕事から帰っていない。新聞販売店は他の者に任せ、最近は南大阪新聞の経営に専念、朝早く出かけて夜も帰りが遅い。「働き手とは聞いていたが、まさにそのとおりだった」。

吉田の記述で興味深いのは、出勤してから地域の役場や警察を回るというところだ。明治の新聞記者は取材などしなかった。いや、広い意味で見聞を広めたり、議論をしたりという取材はしていたが、警察や役所を回ったりはしなかった。それは探訪と呼ばれる専門のスタッフの仕事で、新聞記者はその報告をもとに記事を仕立て上げる文筆家だった。

もともと吉田は大学出の作家志望である。その吉田が警察や役所を回っているというのは、やはり新時代といえた。

〝郊外〟のネットワーク

大正期は、新聞というメディアが大きな変化と発展を遂げた時代であった。というより、大正期にそれまでの〈政論新聞〉とは別種の〈大衆新聞〉というメディアが生まれた、と考える方が実態に近い。

読売新聞で編集局長などを歴任した柴田勝衛《しばたかつえ》は、新聞界にとって一九二一（大正一〇）年に起きた特記すべき事項は夕刊発行だと述べている。この年二月に東京朝日、東京日日（毎日系）が同時に夕刊を発行した。それまで報知新聞が一九〇六（明治三九）年に夕刊を出すなどしていたが、朝日と東日という大衆新聞のひながたともいえる新聞が踏み切ったのは、世の中の回転が早くなり、大家、論客が練った「論」よりも、事実をすばやく正確に伝える「ニュース」に読者の関心が移ったことを示していた。(29)

その朝日、毎日の発祥の地である大阪では、両紙は一九一五年から夕刊発行を始めていた。大正時代の大阪の新聞界は、朝日と毎日がますます発展する一方で、大阪新報、大阪時事新報など第三極と目された存在は不振の一途をたどり、二大紙の独占が進んだ。唯一、食い込んだのが夕刊大阪であった。大阪毎日系の販売網を活用できるという特権に支えられたものであることは先に触れた。

こうしたなりたちをみれば、戦後朝日、毎日、読売、日経とともに「五大紙」と呼ばれる全国紙の一角を形成した産経新聞がほかの新聞と違っていることがはっきりわかる。産経のみが、大衆新聞が登場した大正期に生まれた新聞なのである。朝毎読日経はすべて明治期の発祥であり、原点として明治の気風をたとえ一部分でも守り続けた。産経だけはそれと無縁であった。

大衆新聞の登場を可能にしたのは大阪という大都会であり、その郊外として急成長を遂げていた南大阪・天下茶屋という場所だった。住宅事情が逼迫し、郊外に続々と新興住宅地が開発され、天下茶屋は最前線として新しい階層、いわばサラリーマンたちの一大拠点となっていた。それは読者を供給する場所であると同時に、大勢の新聞人が居を構える地でもあった。その力を、前田は最大限に活用した。

南大阪新聞および初期の夕刊大阪の編集は大毎人脈が柱だった。天下茶屋に住んでいた木下不二太郎が編集の中心となった。のちの毎日新聞社長である奥村信太郎《おくむらしんたろう》も天下茶屋に住んでいて、しばしば編集を助けた。前田は大毎の社長だった本山彦一に師事しているといっていいほどの間柄である。

南大阪新聞、さらに夕刊大阪の発展を、前田側の視点からみるだけでは公平ではない。毎日側からの視点も挙げておこう。前田は当時、夕刊大阪新聞を発行する新聞経営者でありつつ大毎系列の有力新聞販売店主でもあったから、毎日の販売史にしばしば登場する。

毎日側からみれば、南大阪新聞は「近郊は記事取材の盲点となりやすく、大毎も朝日も天下茶屋のニュースが紙面にほとんど出ない」ことに着目したひとりの新聞販売店主のアイデアにすぎない、ということになる。「前田にアイデアが閃いた。地元のニュースをおぎなうために、自力で地域新聞を発行し、それを本誌の付録にしようと思い立った」。

そこに、販売を取り仕切っていた大毎の鹿倉吉次《しかくらきちじ》（戦後TBS社長）が登場する。

前田は鹿倉に「うかがいをたてた」。鹿倉は「おもしろいじゃないか。やりたまえ。しかし君は販売のくろうとかもしれぬが、編集はしろうとだ。よければ大毎が応援してあげようじゃないか」とこたえた。(30)「付録」

「うかがいを立てた」と上から目線になっているところがおもしろい。

新聞内報と呼ばれた業界紙はもっと辛辣だ。「天下茶屋で『南大阪』というちっぽけな週刊新聞を出していた。ごく地方的な新聞で、あるかなきかの存在を続けていた。ところが当時大毎の社会部長で同じ方面に住んでいた奥村専務あたりに、大新聞の併読紙として小新聞に発展の余地があることを説かれ、目先の早い彼は、ここに大阪の地方色を豊かに盛った夕刊大阪の創刊を計画した」(31)。ちなみに、ここでの「大新聞」「小新聞」はそれぞれ「だいしんぶん」「しょうしんぶん」と読むべきであろう。

こうした描写は、「そうだ、一生かけて新聞をやろう。自分の生まれた天下茶屋一帯を中心に、〝街の新聞〟いわゆる〝ローカル紙〟を」(32)といった前田自身の言葉とはずいぶん肌色が異なる。後世のわれわれは、異なった記述の間のどこかに存在する事実を推測するほかない。

サラリーマンの誕生

「サラリーマン」という和製英語が登場したのは、諸説あるものの大方は大正期とする見方で一致している。日本サラリーマン・ユニオンなる団体の発足は一九一九年（大正八）年である。

以前は月給取り、勤め人、または「腰弁」ともいっていた。腰に弁当をぶらさげて出勤する姿である。さっそうとしたイメージではないが、打ちひしがれている感じでもない。どことなくユーモラスだ。

戦前期のサラリーマンについては、少なからぬ研究の蓄積がある。メディア研究者の谷原吏《たにはらつかさ》は「しがない」存在という位置づけを認めつつ、「知識人」「消費者」としての側面も複眼的に考慮すべきだと指摘している(33)。

教育社会学者の竹内洋《たけうちよう》は、明治期の「エリート的」勤め人が、高等教育の普及とともにエリートの独占から押し出されて「しがない勤め人」的ポジションに合流した地点に「サラリーマンの誕生」をみている。[34]歴史家の竹村民郎《たけむらたみお》は大正時代が今日のサラリーマン社会の原型をつくりあげたとしつつ、「同質性を持った社会的に平均的な人間」としてのサラリーマンこそ大衆的人間の原型だと指摘した。[35]

サラリーマンという言葉には、単なる「給与所得者」というにとどまらない響きがある。大正期にあって、それは明るく、都会的な憧れの職業だった。サラリーマンの多くは私鉄電車で郊外から都心の職場に通勤した。吉田禎男はその一人であり、居を構えていた南海岸ノ里駅周辺もまた、そうした私鉄沿線の町のひとつであった。[36]

近くには漫画家で南大阪新聞に連載を持っていた吉岡鳥平《よしおかとりへい》、夕刊大阪でおそらく日本初の映画記者を務めた時光墟外《ときみつきよがい》、のち産経新聞社常務を務める木下英二《きのしたえいじ》、東京から引っ越してきた出版人の佐藤卯兵衛《さとううへえ》らがいた。[37]

歴史学者の山室信一《やまむろしんいち》は当時の世相を「都市民が「サラリーマン」というかたちで企業の組織に深くくみこまれてゆき、「通勤」が労働の主たる形態となったことで、他方では農村共同体を離れた貧民たちが大都市に大量に流入し、そこを漂流し始めたことで、社会生活の根、もしくは社会の〈中景〉ともいうべき相互扶助の共同体、つまりは地域コミュニティが急速に痩せ細っていった」と描く。[38]

ただ、時代の危機を強調する山室の筆致とはちがって、吉田の回想録から感じ取れるのは、新聞社という企業体に深く組み込まれつつも、むしろそれをつなぎ目として場所や職種を横断するあたらしいつながりがうまれつつある明るさである。それは、夕刊大阪が右肩上がりの成長を続けていることによる明るさかもしれないし、さらにいえばこの時期の大阪が持っていた明るさかもしれない。

週刊だった南大阪新聞は日刊となり、全大阪を対象とする夕刊紙に発展する。前田は決断すると実行も早い。さっそく店舗の改造に取り掛かり、自家印刷の設備を急ぐとともに編集、業務、印刷など各部門の拡充に着手した。以前から目をかけていた本山彦一は、幹部社員を派遣しては指導や助言に当たらせた。

前田は新出発の準備に東奔西走、夜も帰りが遅くなる。しかしどんなに帰りが遅くなっても一応屋内の整備状況をみて回らないことには床に就かなかった。(39)

本社改造作業は急ピッチで進んだ。裏二階が印刷工場となった。文選植字の仕事場から階段で階下へ降りたところに輪転機が一台、割り込むように座っている。両親はすでに近くの隠居所に移っていた。

夕刊大阪の創刊について、吉田は「第一号を発行したのは大正一一年の末か一二年の春だったと思うが、よく憶えていない」としている。(40)この時期についても諸説ある。

『日本新聞年鑑』大正一三年版に、夕刊大阪に対する好意的な評が載っている。「特色新聞として玄人筋の興味を惹いてゐる」この新聞は、「無色透明の大阪第一主義」で、「一寸亜米利加の州新聞と似てゐる」というのである。「居住地中心の気の利いた記事が土地の人々を喜ばせ調法がらせると共に」、販売はお手のものだから、あっというまに二万の読者が固まった、という。

吉田による、そのころの夕刊大阪編集局の描写が残っている。

表構えだけは窓を大きく取って洋風、入り口の看板も「南大阪新聞社」を取り外して新しく「夕刊大阪新聞社」に掛け替えた。だが一歩内に這入れば従来の町家をそのまま改造したのだからなんともしても手狭である。それでもみんな新しい気分に活気立っていた。今までは新聞の印刷をかけ離れた他所の印刷所に頼み、その二階で編集もやった。刷り上がった新聞を夜のうちに天下茶屋の本社まで運んでもらい、その翌朝他の新聞と一緒に配達する、そのやり方が長い間続いたのである。それが今度は本社で編集から印刷までできるようになったのだから、手狭な位は苦にならなかった。輪転機が動き出すとその音を楽しむように、みんなが顔を見合わした。

編集局で指揮を執っていたのは、大阪毎夕新聞から移ってきた鷲谷武《わしたにたけし》である。斎藤渓舟をはじめ、大阪毎日の新聞人たちはいわば、大所高所からの指導役。鷲谷はそうした意見を受け止めての現場のとりまとめ役だった。

表二階の窓から見下ろすと下は天下茶屋の本通りである。通行人もまばらで今のような車の騒音はない。その窓際の大机を前に小柄な鷲谷編集局長が例の和服姿で着物の袖口をたくし上げ、持ち込んでくる原稿に一々目を通し見出しを付ける。それを給仕が裏二階の印刷工場へ運んでいく。鷲谷さんの机と直角に並んだ机の両側には黒い頭が向かい合って原稿紙に鉛筆を走らしている。取材から帰ってきた記者が次々と狭い階段を駆け上がってきて、空いている机をみつけては割り込むようにして原稿を書く。（略）締切ギリギリの原稿を握って片手に筆を持ったままの鷲谷さんが袴の裾を蹴開くように裏側の工場へ急いだ姿を思

い出す。(41)

吉田は編集主任。学芸欄、演芸欄を受け持つかたわら小説風の続き物も連載した。南大阪新聞に連載した続き物が好評だったので、引き続き書くようにいわれたのである。女侠「奴《やっこ》の子万《こまん》」の物語を時代小説風に一年あまり続けた。

奥に前田の席があった。狭い業務室の机の周りで肩を寄せ合い、話しこんでいると、おのずと打ち解けた気分になった。(42)

図3　久吉とテル（東京タワー提供）

天下茶屋の小さくも活気ある新聞社の光景で、忘れてはならないのが前田の妻、テルである。天下茶屋小町と呼ばれた魅力的な女性で、大地主の裕福な家庭の出身だったが、まだ貧しかった前田との結婚を反対され、駆け落ち同然で結ばれたという。吉田らが業務室で話し込んでいると、裏の離れからテルが出てきて話の仲間入りをすることも珍しくなかった。気さくで話し好きで一緒になって笑い興じた。男勝りという評判もあった。社員はみな「奥さん」とはいわず、「ご寮人《りょん》さん」と呼んだ。(43)

いつまでも続くわけではないが、伸びていく会社には一時期、夢のように楽しい時間があるのかもしれない。

この時期の夕刊大阪新聞社は、そんな存在だったように思われる。

ニッチの発見

贅六《ぜいろく》という言葉がある。本来は関東人が上方の人をあざけっていう語のことで、あまりいい意味ではない。前田を評して、「目に一丁字《いっていじ》のない贅六で、算盤《そろばん》玉をうごかすより能のない男だ」といった人がいる。目に一丁字なしというのは、一つの字をも知らないほどに無学であるという意味で、さげすみといってよい。

司馬遼太郎に『上方武士道』という時代小説がある。司馬はここでの「上方」を「ぜえろく」と読ませている。もともとは『花咲ける上方《かみがた》武士道』だったが、今ひとつインパクトに欠けると感じた評論家の大宅壮一《おおやそういち》の案に従って変えたという。司馬夫人の福田《ふくだ》みどりは、上方人として「贅六という言葉は嫌い」と述べている。[44] 同書は今、元のタイトルに戻っている。

ところで、夕刊大阪発刊の際、「贅六」という言葉が使われている。『日本新聞年鑑』大正一三年版に掲載された「本紙の立場」と題する一文がそれである。

> ◎大阪人を「贅六」と呼ぶ、一体「贅六」の名称には、ドンナ意味が含まれてゐるのか◎ねばり強くて、底力があって、外柔内剛だと云ふのなら、それを甘受してそしてもつと善い或る物を取り入れよう◎鈍感で、お座なりで、利己一点張り、と云つたやうな意味なら、大阪人の冠称から、これをどこかへ返上しよう◎此の主張で、大阪の活社会と、大阪人の家庭を目標とした本紙は、大阪及び大阪人に親しみのある、

新聞として歓迎された◎大阪に生きる人も、生きた大阪を知らんとする地方人にも、一日も、無くてはならぬ、新聞となつてゐる[45]

贅六というやや自虐的な自己認識と、そこにそっとしのびこませた〈中央〉や〈権力〉との差異。その感覚こそ、朝日、毎日の二大紙が君臨し、他の新聞が育たないとされた大阪において、〈まなざし〉に敏感なベンチャー起業家たる前田がみつけ出したニッチ（隙間）だったといえよう。

この「贅六宣言」の時点での本社所在地はまだ天下茶屋となっているが、夕刊大阪への改題に続いて、前田は大阪市内への進出を敢行する。『日々これ勝負』をはじめ、二四年三月ごろとしている文献が多い。朝日新聞本社近く、土佐堀《とさぼり》の地に木造の借家を改造して三台の輪転機を据え付け、勝負に出たのである。

夕刊大阪新聞　72

夕刊大阪新聞

年中無休刊

一ケ月五十錢

本紙の立場

◎大阪人を「贅六」と呼ぶ、一体「贅六」の名稱には、ドンナ意味が含まれてゐるのか

◎ねばり強くて、底力があつて、外柔内剛だと云ふのなら、それを甘受してそしてもつと善い或る物を取り入れよう

◎鈍感で、お座なりで、利己一點張りと、云つたやうな意味なら、大阪人の冠稱から、これをどこかへ返上しよう

◎此の主張で、大阪の活社會と、大阪人の家庭を、目標とした本紙は、大阪及び大阪人に親しみのある、新聞として歡迎された

◎大阪に生きる人も、生きた大阪を知らんとする地方人にも、一日も、無くてはならぬ、新聞となつてゐる

本社　大阪天下茶屋　夕刊大阪新聞社

東京支局　芝區新櫻田町

京城支局　大平道二丁目

図4　「贅六宣言」（『日本新聞年鑑』大正13年版）

攻略に向けて、どこに目をつけたのか。「新聞と読者の間に僅かの隙がある。私はこの僅かの隙に目をつけた。真に大阪のためのローカル紙、大阪人とぴったり合って、少しの隙も出さない新聞、ここから地盤を獲得し、拡大してゆこう」[46]。前田が、〈隙〉を強調しているのは示唆的である。前田は一貫して挑戦者かつ

後発組であり、その戦略は強い者が見逃している〈隙〉、つまりニッチへの着目であった。

前田は、何か＝内容を主張したくて新聞を創刊したのではない。むしろ、人々の求めているものを探し出し、それを伝える入れ物＝形式をつくりたくて新聞をつくった。夕刊大阪「創刊の辞」には気負った言葉が並んでいるが、これは前田の言葉とは考えにくい。前田は何かを媒介するもの＝メディアをつくろうとした根っからの〈メディア人間〉だった。

むろん、新聞とは内容＝伝えたいことから始まっている。自分の主張を世に問うために、政党の機関紙として出発したのがいわゆる大新聞《おおしんぶん》である。そこにおいて論客、政客らは世を憂い国を思う政論的フレーム（枠組み、視角）を用いた。これに対して、小新聞《こしんぶん》が伝えるのは江戸情緒や勧善懲悪のストーリーであり、そこでは江戸の戯作の伝統を引くレトリックときらびやかな錦絵を特徴とする文芸的フレームが用いられた。

そうしたフレームがいずれも時代遅れになり、複雑・高度化する近代社会を切り取ることができる新しいツールとして、たとえば明治中期に福澤諭吉が生み出した時事新報が人気を呼び、朝日、毎日という大阪発祥の「中新聞」が新聞界を席巻していく。そんな新聞発達史の中に前田を位置づけるとすれば、特に政論や文芸の専門家でもないのに、必死に生き残りを考え、読者と時代をみつめるうちに知らず知らず新たな文法、新たな作法を発見するに至った存在、ということになるだろうか。

十分な成算があったわけではない。「わずか一万か二万の読者を味方に〝夕刊大阪新聞〟と名乗りを上げたのだから、石を抱いて淵に飛び込むようなもの」だった。(47)

ともかく働く以外になかった。「仕事が終わると毎日のように会議が開かれた。腹が減る。出てくるのは、一個のあんパンと一杯の水だけだった。外はとっぷりと暮れていた」[48]

吉田禎男は二八歳になった。毎朝南海電車で難波へ出ると市電に乗りかえ、新しい本社まで通った。停留所から西へ入って辻から三軒目に、夕刊大阪の社屋はあった。毎月の劇評を書き、編集を担当する傍ら、連載小説も引き受けていた。有名作家の小説を載せるほどの余裕がなかったので、吉田がペンネームを使って引き受けていたのである。[49]

順調に紙勢を伸ばしていた夕刊大阪であったが、吉田は移転して一年も経たないうちに、退社する。小説を書かせてもらうのはうれしかったが、「編集面や人事面の不満」があったようだ。組織に安住できないタイプだったのかもしれない。引き留められたが、決意は変わらなかった。そこで前田がいいだして、天下茶屋の料亭で送別会が開かれた。

ところが、宴半ばに話が新聞のことに及ぶと前田が膝を乗り出し、これからの方針や計画をしゃべっては相手を名指しで応答を求め、せっかくの送別会が編集会議のようになってしまった。主客にあたる吉田は置いてけぼりをくわされ、すこぶる手持ち無沙汰である。

「いっそ帰ってしまおうかと何度も思ったが、とにかく我慢した」。気分を害した吉田だったが、のちに懐かしく思いだしている。前田は三〇歳を過ぎたばかり。「新聞の話になると、時、所を問わず熱中した。このひたむきな熱意が、後年夕刊大阪新聞を大成させる素因でもあった。あのときの送別会を思い出すと、若き日の前田社長が目の前に見えてくる」[50]。大正も終わりに近づいた一九二五年初頭だった。

大衆社会到来

百万部宣言

一九二四（大正一三）年は、日本の新聞史における重要な区切りとなった。毎日、朝日が相次いで元日発行部数の百万部突破を宣言したからだ。

前年に関東大震災が起きた。まさしく「大ニュース」の発生だが、実はどんな重大なできごとも、それを伝えるメディアがなければニュースにならない。関東大震災がニュースになったのは、ちょうど新聞が報道機関としての役割を十分に果たせるだけの実力を備えてきたという理由もあった。

ニュースがひとたび生活に浸透し、日常に欠かせないものになると、人々はもっと面白いニュース、もっとくわしいニュース、もっと刺激的なニュースを求めるようになる。そうしたニュースへの渇望が、新聞の部数増を促す。このサイクルによってメディアは雪だるまのように転がり、ふくれあがった。取材・編集・通信・輸送テクノロジーの発達は、ますます面白いニュースの供給を可能にした。百万部はその帰結だった。

先手を打ったのは毎日である。一九二二年に堂島へ本社移転したころから百万部は現実の視野に入ってきており、問題はどのようにそれをぶち上げるかに絞られていた。二四年元日付大毎一面。「復興第一年の劈頭《へきとう》、我社は自らすすんで読者に報ぜねばならぬ一つの事実に逢着した」。この「事実」というのが百万部突破であった[51]。

「日本文化史のうえに特記せねばならぬものと思う」。大げさだが、毎日は大まじめであった。のち日本新聞学の祖と呼ばれることになる小野秀雄《おのひでお》が著した『大阪毎日新聞社史』にも、「百万を突破せるは、わが日本が文化程度においても、一等国に列せることを、如実に証明するもの」との下りがある。(52)

朝日も恒例の新年祝賀式で、元日付発行部数について「一〇五万八八〇七部に達した」と発表した。数字は翌二日付朝刊に掲載され、ここに朝毎二大紙の百万部時代への突入が宣言された。

発行部数の実数は各社とも秘中の秘であり、あくまで百万部「宣言」と理解すべきだが、実はそれこそが重要なポイントといえた。というのは、実際には自分の商売の舞台裏、楽屋話の類であるにもかかわらず、「すすんで読者に報ぜねばならぬ」ニュースに仕立てられ、日本が一等国の仲間入りをした証左であるとまで意義づけられるという仕組みこそ、新しい時代の到来を告げるものだったからである。新しい時代とはいうまでもなくメディア社会のことであり、そこではニュースは「作り出される」ものとなった。

大阪の新聞は朝毎二大紙と夕刊大阪だけだったわけではない。三番手に東京の名門時事新報の「分身同体」を標榜する大阪時事新報があったが、二大紙には遠く離されていた。群小のローカル紙もあったが伸びなかった。

白虹《はっこう》事件で朝日を退社した鳥居素川《とりいそせん》が各社から精鋭を引き抜き、一九一九年大々的に創刊した大正日日新聞もまた、あっさり潰れてしまった。なにしろ百万部なのである。

白虹事件について簡単に触れておこう。米騒動などで世情が騒然とする一九一八年、政府批判を強めていた大阪朝日に対し、時の寺内正毅《てらうちまさたけ》内閣は同年八月の記事に、兵乱の前兆をいう「白虹日を貫けり」との語句があることをとらえ、新聞紙法違反にあたるとして起訴した。村山龍平社長は退陣、大阪朝日は「不偏不党公平穏健」に反する傾向があったと自己批判し、事件は収束したが、鳥居素川、長谷川如是閑《はせがわにょぜかん》ら有力記者が相次いで退社する事態に発展した。

この日本新聞史上最大の筆禍事件のあと、退社した鳥居らは鉄成金の勝本忠兵衛《かつもとちゅうべえ》ほか財界の協力を得て大正日日を創刊。これを重大な挑戦と受け止めた大阪朝日、大阪毎日は平素のライバル関係を一時棚上げにし、連携して締め付けにかかった。

軽妙な筆致で知られたジャーナリスト、御手洗辰雄《みたらいたつお》が描いている。

電話の架設から電力の引き込みまで妨害して工事のはかどりを妨げた。（略）二〇〇人くらいの工員を集めねばならぬが両社から引き抜こうとしても事前に手が打ってあって歯が立たない。両社の販売店には厳命して大正日日の取次を禁じ、いやおうなく新規販売店の設置に巨額の経費を投じさせる。（略）深夜、新聞専用電車を運転しているが、当局を圧迫して大正日日だけは積ませない。（略）四国行きの新聞は船のデッキ貨物となっている。大正日日の梱包は毎夜のように海中へ投げ込ませてしまう。大広告主に向かっては、おどして大正日日への広告契約を妨げるなど至れり尽くせりの妨害ぶりであった。(53)

ジャーナリズムで一敗地に塗れた朝日が、志を引き継いだ新聞を完膚なきまでに締め上げる。そこに偽善をみるより、時代の変遷とその残酷さを見出すべきだろう。

朝毎が敷いた鉄壁の陣。そこに前田は飛び込んでいく。

新聞拡張戦

大阪では、明治末期から大正にかけて郊外住宅地の開発が進んだ。電鉄会社はその主要な担い手だった。箕面《みのお》有馬《ありま》電気軌道（阪急電鉄の前身）の池田室町住宅、阪神電気鉄道の西宮《にしのみや》・鳴尾《なるお》・御影《みかげ》の住宅開発などが有名である。はじめは富裕層中心だったが、中産階層やサラリーマン層も加わり、郊外から大阪市内へ出勤するようになった[54]。

当然、郊外の新聞読者層も拡大する。鉄道の時代は新聞の時代にほかならない。新たに出現した読者層をいかに取り込むか、新聞販売の世界では死力を尽くした競争が繰り広げられた。このころ大毎専売店となっていた有川新聞舗も先頭に立って戦った。

二四年八月に発表された大阪毎日の拡張コンテスト案は大きな反響を呼び、販売店の間に熾烈な拡張競争を現出させることになった。

仕組みはこうである。管内二府二四県を一五区に分け、七月一五日の販売部数を基本とし、そこからどれだけ紙を増やしたかで各区から最優秀店一店を選抜し、優勝店に「功労賞旗」を贈る。

大阪・高槻《たかつき》の入江藤五郎は同年大晦日の夜八時、所属する区部の「優勝」の内示を受けた。大変な名誉である。「苦労が報われた……」。そう思っていると、翌元日に意外な知らせが舞い込んだ。「天下茶屋の前田久吉が、元日数でわずかにリードしている」というのである。

さあ大変だ。おとそ気分も吹き飛ぶ。正月も増紙競争が続く。前田も譲らない。シーソーゲームが一週間も続いたころ、大毎の本山彦一社長から「一〇日に、浜寺《はまでら》の自宅までお運びくださらぬか」との知らせが入った。入江がおそるおそる本山邸にでかけてみると、前田と配下の販売主任、苅部利一郎がすでに来てかしこまっている。

本山は新年の賀詞を述べた後、いった。「功労賞旗は一区一本の規定である。だが諸君らの努力をとくに認め、今回に限り異例ではあるが、二人に同じものを渡すから、ホコをおさめるように」(55)

大毎の拡張コンテスト一位というだけでも並みではないが、前田はそれを副業としてこなしている。まさしく〈日々これ勝負〉であった。

夕刊大阪の経営にも手を抜いてはいない。前田本人もしばしば口にした天下茶屋時代のエピソードがある。

雨の降る晩だった。時計を見ると一〇時に近い。そこへタクシーで前田が帰ってきた。日ごろは節約してめったにタクシーには乗らない前田がどういう風の吹き回しかとみると、表情は明るい。「とうとう出してくれたよ」と愉快そうに笑う。当時、クラブ化粧品などヒット商品を連発して飛ぶ鳥を落とす勢いだった中山太陽堂の一ページ大の広告であった。広告代は、破格の三〇円である。(56)

中山太陽堂(現・クラブコスメチックス)は、戦前の大阪財界で名を成した中山太一《なかやまたいち》が創業した化粧品会社で、優れたデザインによる広告でも知られた。広告は新聞経営にとって重要である。収入としてもだが、紙面を飾り、信用と格を高めるコンテンツとしても、中山太陽堂の広告はどうしても必要だった。前田は門前払いを繰り返されながら、同社に日参していたのである。のちに前田は「訪問のたびに受付で断られるので名刺を置いて帰り、ついに二〇数枚の名刺が太陽堂の秘書課長のもとにたまった」と回想している。(57) この日夜の九時ころ、断られるのを覚悟で太陽堂を訪れると社長の中山がまだ残っていて、「君の熱心と努力とをかって、この広告を出す」と述べたという。

このいきさつは複数の文献で触れられており、前田のお気に入りのエピソードだったと思われる。ただ、前田にありがちなことなのだが、細部の事実関係があいまいである。たとえば『前久外伝』では、昭和のはじめごろにあった話だとしているが、吉田の回想ではまだ天下茶屋に本社を置いていた時代のできごととなっている。

その意味では、「中山は「やあ、やはり今夜も来ましたね」と、まるで旧知の人に会うように、愛想良く迎えた。そして、これも用意しておいた広告の紙型を「これは君の熱心と努力に敬意を表して出すのですよ」と渡したのである」(58)という、後年描かれた情景にはやや脚色が入っているかもしれない。

が、そうだとしても、到来した大衆社会と夢中になって格闘する前田の背中が、そこには浮かんでいる。

ハシゴをかける人

前田は南大阪新聞の立ち上げを振り返って、「自分の預貯金まで入れて愉快に町の文化のためにやろうという決心でやっていたが、この赤字というヤツは続きません」と語っている。(59) 愉快にやろうという壮士的な気概が明治のものとすれば、前田は「赤字というヤツ」がもたらす資本主義的な大正の重圧に初めからさらされていた。

助けてくれる存在があった。前田は「ハシゴをかけてくれる人」という表現をよく使った。何人かの、前田が自らの人生を切り開く過程で重要な助けをもたらしてくれた人々のことである。まっさきに出てくる一人が、大阪毎日新聞社長の本山彦一であった。

「事業に逡巡はいつでも禁物だ。一旦やりかけたことの尻込みはいかん。熟慮と断行のふたつしかない」「つねにアンビションを持ちたまえ、困難にぶつかればぶつかるたびに、それを大きくしたまえ」(60)。こんな本山の言葉に励まされて、市内・土佐堀の「朝日新聞の〝ネキ（脇）〟」に本社を移した。「輪転機、といっても一時間で二万くらいのやつを三台そろえて、三〇人くらいで始めました」(61)

前田は、最初から思い切った部数を発行した。「仮に一万部発行するのと、一〇万部発行するとでは、一〇万発行でいけば、半分としても五万部は残る。細々一万で出ていったら五〇〇〇しかない、だから思い切って機械三台入れたのです。それがよかった」(62)。そのころ、前田はまだ三〇歳を超えたばかり。費用は全額、販売店主時代に蓄財した自己資金でまかなっている。「のるか反るかの賭けだった」(63)

本山は一八五三（嘉永六）年、肥後・熊本城下に生まれた。慶応義塾に入学し、時事新報社、藤田組などを経て一八八六年、大阪毎日新聞社社長となった。

「新聞商品主義」で知られる。新聞を〈社会の木鐸〉と見る風潮に対し、「新聞は商品である」と公言し、ジャーナリズムの使命をないがしろにしていると批判を浴びた。が、経営基盤の揺らいだ新聞社がどのようにジャーナリズムを守れるというのか。本山の考え方は、前田にも大きな影響を与えただろう。

大阪毎日新聞、東京日日新聞で戦前の新聞販売政策を取り仕切った七海又三郎《ななうみまたさぶろう》は、「本山社長は岡島さんをあまり好まなかった。前田久吉氏がお気に入りでね」と証言している。岡島とは大毎販売店網の一番の実力者だった岡島真蔵《おかじましんぞう》のことである。七海は本山から「キミの東京式販売のやり方もいいが、前田君のやり方もいいよ。キミ、前田君のやり方を見てくれ」といわれたことがあるという。(64) 夕刊大阪が当時、大毎販売網に大阪市内向けの紙を乗せてもらえたのも、本山の指令によるものであった(65)

前田は「晩年の本山翁は〝洗い上げた苦労人〟といった感じで、その一言半句にも滋味が溢れた」とし、新聞経営の最初に知遇を得たのはなによりも幸いだったと吐露している。(66)

前田の生涯を眺めて感じるのは、節目節目の思い切りの良さである。そろばん勘定にはシビアなはずなのに、驚くような設備投資を即断する。戦後の産経新聞の東京進出、東京タワーの建設はその好例である。原点は本山のアドバイスにあるのかもしれない。

天下茶屋から移転して間もないある日の朝早く。編集局長の鷲谷武が出社すると、庭の立木の間に長い白蛇をみつけた。幸先良しと喜んだ鷲谷は前田に話し、神殿に祭る儀を執り行った。神殿はその後新聞社が土佐堀から堂島浜通《はまどおり》、江戸堀《えどぼり》、曽根崎《そねざき》と移転するたびに遷座し、後々まで新聞社の守り神となった。(67)

『大阪新聞七五周年記念誌』に、夕刊大阪新聞の創刊の辞が掲載されている。関係者によるスクラップが残っていたものだが、惜しむらくは日付がない。もっとも同書は創刊を一九二三年六月一日と断定しているから、わざわざ日付を入れる必要はないと考えたのかもしれない。現実には、創刊の日付に関してもいろいろと異論があるのはすでにみてきた通りである。

創刊の辞は、「わが国が欧米の列強に後れを取る」ことを憂い、最後に「ここに同人相謀り夕刊大阪新聞を発刊、不偏不党専ら社会改造の急を叫ばんや」と叫ぶ。民衆をたきつけるような、大正期ジャーナリズムを彷彿とさせる調子を前田が書いたとは考えられないし、粋人で江戸趣味の鷲谷とも肌合いが異なる。特定はできないが、木下不二太郎あるいは大阪毎日から支援に来ていただれか、と考えるのが自然なように思われる。

あえてそこから何かを読み取るとすれば、創刊の辞という区切りにあたっても、とくに自分の「いうべきこと」「いいたいこと」を持たず、現場の自由に任せる前田の性格である。それが編集面での風通しのよさ、自由な気風につながったということはあるかもしれない。

沸く大大阪

東洋のマンチェスター

一九一四（大正三）年に始まった第一次世界大戦は、日本社会をも大きく作り替えた。戦争のために物資の生産ができない欧州向けの、さらには欧州からの物資が滞ったアジア向けの輸出が急増したためである。代表的な輸出品目に船舶がある。大阪では木津川《きづがわ》や尻無川《しりなしがわ》沿いに造船所が次々に建ち、船成金が次々に生まれた。薬の輸出も急増し、道修町《どしょうまち》に薬成金が生まれた。(68)

前田が有川新聞舗の経営を受け継いだのが一九一四年だったことは、偶然とはいえ前田の生涯を象徴するめぐりあわせだったといってよい。前田は、後退することをしらない攻撃的な姿勢で知られた。初めての事業である新聞販売がまさに当時の大戦景気によってみるみる拡大していった成功体験と無縁だったとは思えない。世の中の回転が速くなっていた。資本が蓄積し、交通、照明、通信といったテクノロジーは急速に整備された。そうした環境が整う大阪は特別な場所だった。前田のハードワークも大阪だからこそ可能だった。

日清戦争のころから、大阪紡績（のちの東洋紡績）をはじめ天満《てんま》紡、浪華《なにわ》紡、平野紡、摂津紡、金巾《かなきん》紡、岸和田紡、明治紡、日本紡などが集積する紡績の町として、大阪は「東洋のマンチェスター」と呼ばれるようになった。それは資本主義精神を生み、育てる場所でもあった。日本銀行大阪支店長の梶原仲治《かじわらなかじ》（のち横浜正金銀行頭取、日本勧業銀行総裁）は大阪人について、「商事にかけては明らかに関東者より数歩も数十歩も上である。殊に商品を安値に出来し、多く集めそして辛抱強い点に至っては関東者の決して及ぶ処でない」と観察した。[69]

大阪には、多くの工場労働者が暮らしていた。当時の統計によると「職工」のカテゴリに入る人口が八万人を超え、東京を押さえて全国でトップだった。「水の都」は「煙の都」へ変貌し、「全く東洋のマンチェスターというにふさわしい工業都市」だった。

明治後期からの大阪を示す「東洋のマンチェスター」という呼び名は、大戦景気を経て「大大阪《だいおおさか》」という呼び名に接続される。

大大阪とは、一義的には一九二五年四月一日に行われた大阪市の第二次市域拡張により、大きな面積、大きな人口を持つ都市としての大阪が生まれたことを指す。この時大阪は人口二一一万四八〇四人と東京を超え、ニューヨーク、ロンドン、ベルリン、シカゴ、パリに次ぐ世界第六位に躍り出た。[70]

ただ、大大阪を準備する社会状況はすでに出現していた。ひとつは第一次大戦による好景気、加えて一九二三年の関東大震災である。

前田が南大阪新聞を創刊したころの大阪では、女性のほとんどがきちんと着物を着こなし、丸帯を後ろでお太鼓に結んでいた。一部進歩的な女性の間には洋装が流行りだしていたが、東京に比べるとまだまだで、ちらほらみかけるようになった、というような程度だった。心斎橋筋《しんさいばしすじ》や道頓堀でも、洋装の女性をみかけると、みんながまだ珍しいものでもみるように振り返った。中には断髪の女性もいた。女は長い黒髪を大切とした時代だから特に人目を引いた。(71)

潮流がぐんと加速したきっかけが、関東大震災だった。和装は逃げ遅れるというので、洋服に替わった。(72)アッパッパと呼ばれる夏場用の簡単服が大流行した。日常生活に西洋がなだれ込んできた。同時に大阪に、首都東京がなだれ込んできた。にぎり寿司が関西に定着したのは震災で東京人が大阪にやってきたためといわれる。生活のあらゆる文化に震災の影響は及んだ。

近代テクノロジーが、変化に拍車をかけた。「芝居の街」道頓堀は、映画など新しい映像テクノロジーの登場で「娯楽の街」へ発展・変化し、芝居茶屋に代わって続々とカフェがオープンした。照明テクノロジーが浸透し、二四時間営業の「カフェ・パウリスタ」には宇野浩二《うのこうじ》ら文化人が集まりサロンを形成した。(73)鉄道論や交通政策の権威であり、社会政策にもつうじて名市長とうたわれた関一《せきはじめ》が市政を担当し始めたのが一九二三年。(74)同じ年にはわが国初の鉄筋コンクリート造りの洋画封切館として松竹座が開館し、新時代の建築を喧伝した。

一九二五年には現在の大阪市港区夕凪《ゆうなぎ》エリアに遊園地「市岡パラダイス」がオープンした。そこには「北極館」と名付けられた日本初の室内アイススケート場があった。髙橋大輔《たかはしだいすけ》、織田信成《おだのぶなり》らを輩出し一世を風靡した関西大学アイススケート部がなぜ大阪の地でフィギュアスケートの強豪だったのか。それはこの大大阪の繁栄にまでさかのぼる、とメディア研究者の黒田勇《くろだいさむ》は考えている。(75)

大大阪とはそもそも広域都市圏を示す地理的な呼称だが、「偉大」「壮大」な語感をともない、市民の「愛市精神」ともいうべき郷土意識を刺激した。(76)「官」の東京に対して「民」の大阪との自意識が確立するのもこの時期である。関は「大阪の空気は東京よりも遙に自由であつて経済上の活動力は東京は大阪に及ばない」と自負をのぞかせている。(77)

東京の文化人、芸能人が多数大阪に移住した。天下茶屋あたりも、そうした人々が集まる核のひとつだった。前田はこれらの人びととの接触にも意をもちい、紙面に反映させることを忘れなかった。(78)東京・神田で出版業を営んでいた佐藤卯兵衛も、東京から大阪への流れを示すひとりである。佐藤出版部の名で主として教養文化系の企画を手掛けていたが、震災で社屋は火炎の中に焼け落ちてしまった。佐藤は再起困難とみてとり、妻とともに大阪へ行く決心をした。

いずれは東京へ戻って出版をやるつもりだったのだろうが、その後も世は不景気続きで、この際無理をしなくてもと考え始めた。一方前田は佐藤の人柄や手腕を高く評価していた。

佐藤は岸ノ里に居を構え、夫婦ともども夕刊大阪で働き始めた。岸ノ里はまだ新開地の域を脱せず、田んぼの中に長屋住宅が次々と新築されている状態だった。南海電車で大阪市内へ通う客が増えてくるにつれ、駅の朝夕も混み出していた。吉田が駅で電車待ちをしていると、ときどき佐藤夫妻に出会った。佐藤は編集部で主に文化方面の記事を、妻は広告部で主として百貨店回りを受け持っていた。

天下茶屋の新聞社の狭い階段を肥った体をゆするように上がっていった佐藤や、広告回りから帰ってきた奥さんがにこやかに微笑を残しつつ同じ階段を上がってゆく姿を、吉田は後年懐かしく思い出すことになる。佐藤はずっと新聞社に居着いて、のち東京支社長に栄転した。[79]

大阪文壇の長老と呼ばれた藤沢桓夫《ふじさわたけお》が佐藤を回想した文章がある。昭和初め、大学を出て、さて何をして食っていこうかと思案していた藤沢を文藝春秋社に菊池寛《きくちかん》が呼びつけ、「新聞小説を書いたらどうだ。頼んでみてあげるよ」と紹介の労を執ってくれた先が、夕刊大阪学芸部の佐藤だったという。「片岡鉄兵《かたおかてっぺい》、直木《なおき》三十五《さんじゅうご》などの人気のある中堅作家たちが執筆、非常に活気があった」。菊池と前田の親密さは有名だったから、あっさり話がまとまり、逆に藤沢のほうがあわてた。連載されたのが藤沢の最初の新聞小説『街の灯』。原稿料も地方紙としては良く、一回一〇円だった。[80]

大阪の新聞界は朝日、毎日の二大紙によって支配されていたが、群小の新聞が存在しなかったわけではない。新聞史の研究でしばしば引用される資料に、一九二七年に内務省警保局が作成した『新聞雑誌及通信社ニ関スル調』という文書[81]があるが、それによると、大阪時事新報、大阪日日新聞、関西日報、大阪今日新聞、大阪朝報、大阪夕報、大阪経済新聞、大阪万朝報、大阪新日報、そして前田の夕刊大阪新聞など、たくさんの新聞があったことが確認できる。

こうしたにぎわいは、生活力旺盛で、余暇や郊外という概念を理解し、特に知り合いではなくても新聞が日々供給するニュースによって一体感を共有する人々、つまり〈大衆〉に支えられていた。夕刊大阪は映画大会からキス釣り競技会、果ては麻雀大会まで次々にイベントを打って大衆社会の一翼を担った。

『新聞総覧』によると、一九二六年前半に実施した夕刊大阪の事業は一月に新年麻雀大会や青年擬国会（模擬国会のような催しであろう）、二月に六甲山《ろっこうさん》縦走競争、青年自治研究会、三月に高野山《こうやさん》日帰り参拝会、紙上模擬試験、四月に瀬戸内海遊覧会、映画大会、五月にキス釣り競技会、盛花講習会、六月に住吉菖蒲園後援、芝居の国勢調査など、ザッと挙げても毎月目白押しである。

新聞は「論」から「ニュース」への転換期にあった。記事にも鮮度が問われるようになった。悲憤慷慨して世を憂うより、ニュースの締め切りを守ることが重要になった。いってみれば、記者がサラリーマン化したのである。といって、現代におけるニュアンスとはやや違って、この言葉には明るく、近代的なイメージがあったことに改めて留意いただきたい。

大大阪のにぎわいをしのばせるのが、「道頓堀行進曲」である。

♪赤い灯青い灯どうとんぼりの／川面に集まる恋の灯に／なんでカフエがわすらりょか

ジャズの調べに乗せてうたわれる大大阪の情景は、戦後に誕生した演歌ふうの暗く沈殿する情緒とは異なった、明るくモダンな空気が戦前に存在していたことを今に伝えている。(82)

削岩機としてのニューメディア

大正期はまた、文化と産業の結びつきに大きな様相の変化が起きた時代でもあった、と社会心理学者の南《みなみ》博《ひろし》はいう。それは西洋から持ち込まれたテクノロジーを利用する文化の産業化であり、産業化された文化の大量な流通であった。

新聞、出版、映画、ラジオ、レコードなどは、いずれも内容（コンテンツ）としては前時代のものと一見みわけがつかない。「紙に書かれた活字」という意味では新聞や書籍は明治期でも大正期でも同じである。初期の映画にしろ、芝居や講談といった前時代と同じコンテンツを利用していた。コンテンツだけをみている限り、「明治期の政論新聞」と「大正期の大衆新聞」との違いはみえにくい。現代人にとっては、せいぜい、文章が読みやすいか、そうでないかくらいにとどまる。

本質的な差異をもたらすものは、内容（コンテンツ）ではなく、形式（伝送路）であることに注意しなければならない。それが、いつの世にもみえにくいメディアの特質であり、「文化の産業化」の本質である。なぜなら、産業化のためにはその享受層を拡大することが重要になるからである。伝送路を太く、なめらかにし、強い流れを可能とすることがなによりも大事になる。その帰結として、産業化された文化は、一部の限られた階級にだけ受け入れられるものではなく、より多くの大衆に喜ばれるものへと変容していく。(83)

夕刊大阪はその先頭を走った。いいかえれば、ニューメディアの台頭を、新聞の販路開拓に向けての「削岩機」として使った。(84) 映画への関心は、そのひとつである。

「写真活動目鏡」と呼ばれたエジソンのキネトスコープが輸入され、神戸の神港倶楽部で公開されたのは一八九六（明治二九）年一一月である。その後、国内外の風景や、歌舞伎興行を撮影したものなどを上映して人気を集めていたが、日露戦争などの戦争映画で国民的関心を集め、第一次大戦の好況に乗じて本格的な劇映画制作につながっていく。

大阪では一九二〇年、帝国キネマ演芸（帝キネ）が立ち上がり、二四年には「籠の鳥」の大ヒットを飛ばすなど映画制作の重要な一翼を担った。まだ無声映画の時代だった。

夕刊大阪は当初から映画欄を設け、売り物とした。新聞界でもっとも早い部類に入る取り組みである。

吉田禎男は、岸ノ里の自宅近くに住んでいた同僚の時光墟外を日本初の映画記者とみなしている。吉田は時光に連れられて神戸の外国映画会社をめぐり、京都の等持院《とうじいん》、太秦《うずまさ》、大将軍《たいしょうぐん》などにあった撮影所、さらには東大阪の小阪《こさか》にあった帝キネのスタジオなどを取材にまわった。(85)

のちに産経新聞社常務を務めた木下英二が書いている。南大阪新聞で働いていたころ、木下もまた、岸ノ里に住んでいた。

> 夕刊大阪新聞が発刊以来僅かの年月で多数の読者を獲得し得た一因は、そのころ他の新聞にはなかった映画欄を持っていたということであろう。この映画欄を担当したのが映画記者第一号の時光墟外君であった。（略）時光君はさらに、読者中心の映画研究会を組織したり、一流の映画監督、スターを招いて講演会を開いたり、新しい映画の試写会を催したり、また当時にあっては珍しかった撮影所の見学会を行なったり、

〝一人でも多く〟と読者の獲得にも努めた。このほかスターの人気投票を発案して紙面を賑わし、この人気投票ではその日の夕刊が早くから売り切れになるという盛況ぶりであった。また全大阪の映画ファンを沸かせた〝キネマ祭り〟の第一回を挙行した際も、各映画会社の参加をまとめるためずいぶん苦労したものだった。(86)

続けて木下は、「もっともこれには時代を先取りした社長前田久吉の先見の明にもよるところが大きい。映画企業が急速に大発展するであろうことを見通し他の新聞に率先して映画欄を創設、読者サービスを試みたのである」と付け加えている。前田がとくに映画好きであったフシは見当たらないので、やはり「いかに新聞を売るか」というところから絞り出したアイデアだったのだろう。

「目玉のまっちゃん」こと当時の大スター、尾上松之助《おのえまつのすけ》は「私たちの撮影所における仕事ぶりを初めて新聞に紹介してくれたのは時光さんです」と語っていたというが、惜しくも時光は一九二六年二月、早世した。(87)

「キネマ祭り」というのは、時光が亡くなった年の一〇月一日から一一月末まで堺市で開催された「キネマと劇博覧会」のことである。人気役者らも日替わりで会場に顔をみせ、東亜キネマ、松竹、日活、帝国キネマの映画会社によるセットを組んでの撮影現場の再現などが人気を呼んだ。今でいう映画村のようなものであった。拡張員は博覧会のキップを持って勧誘に回り成績を上げた。(88)

時光が書いた記事はほとんど残っていないが、わずかに夕刊大阪新聞社演芸部長の肩書で当時の照明会社が出していた雑誌に載せた一文がある。「今までの映画は俳優そのものを本位にしていたため俳優が重んじられていたがそれは大いなる間違いで（略）一番気をつけねばならぬ事は光明である」[89]。俳優＝内容ではなく、光＝形式への着目。映画が、芝居や講談といった旧来のコンテンツをみせるための新しい仕組みとしか考えられていなかったこの時期に、時光はすでに新しいメディアの可能性と本質を見抜いていた。

映画と並ぶこの時期のニューメディアといえば、ラジオである。一九二四（大正一三）年三月二二日に社団法人東京放送局（ＪＯＡＫ）、同年六月一日に社団法人大阪放送局（ＪＯＢＫ）で放送が開始された。このときの聴取者数は全国あわせてわずか五四五五に過ぎなかったが、一年後には二五万八五〇七、二年後には三六万一〇六六と激増している。

秋晴れのけふ堺大濱に
芝居の寶庫映画の殿堂は築かれた
げに此知識と歡樂の黎明期よ
朝まだきから
観覧者は詰め寄せる
素晴らしい人氣を煽つて

図5　「キネマと劇」博覧会を伝える夕刊大阪記事（東京タワー提供）

前田が映画欄とともに「削岩機」としたのが、ラジオ欄であった。ラジオ放送開始の翌年、「当時、受信機はまだ富裕階層と喫茶店、食堂などのみに限られ、食堂など人の集まるところに講読してもらうことは、数名どころか十数名の読者を得たほどの効果があったので、前田はこの方面の読者確保に力を入れた」という[90]。

残念ながら夕刊大阪の原紙は現存せず、どのような内容であったかは知るすべもない。ラジオ欄の日付も不明のため、本当に全国初だったかどうかもわからない。ただ、同時期に東京で読売新聞がやはりラジオ欄を創設し、注目された。同紙社史によると、一九二五年一一月一五日から始まった「よみうりラヂオ欄」は大きな部数増をもたらした。[91] 前年二月に読売の経営に乗り出した正力松太郎による紙面改革である。現在と違い、当時の読売は文芸新聞として一定の評価は得ていたものの、部数は低迷し、さらに震災で建てたばかりの社屋が焼失、どん底の状態にあった。

東京の正力、大阪の前田。ラジオへの着目がどちらが早かったのかを問うことにあまり意味はない。それより、当時の基軸メディアたる新聞が、しばしばラジオへのニュース提供を渋るなど冷たい態度を隠さなかったのに対し、いちはやく取り入れる着眼点を持っていた共通点が興味深い。

読売の初代ラジオ部長は柴田勝衛。わずか三人の部員で連日二ページを埋めた。ちなみに柴田は戦時下の新聞統合で誕生した前田の『大阪新聞』に出向し、取締役主筆を務めた。追って前田と正力とのかかわりも明らかにしていきたい。

文化人ネットワーク

一九二七（昭和二）四月、前田は本社を土佐堀から北区堂島浜通の新社屋に移した。編集、営業あわせて社員が二〇〇余名にふくれあがり、旧社屋が狭くなってきたからである。七月、新聞社を個人経営から資本金三〇万円の株式会社に改組して社長に就任した。最新式の輪転機四台も備え付けた。[92]

堂島浜通周辺は倉庫街で、道ひとつすぐ向こうはハシケが行き交う堂島川。艪《ろ》を押しながら歌う船頭の鼻歌も聞こえた。

倉庫を改造した急ごしらえの建物で、洋風建築にみせかけた木造の二階建て。一階は広告・販売・総務・経理などの業務関係、すれ違うのがやっとの狭い階段を上がると、二階には社長室・役員室・応接間が並び、廊下をへだてて編集部門。二階の奥に活字・文選、真下が印刷工場であった。

床はデコボコの板張りで小走りすれば床が鳴る。採光、通風が悪く、夏はトタン屋根の照り返しで蒸風呂同然となり、みな上半身裸で仕事にあたった。(93) 鷲谷武の追懐に、「社屋の奥は倉庫のままで、輪転機を据え巻き取り紙を積み、ここが印刷工場、真上の二階が活字場文選場で編集室へ続く。夏になるとトタンが日に焼けてその下で仕事をする編集部員は焦熱地獄の苦しみだった。私は着ているものを一枚一枚脱ぎ捨て、終いには裸になって仕事をしたものだ。今でも思い出すと体に汗を憶える」(94) とある。

映画欄、ラジオ欄にとどまらず、前田は多彩なアイデアを夕刊大阪に注入した。演芸欄の拡充に呼応して、人気俳優の「道頓堀の船乗り込み」を企画し、大当たりとなった。さらにこのころの若い女性に人気があった画家竹久夢二《たけひさゆめじ》に懸賞小説の挿絵を描かせた。

当時、連載小説は新聞の売れ行きを左右する重みをもっていた。先立つものがなく、社内作家の吉田禎男にペンネームで書かせていたというエピソードはすでに紹介したが、夕刊大阪は昭和初期にかけて順調に発展、勝負どころでカネを惜しまない前田の性格もあって、先に触れた藤沢桓夫のエピソードなど、むしろ有名作家の連載で知られた。

震災後、谷崎潤一郎《たにざきじゅんいちろう》は関西に移り住んだ。その文豪を前田が夏のある日、大阪・浜寺海岸の料亭「一力」に招いた。

気難しいところがあったとされる谷崎だが、前田とは気が合ったようだ。話が弾んだ後は一緒に目の前の海に飛び込んで海水浴に興じた。前田は相手の懐に飛び込む術に長けていた。[95]

前田の文壇人とのネットワークは菊池寛、久米正雄《くめまさお》、直木三十五、川口松太郎《かわぐちまつたろう》、谷崎潤一郎、武者小路《むしゃのこうじ》実《さね》篤《あつ》、土師清二《はじせいじ》、吉屋信子《よしやのぶこ》、三宅《みやけ》やす子、宇野千代《うのちよ》など幅広い。一九三一年から始まった「日曜文芸版」に前田自身が交渉し、これらの作家の読み切り小説を掲載する芸当などだれにでもできる技ではなかった。[96]『日々これ勝負』は、前田と文壇人との交流をつぎのように描いている。

> 直木（三十五）氏はそれが特徴のように言われた和服の着流しで、懐手しながらふらりと新聞社を訪ねてきた。（略）大阪に来ると松平旅館に泊まって、旅館の宿の畳の上でに長いからだを腹ばわせ、癖のある細かい文字で原稿用紙を埋めていた。私と同じように大阪生まれだったし、殊に弱きを助けるというあの気性から、新進の新聞を文壇に吹聴してくれ、作家とのわたりをつけてくれたのもこの人だった。（略）そのころは日曜ごとに付録を出して、一流作家の文芸作品を載せていた。川口松太郎氏も太陽堂以来種々力を入れてくれた。（略）菊池寛氏も大阪に来ると一番に顔を見せた。久米正雄氏と一緒のこともあった。（略）このほか直木氏の肝いりで、谷崎潤一郎氏、武者小路実篤氏、三上於菟吉《みかみおときち》氏、片岡鉄兵氏、土師清二氏など文壇の大家中堅が特に好意を寄せられ、その作品によって紙面は一段と光彩を放つにいたった。[97]

文壇人との交流には麻雀も一役かった。菊池は前触れもなくひょっこり大阪にやってくる癖があったようで、前田が社長室で話していると、なぜか今度は直木が例の着流しで現われる。ハハーン、これはきっとアレだな、と思うと、やはり麻雀だ。宿に行くと、久米正雄も来ていて卓を囲む。こんなことを前田が語っていたという記録がある。(98)

南大阪新聞時代からの前田の側近で、戦後大阪新聞の代表取締役を務めた全徳信治《ぜんとくのぶはる》は、日本に麻雀を紹介した一人でもある。のち日本麻雀連盟の副総裁をも務めた。全徳は、父親が中国は湖南省の省都、長沙で医院を開業していたことから、現地で中国人から麻雀を習い覚えた。「流行作家が大阪に来ると、麻雀の時には必ず全徳氏のところへ誘いの使者が立った(99)」。

大阪における麻雀の歴史は、全徳抜きには語れない。前田の下で働き始めてまもない一九二三年、満州や中国帰りの知人とともに、広珍園という中華料理店の一室を借りて「大阪麻雀倶楽部」をつくった。「夕刊大阪新聞でも私の意見を容れ、紙面に麻雀欄を新設することになったが、当時はまだ社内に麻雀を知るものがいなかったので、自然私が重宝がられ、私もまた好きな道なので、取材、広告、その他についても協力した。紙面には常に麻雀の競技法、必勝法、あるいはルールの詳解、麻雀マナー、対局譜などを掲載、それが好評で、麻雀倶楽部が開設されると必ず夕刊大阪新聞の購読申し込みが来たものだった(100)」

堂島浜通に移った年、大阪毎日新聞を定年となった大物記者が、夕刊大阪にやってきた。福良虎雄（竹亭）である。大毎の社友だった福良を主幹として推薦したのは、本山彦一だった。(101)

福良は、夕刊についてひとつの理想を持っていた。

夕刊と朝刊とを読む読者は凡ゆる点で余程の差違がある。例へば夕刊は昼の活動から疲れて帰つて来た時に読む新聞であり、朝刊は朝起きて極く頭の冷静な時に読む新聞である。若し夕刊新聞に難しい論説や記事を載せたなら読む人はなくなるであらう。夕刊は一杯のコーヒや一服の煙草をのむやうに気軽に読める材料に依つて編集しなければならぬ。（略）ところが今の夕刊新聞の記者達は、夕刊の材料を如何にして採るかを充分研究している者が甚だ少ないやうである。たゞ朝刊と同じ所の材料を早く取つてゐるにすぎない。(102)

こうした見識をみれば、夕刊大阪の成功は単に大阪毎日系の販売網の活用が許されたためだけでなく、前田の猛烈な営業、販売センスによるだけのものでもないことがわかる。

福良は一八七〇（明治三）年、徳島市生まれ。夕刊大阪に入る前、新聞記者生活五〇周年を記念する祝賀会が開催され、関西の知名人がこぞって出席した。

こんな話が残っている。

鴻池《こうのいけ》といえば天下の富豪で、今橋《いまばし》の広壮な本邸には政財界の知名士が自家用車を連ねて出入りしている。その中を一人、くたびれた洋服姿の老人がテクテクと歩いて門構えの中に入って行く。片手に畑から抜いたばかりの大根の束を下げていた。出てきた玄関番に、日ごろのご懇意に主へのお土産だと、下げてきた大根の束を差し出した。「天下の鴻池屋敷へ大根のお土産を持って行くのは、およそ竹亭老くらいのものだろう」(103)。

前田はのちに、「ひょうひょうとした毒気のないきれいな人でした。だから私も誘惑の多い新聞をやって誤らないできたわけです」と謝意を表している。(104) 昭和デカダンスにつながっていく大正モダン、そして大大阪の繁栄は、一方でこうした明治人の気骨にも支えられていたのである。

第3章　事態楽観を許さず——危機の時代：一九三一—一九三七

爛熟と不穏

赤い灯、青い灯

大正後期から昭和初期にかけてを時代区分に落とし込むなら、大衆が生まれた時代と呼ぶことができるだろう。

明治末期から大正初期にかけ、政治意識の広がりとともに〈民衆〉層が形成され、大正デモクラシーにつながったとするなら、〈大衆〉はメディアの発展や世の中のスピードアップを反映してより感覚的、享楽的で、政治に限らず幅広い分野にその興味関心をひろげた。

新しい都市中間層が出現し、サラリーマン、モダンガールらが街角を闊歩した。朝日、毎日の二大紙が百万部突破を宣言し、映画が娯楽として定着し、ラジオ放送が始まるなどメディアの影響力が急拡大した。

テクノロジーの進展とあいまって急成長するメディアが伝える関東大震災などの大ニュース、全国ニュースは人々に共通の問題意識や話題を与え、ばらばらだった都市住民を凝集させていき、〈大衆〉が形成されていった。時代の波に乗って、前田は南大阪新聞、そして夕刊大阪新聞を急成長させた。そこには明るいモダニズム、〈大衆の時代〉の息吹がある。

次のようなエピソードに、〈大衆の時代〉の夕刊大阪のたたずまいをみてとることができる。

大正の末、夕刊大阪新聞が天下茶屋から土佐堀に移ってまもなく、一人の女性記者が入社してきた。若く美しい女性記者とあって社員のうわさになった。のちに作家となる真杉静枝《ますぎしずえ》である。(1)

真杉は一九〇一(明治三四)年、福井県生まれ。台湾で過ごし、大阪に来て新聞記者になった。いくつかの文献は大阪毎日新聞の記者だったとしているが、誤りだろう。もっとも真杉自身が自伝風の小説の中でそう書いているので、無理はない。おそらく、大阪の小さな夕刊紙が職場だったことを恥ずかしく思う部分があったのだと思われる。真杉は虚栄心が強く、ゆえに悲劇的な生涯を送った。

だが、大大阪の繁栄に乗って成長を続けていた夕刊大阪の記者たちに、真杉の文学的な屈折は関係なかった。「殺風景な編集局に洋装のモダンガールが現れたのだから大変な人気で、若い連中の注目の的となった。編集長の鷲谷(武)さんらの先輩までも若い連中と連れだって毎晩のように道頓堀あたりを飲み回ったものである」。いかにも楽しげな空気が伝わってくる。

ところが、真杉は突然蒸発してしまった。奈良に居を構えていた作家の武者小路実篤の訪問記事(相手を訪ねてのインタビュー記事)を書いたときに、真杉はコロリと参ってしまい、武者小路が奈良から東京へ居を移した後を追って上京したのである。真杉は恋愛に溺れる性格だったが、のちに東京産経の幹部となった木下英二は冷静に「女流作家として世に出たい、こんな小さな新聞にもたもたしていたのでは駄目だというのが出奔の動機だった」と回想している。
真杉はその後、武者小路と別れ、さらに破滅的な生活に落ち込んでいく。戦後、真杉は木下、そして前田とも再会するが、それはのちに触れよう。

一九三一（昭和六）年に満州事変が勃発し、時代は一気に緊張する。戦争の予感が忍び寄り、モダニズムの爛熟は「危機」「非常時」の呼号に取って代わられた。ここからを〈危機の時代〉と名付けるとするなら、前田は時代を見据えた一手を打つ。日本工業新聞の創刊である。
社会はがらりと様相を変えた。大阪毎日新聞の記者だった村嶋歸之《むらしまよりゆき》が発表した『カフェー考現学』には、当時のミナミの情景が描かれている。劇場や寄席の終わる一〇時半には帰り客を拾おうとする自動車の群れが盛り場に続く。一一時に心斎橋筋の商店は店を閉め始める。これまではこの時間からカフェの世界であったが、カフェ取締令が出たため、営業は一二時までとなった。午前一時には道頓堀の赤い灯、青い灯は消え、人々は足早に家路を急ぐ。二時、南海電車の終電車が発車する。[2]
一九二八年に第一回普通選挙が実施され、新聞界は自らが招来したともいえる大衆社会に自らも大きく影響されていく。徳富蘇峰の國民新聞退社（一九二九年）が象徴するように、個人の名望で新聞を維持する「パーソナル・ジャーナリズム」の時代が完全に過去となり、報道新聞化＝新聞の資本化の道が明確になった。

名望ジャーナリズムの退場

一九二五（大正一四）年に夕刊大阪を退社した吉田禎男は、その後昭和日日新聞社への入社が決まった。浪人して三年目のことである。

昭和日日新聞は関西新聞界の長老、相島《あいじま》勘次郎《かんじろう》が一九二七（昭和二）年二月に創刊した新聞で、天満橋のたもとに本社を置いていた。相島は慶応卒。大阪毎日に入社し、日清戦争に特派員として従軍したジャーナリストである。毎日の東京進出の際には毎日電報の副主幹、さらに東京日日の副主幹として重責を担った。一九一一（明治四四）年には茨城から出馬、衆院議員に当選。大正期には大阪時事新報に迎えられ、重きをなした。

昭和日日の編集局には大阪時事新報、大阪毎日新聞から来た記者が多かった。吉田が昭和日日に行くと決めたのは、斎藤渓舟が編集局長を務めていたからである。(3) 斎藤はすでに触れたように、吉田が南大阪新聞に入社し、新聞記者人生を歩むことになるきっかけとなった人物だ。こうしてみると、吉田は新聞記者稼業に嫌気が差したわけではなかったようだ。吉田は夕刊大阪を辞した理由をつまびらかにはしていないが、ジャーナリストとして尊敬を集めていた相島の下に馳せ参じた経緯を考え合わせるなら、記者、物書きではない前田が経営する夕刊大阪には、たとえその新聞社が成長を続けていたとしても、物足りないものを感じていたのかもしれない。

細長い中州一杯に建った二階建て社屋、大川の流れを目の下に見る二階の編集局で、私たち編集員は斎藤編集局長を中心に机をならべた。その人柄に惹かれたというのか、私は斎藤さんが好きであった。南大阪新聞時代いろいろ指導を受けたが、今度もまた、見出しの付け方、記事の配列、組版の進め方など新しく教えられるところが多かった。大机を前にしてうつむき加減に筆を走らせている斎藤さんの和服姿が今でも思い出される。長らく大阪毎日新聞で鍛えた編集の冴えは昭和日日新聞の紙面にも遺憾なく発揮され、創刊してまだ間がないのに読者の評判はよかった。紙数は相当伸びた。(4)

自分がつくっていた紙面だからひいき目もあるだろうが、昭和日日の紙面は悪くなかったといえよう。一九二九年初めには、本社をなにかと不便だった天満橋畔から西区靭北通《うつぼきたどおり》に移転した。ところが、このころから目にみえて経営が苦しくなってきた。(5)

昭和日日もまた、大阪で新興紙が育つのを阻む固有の構造を乗り越えることができなかった。朝毎による販売網という壁である。「大阪で新しい新聞は成り立たぬ」というのがすでに定説となっていた。

経営改善のため外部から人間が乗り込んできた。一九三〇年末に相島は社を去った。しばらく社は続いたが、吉田が満足できようはずがない。「清貧に甘んずる式の相島社長と違い権謀術数的な新社長のやり方に嫌気の差した私は、また悪い癖が出て辛抱が出来ず、辞表を出して辞めてしまい、再び浪々の身となった」(6)

相島を責めるのは酷かもしれない。相島はジャーナリストとして尊敬を集めた人物だったが、名望で経営が成り立つ時代はとっくに終わっていた。一九三五年没。虚吼《きょこう》と号し俳人としても知られ、大阪・豊中の東光院萩の寺に、

放屁虫貯へもなく放ちけり

との句碑が残っている。

一方、夕刊大阪は順調に育っていった。「新しい新聞が育たぬ」大阪における唯一の例外であった。『新聞年鑑』大正一四年版は夕刊大阪について「大阪市内外を読者範囲とする純粋のローカルペーパーだから市内及び隣接町村に対する広告効果は漸次認めらるるところ」となり、今や広告料率は三番手の大阪時事新報に近づいている、としている。発行部数は増えるばかりなので、第二印刷工場を増設して、新たに超高速輪転機を導入せねばならなくなるほどであった。前田は大いに儲け始めたのである。(7)

順次輪転機を増設して印刷能力を拡充し、三〇年には紙面も四ページ建てから八ページ建てに飛躍、一九三一年春からは毎日曜に一二―一四ページへと増頁した。(8) 新進の夕刊紙ながら市内に集中した新聞として案内広告欄など効果があるというので評判が良かった。(9)

相島と違って、前田は、「あるべき理想」にこだわるような人間ではなかった。「この新聞は夕刊で、大阪のローカル紙として比較的軽い新聞であることを方針としましたために、これがあたって経営はうまく行きました」と回想している。

朝日、毎日のような大新聞に持っていこうとしたら無論これも押されて潰れていたでしょう。それが大阪の真面目なローカル紙で、夕刊専門であったために、だんだん基礎が固まったわけです。そして見る人によって非常に賞賛されたものです。当時沢山あった群小新聞は真面目に新聞を経営すると云うよりも、政党関係とか、経済界の暗い面をつくとかといった方向の新聞が多かったものです。[10]

前田は、新聞というものは政治的に過ぎたり、理想主義にすぎたりすることは、経営的にはよくないと考え、実例として白虹事件と大正日日新聞のことをよく話したという。前田が有川新聞舗の経営を軌道に乗せ、南大阪新聞発刊を考えていたころは、大正日日がさかんに話題となっていた時期と重なる。前田はその顛末を販売店主としてじっとみていたのである。[11] ちなみに、大正日日はいったん廃刊後、大本教の出口《でぐち》王仁三郎《おにさぶろう》に買収され、宗教団体発行の新聞として発行を続けた。経緯を記した『大本七十年史』は、「販売部面」に「のち新聞界に名をなし参議院議員にもなった前田久吉」もいたと記している。[12] 前田が大本のメンバーだったとは考えにくいが、新聞販売店主として同紙を扱っていたとしてもおかしくはなく、そこで何らかのつながりはあったのかもしれない。

前田はジャーナリストでも言論人でもない。明るくモダンな夕刊大阪は前田の一面であり、産経新聞の重要な源流の一つであるが、前田はそれだけの人物ではない。時代が変わればそれに応じて新しい内容にころっと変身して平気である。つまり、前田の本質はそれぞれの内容——モダンで文化的であるとか、反権力であるとかといった——ではなく、そうしたさまざまな内容を包含したメディア=形式を生み出すところにある。

自分の主張を世に伝えようと試みるのがジャーナリストだとすれば、前田はまったくジャーナリスティックではない。新聞経営者をジャーナリスティックな視点から評価するならば、前田は及第点にも達しないだろう。だが、前田の真価はそこにはない。「生み出したアイデアを見ると、社会の木鐸などという、大上段の表現よりも、「ごめんください」と門口を入り、勧誘していくうえに都合の良さそうなものばかりである」との後年の評があるが、〈すっと下げる〉前田の特性は新聞作りとも共通していた。[13]

もっとも、単に口当たりがよく簡単に読めるというだけの新聞でもなかった。先に述べたとおり夕刊大阪の原紙は現在発見されていないが、同紙に連載された文化人によるコラム集『時代と思索』が書籍となって残っている。

今日の社会に於ても現実に真理は無智、迷蒙、強権に抑へられ、底知れぬ陥穽に陥つてゐないとは誰か言ひ得よう。そして「野蛮」な反動が文化発展を阻害しつゝある事実を誰れか否定し得よう。（略）それは結局現実に対する認識を晦まし、批判を鈍らせ、認識と批判に伴つて起る革新意志を全面的に抑圧して、現状維持に満足せしめんとする為に他なるまい。[14]

こうしたあとがきや滝川幸辰《たきがわゆきとき》、森戸辰男《もりとたつお》、住谷悦治《すみやえつじ》、蜷川虎三《にながわとらぞう》、末川博《すえかわひろし》などの執筆陣をみれば、夕刊大阪は知的というか、むしろペダンチック（衒学的）な新聞だったようにも思えてくる。意図するところでは必ずしもなかったにせよ、少なくとも前田はそうした編集陣を自由にさせておく器量をもっていた。

一九三二年に毎日の本山彦一が亡くなり、翌年には朝日の村山龍平が亡くなって、時代の交代はだれの目にもあきらかになった。そのころ、夕刊大阪は一〇万の読者を獲得できるようになっていた。[15]

本因坊秀哉と呉清源

昭和日日を退社した吉田は、出版社につながりがあったので投稿を始めたが、なかなかカネにならない。たちまち生活は困窮してくる。と、古巣の夕刊大阪から話があった。前田のアイデアで夕刊紙では初めての囲碁将棋欄を新設することになったので観戦記を書いてみたら、というのである。

夕刊大阪時代から引き続いて親しくしていた全徳信治や佐藤卯兵衛の斡旋だったとあとでわかった。特に佐藤は吉田の結婚の際仲人を引き受けた関係もあり、全徳と相談、鷲谷や前田に話したところ当人さえ承知なら、ということになったらしい。

「前田という人は常に時代を先取りしてそれを紙面に取り入れた」と吉田は振り返っている。一九二八（昭和三）年には学生版を創設して、当時の小中学生とその家庭や学校向けの記事を載せた。ついで、朝毎二大紙しか取り扱っていなかった囲碁将棋欄の新設を思いついた。

不安定な暮らしに疲れていたこともあり、友人たちの温情も身に沁みたので、吉田は古巣に舞い戻ることに決めた。[16] ただ囲碁は並べる程度、将棋にいたっては駒の動かし方も知らない。

吉田はルールを覚えるところから始めたが、すぐに「観戦していて、一局の勝負に精魂をかける棋士の真剣な態度に打たれ」るようになった。

囲碁将棋欄の嘱託となって、すでに老境に達していた将棋の坂田《さかた》三吉《さんきち》とも何度か顔を合わせた。坂田が話題にしていたのが、碁の呉清源《ごせいげん》であった。「碁の天才や。今にえらいもんになるで」[17]。その呉を夕刊大阪が東京から招き、当時の二一世名人本因坊秀哉《ほんいんぼうしゅうさい》との記念対局を催したことがある。

取材には吉田があたった。会場をまわっていると、呉少年が近づいてきた。前夜、宿舎で取材したので吉田の顔を見覚えていたのだろう。羽織に袴を付け、ほどけた羽織の紐をまさぐりながら、困ったように吉田をみる。慣れない羽織のひもを自分では結べないのである。吉田が結んでやると、ていねいにお辞儀をして去っていった。呉の「三々、星、天元」の布石で囲碁史に残る名対局となった読売主催の一戦は、まだ行われていない。

時代は風雲急を告げていた。記念対局直前、満州事変が勃発した。「近ごろはよく号外が出る」と吉田は書いている。そのころ観戦記の取材に行くと、対局する棋士の口から〝形勢不穏〟とか〝事態楽観を許さず〟とかの言葉が出た。時代はそんなところにも映し出されていた。

一九三二年一月二八日、中華民国の上海共同租界周辺で日中両軍が衝突した。上海事変である。その日も吉田は囲碁対局の取材にあたっていた。対局は中盤にさしかかっていた。吉田は事変の勃発を知らなかったが、盤面に広がっていく黒白の陣取りを眺めながら、吉田はふと両軍の激突を連想し、このことを観戦記に書き込んでみたらと考えたりした。

茶の入れ替えとともに、そっと一枚の号外が差し入れられた。何気なく取り上げてみる。事変勃発の速報であった。[18]

日本工業新聞創刊

満州事変とメディア

一九三一（昭和六）年九月一八日午後一〇時二〇分ごろ、中国・奉天《ほうてん》（現在の瀋陽《しんよう》）近くの柳条湖《りゅうじょうこ》付近で、南満州鉄道が爆破された。実際には日本側による自作自演であったが、関東軍は日本の権益である満鉄が中国軍に攻撃されたとしてただちに報復攻撃を行い、日中両軍は戦闘状態に入った。満州事変である。

〈危機の時代〉が幕を開けた。同時に、満州事変はメディアに政府批判、自由主義の立場から国策協力、国民主義の立場への転換をもたらした最大の事件でもあった。転換はどのように起こったのか。大正期に「政府の仮想敵国」とまで称された大阪朝日新聞の変容からみてみよう。

大阪朝日は、事変直前まで軍部批判の社論を掲げていた。大正期ジャーナリズムの政府批判のなごりでもあったが、根本的には、大阪財界の立場と合致していたことが背景にあった。中国大陸との交易の拡大は、大阪経済の発展に直接結びつく。国際協調、中国への不干渉政策は望ましい外交路線だった。大阪朝日が中国大陸への軍事介入に一貫して批判的な論調をとったのは、商都大阪の地元紙という立場も作用していた。[19]

ところが、関東軍は怒濤のような進軍で、翌一九日には奉天を占領した。号外が乱れ飛び、戦況速報に世論は熱狂する。朝日、毎日をはじめ新聞各紙は、関東軍を中心とする日本軍の「快進撃」を連日報道する。[20]「満蒙の権益は日清、日露の日本人の血であがなった特殊な権益である」という満蒙権益論が関東軍の暴走を正当化し、軍備縮小、中国への不干渉政策を唱えようものならたちまち「反軍」「国賊」とつるし上げられる世の中がやってきた。(21) 大阪朝日は流れに抗しきれず、一気に社論を転換させた。

企業化の進展が報道、ジャーナリズムのあり方を規定していく傾向は、満州事変をもって新段階に入った。それまで大正デモクラシーの残り火ともいうべき批判性を維持し、それを読者を動かしさらなる講読意欲をかき立てる材料にしていた新聞は、非常事態に際して軍部への協力へと大きくカジを切った。切らざるを得なかった。

大正期の大衆社会の到来が生み出したメディア社会の枠組みはラジオの普及拡大、電話や写真電送、飛行機といった新聞の速報テクノロジーの発達を受けて、事件をいち早く、わかりやすく、感情を揺さぶる方法で伝えることを可能にしていた。その、自ら生み出したメディア社会の枠組みに呑み込まれるかたちで、新聞は軍部批判の筆鋒を一変させたのである。

具体的な転換は、痛みと屈辱を伴う形で起きた。

大阪朝日には右翼の大物、内田良平《うちだりょうへい》が申し入れを行い、村山龍平はこれに屈した。(22) 一〇月一二日の重役会議で、大阪朝日新聞は社論転換を決定した。(23)

大朝社論転換の情報は、ただちに軍の知るところになった。憲兵司令部から参謀本部次長へ極秘通報が飛んだ。

一〇月一二日午後一時ヨリ同夜八時ニ亘ル間同社重役会議ヲ開催シ、（略）大阪朝日新聞社今後ノ方針トシテ軍備ノ縮小ヲ強調スルハ従来ノ如クナルモ国家重大事ニ処シ日本国民トシテ軍部ヲ支持シ国論ノ統一ヲ図ルハ当然ノ事トシテ現在ノ軍部及軍事行動ニ対シテハ絶対批判ヲ下サズ極力之ヲ支持スベキ事ヲ決定(24)

大阪朝日主筆、高原操《たかはらみさお》は、(25)大正期大朝の自由主義的言論を受け継ぐ硬骨のジャーナリストとみなされていたが、社論転換に驚き、なじる部下に対し、「船乗りには「潮待ち」という言葉がある。遺憾ながら我々もしばらくの間、潮待ちをすることにする」と釈明した。いうまでもなく、「潮」は変わらなかった。高原は翌年の日記に「思うこと思うがままに言うことができる世界が来てほしい」と一句を書きとめた。(26)

朝日の変節は、単に軍による圧力に屈したというだけではなかったことに、改めて留意しておきたい。企業化に伴って速報、現地電重視の姿勢が決定的となり、じっくりと事実確認や編集に時間を割くことが難しくなった結果、当局による発表がかつてなく重要視されるようになり、また便利に使用されるようになった。巨大化した企業体としての新聞社は自らの消滅を賭してでも批判をおこなうというわけにはいかなくなっていた。

前田率いる夕刊大阪はどうだったのか。原紙が残っていないので不明だが、前田が反戦の論陣を張ったとは考えられない。むしろ、〈メディア人間〉たる前田は、時代の変化をどう新聞発行に生かすかを考えていただろう。一九三二年一一月、大阪・奈良で陸軍特別大演習が行われた。夕刊大阪は記念出版として『光栄録』を企画した。ずっしりと重い同書は、今も図書館などに残っている。

編集を引き受けたのは、囲碁将棋担当の嘱託だった吉田禎男であった。囲碁将棋欄の取材執筆のかたわら、吉田は本社の一室にこもり、編集に従事した。[27] 五カ月あまりで『光栄録』編纂の仕事は完了した。頒布先の評判はよい。だが喜んでばかりはいられない。仕事が終われば再び不安定な嘱託の身分に逆戻りだ。

すると、思いがけない話があった。今度夕刊大阪の姉妹紙として新しい新聞が発刊されることになったので入社してはどうかというのである。経理部長をしていた全徳信治に物陰に呼ばれ、「少々不足でも強情張らずに入ることにしたらどうだ」と入社を勧められた。吉田の意地っ張りを知っての言葉である。佐藤卯兵衛も夜、わざわざ吉田宅を訪れ、「入ることにしたら。みんなが安心するだろうから」とこれまた入社を勧めた。

安定した生活の誘惑と、人の情けのうれしさとがあいまって、吉田は入社を決意したが、この「新しい新聞」について説明しておく必要がある。

産みの苦しみ

昭和一ケタ期は、大阪においても大きな変革が生じた時期であった。それは、関東大震災で経済、文化の重心が西へ移り、従来の紡績、雑貨を中心とした軽工業主体の「大大阪」の繁栄が少しずつ色あせ、代わって軍需、重工業主体の経済へ移り変わる中で経済の重心がふたたび東へ移動していくプロセスであった。

この動きを決定的にしたものが、満州事変勃発など〈危機の時代〉の靴音、戦争の予兆だったことはいうまでもない。

一九三三(昭和八)年、前田は四〇歳となった。男の厄年が近いから気をつけねばと人にもいわれていたが、どうも体の調子が良くない。日赤病院で診断を受けたら、胆嚢周囲炎という診断である。精力的な仕事ぶりからの印象とは違って、前田は病弱だった。小さいころ、二〇歳まで生きられないなどと医者に見立てられたことさえあった。院長から一年間の入院静養を言い渡された。ところが、病状をめぐって主治医と院長が対立し、治療が始まらない。どうにも退屈を持て余した。

すでに前田は、小なりとはいえ成長を続けている新聞社のトップである。引きも切らずに見舞客が訪れたが、その中に陸軍兵器部の軍人がいた。話を聞いていると、「今に大戦争が起こるかもしれない。それには今日の鉄鋼生産の状態では太刀打ちできない。製鉄と兵器の増産がぜひとも必要になってくる」という。

満州事変のあと、上海事変、満州国建国、リットン調査団による報告書提出、日本の国際連盟脱退と〈危機の時代〉が進行していた。一九三二年五月一五日には、時の犬養毅《いぬかいつよし》首相が官邸で陸海軍青年将校らに射殺される五・一五事件が起きた。

この世相を、前田はチャンスとしてとらえた。前田はどのような社会の変化であれ、それをチャンスとしてとらえ、そこから利益を引き出す方法を考える。戦後のインタビューでも、前田は事変を「非常にいいチャンス」と表現している。

私が非常にいいチャンスを捕まえたと思ったことは、満州事変が起こりましてね。（略）戦争に入った場合、この状態では日本は戦いようがない、という考えを病院で起こしたのです。当時、製鉄というものは、一〇〇万トンちょっと割っていましたからね。とてもそんなことで、事変を起こして戦争などあり得ない。

少なくとも五〇〇万トンくらいの製鉄能力を持たないと、日本としては将来産業界というものは方法がないのじゃないか、という考えから今の『産業経済新聞』の前身、『日本工業新聞』を起こすことにした。それを病院ですっかり企画して、病院を出るとすぐそれを始めた。(28)

時代の移り目をみて、前田は新しい新聞の創刊を思いついたのである。夕刊大阪が大衆社会の拡大と大大阪モダニズムに彩られた明るい文化を基底に置いたものとすれば、新しい新聞は日本の重工業化と、戦争の予感を見据えたものだった。驚いて引き止める看護師を振り切って、前田は病院を飛び出し、新創刊をめざして全力で働き始めた。

創刊号発行は三三年六月二〇日。資本金三〇万円の株式会社とし、夕刊大阪の社屋に同居した。日中関係は緊迫していつ火を噴くかも知れない情勢にあったし、欧州でもヒトラーの出現でドイツの動きが注目され、イタリアとエチオピアとの関係も一触即発のところまで切迫していた。(29)

創刊前日の一九日、東海道線熱海—函南《かんなみ》駅間を結ぶ丹那トンネルが一五年の歳月をかけて貫通した。「世界中の技術者が不安と好奇の目をもって眺め、到底不可能とさえいわれていたほどの難工事だった。為せば成る——日本工業新聞の門出には、幸先良い朗報であった」と『前田久吉傳』は書いている。(30)

日本工業新聞は、夕刊大阪と同じ場所、同じ陣容から生まれたわけだが、新聞の性質はまったく違っていた。一般紙と経済紙というだけではない。夕刊大阪が朝毎二大紙のスキを突いた〈ローカル紙〉であったのに対し、日本工業は本質的に地域に縛られない〈全国紙〉を志向していた。

『新聞総覧』各年版をみると、日本工業の支局網拡充の流れが浮かび上がってくる。昭和八年版の段階では東京、神戸の二カ所のみ。それが日本工業創刊後の一〇年版になると東京、和歌山、京都、足利《あしかが》、神戸、名古屋と一挙に増える。

一二年版では福岡、八幡《やわた》、大連《だいれん》、奉天、直方《のがた》、台北《たいほく》が加わる。当時の〈全国〉は日本列島にとどまらなかった。「日本工業新聞創刊を鮮満方面にも意義あらしむべく昭和八年八月本社顧問、取締役を派し大歓迎を受けた」。大陸への視線は創刊時からのものだった。

当時の自動車業界関連の出版社が記録を残している。それによると、日本工業新聞社は前田が「工業報国の目的をもって堂々一二頁の本邦最大を誇る機構をもって創刊」したもので、事業として新聞発行のほか「機械大観」「仕入案内」「北支工業斡旋所」などの発行・運営が挙げられている。「斡旋所」というのは新聞社のコンサルタント業務部門で、天津《てんしん》に事務所が置かれていたという。日刊工業新聞と業界紙の双璧とされているものの、「編集において多少の遜色あり」といわれていた、とある。(31)

海外にまで視線をひろげたことは、身の丈を越えた拡大志向といえないこともない。経営は苦しかった。一年目の赤字は一〇万円余りに達した。

初めは一万がやっと、やっぱり赤字で、その一年は欠損つづき、その穴埋めは大阪新聞のプラスでやった。そこで重役会は反対してよせという。(略)私は友人や重役会の意見を斥けてやったのだが、やっぱり営利第一主義は駄目で、その時代の傾向を正確に捉え、自分の信念を貫くべきだと思う。なぜなら、各時代に於けるチャンスは一度逃がしたら、けっしてつかまるものではないのだからである。[32]

夕刊大阪新聞社は株式会社化され、社外から役員が入っていた。いわゆる資本重役である。前田は「それらの人たちが、陰では冒険だとか見込みがないとかいろいろいっているのを私もちょいちょい耳にした」[33]。

社外重役として、建築家でのち大阪商工会議所会頭を務めた片岡安《かたおかやすし》、大阪のビール王と呼ばれた山本為三郎《やまもとためさぶろう》、大阪の鉄商勝本忠兵衛の長男でのち神戸山手学園理事長の勝本鼎一《かつもとていいち》らの名がみえる。

山本は、のちに、夕刊大阪の役員を務めた経緯として「前田久吉君が、大正一五年に夕刊大阪新聞を始めた時から、名前だけ重役にしてくれと頼まれて、関係してきました。これも道楽ですね」[34]と述べているが、たとえ「名ばかり」という表向きだったとしても、山本ほどの経営者がのうのうと前田の好きに任せるとは思えない。

社外重役の目は厳しかった。コンプライアンス的には当然だ。夕刊大阪は発行部数一〇万部を達成し、安定して利益を出せる体質に強化されていた。『文藝春秋』一九三三年一〇月号には「恰《あたか》も東京の毎夕（新聞）の如く自ら併読紙を以て任じ市内に多数の読者を有し素晴らしい発展を遂げつつある」との評が掲載されている。だが前田が猛烈な勢いで日本工業にカネを注ぎ込むのだからたまらない。

そもそも、新しい新聞などおいそれと成り立つものではない。大阪で発行されていた老舗の業界紙、日刊工業新聞の関係者は戦後になって、日本工業新聞との戦前のライバル関係を聞かれ、「まったく記憶にありません」と、木で鼻を括ったように答えている。後述する新聞統合で、日刊工業新聞は前田率いる産業経済新聞への統合をいやがり、東京に移転することになる。そうした経緯を考え合わせれば、「統制経済になってからでしょう、急に大きくなったのは……」というこの関係者の述懐には微妙な陰影が伴う。[35] 日刊工業と比べると紙面に「やや遜色あり」だったとすれば、日本工業を維持・発展させたのはやはり前田の手腕だったとみるべきだろうし、途中さまざまな摩擦もあったに違いない。

ともあれ経営は苦しかった。社外重役に「先の見込みはあるか」と問われ、前田が「十分ある」と答える。では説明しろと詰め寄られ、「説明より今後の事実だ。事実が証明する」と突っぱねる。「それでは説明にならない。月々の赤字にだれも不安を感じ、現に夕刊大阪でも日本工業のためにこうむる出血を不満とし、これがなかったらと内心思っている者も多い。この際断乎日本工業を廃刊、それだけの力を今軌道に乗った夕刊大阪にそそぐのが最も良策」と社外重役も引かない。

前田は頑として応じなかったばかりか、非常手段として、社長無休、役員幹部の俸給半額引き下げを断行した。火鉢も数を減らし、職場は一気に寒くなった。ある日工場を回っていた前田は、一人の工員が新聞を尻に敷いて刷り上がりの新聞を読んでいるのをみつけた。語気荒く、「新聞には全社員の魂がこもっている」[36]。美談のようだが、反発も半端ではなかったにちがいない。

四面楚歌に追い込まれた前田は、三年の辛抱だ、と自分にいい聞かせた。が、三年待つ必要はなかった。二年を過ぎるころ、日本工業新聞は利益を生み始めた。[37]

精神論だけではなく、前田は新聞経営のプロとして冷静に先を読んでもいた。「新聞の仕事は初めから採算の取れるようにはできていない」。目先の採算にとらわれれば消極的となり、結果として伸びないという経営感覚。時代が戦時色を強め、総動員体制の下でメディアが今後〈全国化〉していくという読み。前田の予想は、〈危機の時代〉の進展とともに現実となっていった。

吉田禎男は、日本工業新聞創刊とともに正社員として復帰し、同紙の一面、二面の編集を担当することになった。堂島浜通の夕刊大阪本社に同居するかたちで、二階の編集局中央には夕刊大阪、日本工業両紙の編集局長を兼ねる鷲谷武が陣取り、左右に分かれて夕刊大阪と日本工業の編集部が机を並べていた。締切時間が迫ってくるとほうぼうから取材記者が帰ってきて編集局はいっぱいになった。(38)

満蒙博覧会

苦闘が続く日本工業新聞を軌道に乗せるため、前田久吉は博覧会を開催することを決めた。当時の日本人の熱い目が注がれていた満州をテーマに「満蒙大博覧会」を開こうというのである。幼いころにみた内国勧業博以来、前田久吉は博覧会男といってよいほど博覧会が好きだった。(39)

「満蒙の開け行く天地を大阪に移し、その実態を国民に紹介し、わが商工業の発展に寄与」しようというのが開催の動機だったと『前久外伝』は述べている。前田は自ら社員二人を連れて渡満、各方面を駆け回って展示品の収集にあたった。

一九三五(昭和一〇)年一月二〇日、博覧会の任務無事遂行祈願のため、前田は写真とともに京都府八幡《やわた》市の石清水《いわしみず》八幡宮に参拝。東京支社員一同は明治神宮に参拝した。同日、大阪毎日新聞社の後援も決まった。(40)

四月、大阪城一帯を会場に開幕。遠く関東・東北・九州方面からも団体客が押しかけるほどの盛況であった、と『前田久吉傳』は書いている。(41)

といって、前田に満蒙開拓の使命感や信念がさほどあったわけではないだろう。満蒙開拓というテーマは、〈メディア人間〉たる前田にとって新聞という〈形式〉に盛り込むべき〈内容〉の一つに過ぎなかったはずだ。

このあたりの機微はなかなかみえにくい。同博の記録はほとんど残っていないが、施行を手掛けた乃村工藝社による社史に言及がある。それによると、満蒙博は乃村工藝社の創業者、乃村泰資《のむらたいすけ》が前田に企画を持ち込んだのがきっかけだったという。のみならず、同社は続いて東京（主催・読売新聞）、名古屋（同・新愛知新聞＝中日新聞の前身）、仙台（同・河北新報）と満蒙博を全国に展開していく。

そうした経緯を踏まえれば、満蒙博開催に信念や政治姿勢を読み取るよりは、新聞や博覧会といった〈メディア〉への関心や興味をみるべきだろう。他の主催者が読売の正力松太郎、新愛知の大島宇吉《おおしまうきち》、河北の一力《いちりき》次郎《じろう》と、朝毎に対抗する第二勢力の雄だったことも興味深い。

一九三五年は、前田にとって激動の年だった。

満蒙博の成功で一息ついた前田は、これを機に体調を万全にしておこうと、八月、断食療法に入った。「聖天さん」で名高い生駒山《いこまやま》は大阪府と奈良県の境に位置し、その山腹に断食道場がある。前田が自宅で七日間の準備期間を終えて、道場にこもったのは八月一七日。生駒山にある断食道場にこもり、準備・回復期をあわせて一カ月近く、食を絶つ、あるいは細くするのである。

図6　断食中の前田（東京タワー提供）

見違えるように痩せた前田の当時の写真が残っている。文字通り生まれ変わったような気分で前田は同月三〇日、自宅に戻った。[42]両親が来て待っていた。「これで安心した。いつお迎えがあっても心残りはない」と母・シゲノは笑って父・音吉《おときち》にいった。一週間後、シゲノは脳溢血で倒れた。九月七日、永眠。六八歳。[43]激動は、これで終わりではなかった。

時事再建に乗り込む

名門紙の凋落

母の急逝からしばらく。舞い込んできたのは、苦境にある時事新報社再建の話だった。

一筋縄でいかないのは明らかだった。福澤諭吉が一八八二（明治一五）年に創刊し、党派色を前面に打ち出した論調が全盛だった当時、「独立不羈」を掲げて支持を集め、「日本一の時事新報」と称された名門中の名門である。だが、新聞の企業化、大衆化の波に乗り遅れた。慶応系の何人かの経営者が再建を試みたがいずれも失敗し、瀕死の状況にあった。

前田に先立って再建に乗り出したのが、鐘紡の総帥であり、国会議員をも務めた武藤山治である。立て直しは成功しつつあったが、惜しいことに一九三四（昭和九）年、暴漢に襲われて武藤はこの世を去った。

ドラスチックな武藤の改革に揺れた名門紙の社内は、突然の死に混乱を極めた。当時、時事新報で働き、その後新聞研究者となった山本文雄《やまもとふみお》は、次のように証言している。

> （武藤山治の）葬儀を終えた数日後、手の空いた社員は会議室に集まれという指示があった。会議場で森田編集長は突如、近藤操《こんどうみさお》社説部長に「君は伊藤正徳《いとうまさのり》君の担ぎ出しを画策しているが、社の人事は重役の決めることだ。すぐ辞表を出したまえ」と語気鋭く詰め寄った。こんな一幕もあったほど、武藤亡き後の社内は混乱していた。[44]

森田とは、森田久《もりたひさし》、のちに満州国通信社（国通）の社長、理事長を務めた新聞人で、時事新報社では武藤の側近として大衆路線を支える役割を務めていた。誇り高い時事生え抜きから、武藤や森田に批判的な眼が寄せられていたようすが浮かび上がってくる。

こんな状況の中で、時事再建の話を前田に持ち込んだのは、当時大阪毎日新聞の主筆をしていた高石真五《たかいししんご》郎《ろう》[45]であった。

> 前田久吉にやらせたのです。前田というのは、私があそこまでもっていったのですからね。それは前田がよく知っています。当時、前田の新聞は小さいながらなかなか良かった。そこで私は前田に「時事新報が

困っているから、東京へ行って時事新報の経営をやらないか……」と口説いたら、彼もその気になったんです。だが、最初から社長にするつもりはなかった。まだ格ができていませんでしたからね。(46)

いかにも下にみた物言いだが、自身のようなジャーナリストにはない経営手腕を認めたということでもあろう。

小学校卒の前田は、慶応閥となんの関係もない。が、大阪毎日新聞は慶応とのつながりが深い。高石に加え、のち社長を務める専務の奥村信太郎も慶応出身。彼らからみても時事再建の難しさは明らかだった。また、毎日自体、本山彦一死去とそれに続く城戸事件(47)の後始末で大変な時期だった。そこで白羽の矢を立てたのが、夕刊大阪、日本工業を軌道に乗せた経営手腕を持つ前田だった。

前田は、初め固辞した。二つの新聞の経営に多忙を極めていたし、この名門を引き受けて成功するかどうかはなはだ疑問であった。「僕は慶応に関係ないんで、慶応に関係ないもんが入っても。それに新聞社の内部なんてそう簡単やないんだから。特に編集の連中はうるさいし(48)」。それでも前田は引き受ける。『前田久吉傳』は、亡くなった本山への恩返しだったのではと推測している。本山も福澤に学び、時事新報で働いた経験を持つ。

相談の結果、向こう一年は前田が責任をもって引き受けるということに決まった。これまでの負債は慶応側で片付けてもらう。これからの赤字はこちらで引き受ける。一年後見込みが付いたら三〇〇万円増資する、などの条件だったというが、やる前からそこまできっちり撤退条件を決めていたというわけではなかっただろう。当分は社長をおかず、東京日日新聞顧問の松岡正男《まつおかまさお》を会長、前田を専務ということとして、二人が時事に乗り込んだのは、一九三五年一一月末のことであった。[49]

このあたりから、前田をめぐる評判は極端に分裂し始める。

「前田さんが東京へ行かれた昭和一〇年ごろは、すでに堂々たる新聞経営者でした。有名な根津嘉一郎《ねづかいちろう》[50]さんと親交ができたのもこのころのことです」[51]。こうした好意的なものもあれば、「一旦その伝統を捨て、その品格を失つてしまつた時事が、昔日の時事に二年や三年で還元できやうわけがなく、しかも、新しく出て来た新経営者が、武藤氏に輪をかけた新聞商品化主義者と来ては、増資どころか、廃刊以外には、その行く途はなくなつてゐたであらう」[52]という酷評もあった。

一一月、丸の内の東京會舘で時事新報社重役新任の宴が開かれた際の描写が残っている。慶応出身者の財界、政界の名士が席を埋めていた。「新任専務取締役前田久吉氏をご紹介します」。名を呼ばれ立ち上がった前田は、そのまま固まってしまった。「客席を一睨するだにせず、うつむいたまま一言も発しない。いや、口を開くことができないのである」。いかにも純朴な田舎者といった描写である。「前田氏はうつむいたまま、感激に胸を締め付けられていたのだ。この光景をみてとった隣席の某氏は、感激の前田氏に代わって、氏の胸中を代弁したのであった」[53]

これは前田に好意的な文脈による当時の記事からの抜粋だが、それにしても描写の根底には「大阪から出てきた成り上がり」たる前田への軽侮があるように思える。そもそも前田は、感激のあまり言葉に詰まるほどウブな人間ではない。筆者の創作でなければ、例の〈すっと下げる〉前田流の自己演出ではなかろうか。

図7　時事再建で福澤諭吉に墓参（東京タワー提供）

時事新報社内からの視線は冷たかった。松岡とともに出社したが、だれも相手にならず気まずいことおびただしい。松岡は相変わらず大毎の襟章をつけているので秘書が「ＪＩＪＩ」のバッジを胸につけてやったりした。

慶応出身の松岡への視線はまだましだった。

「松岡君はまアいゝとしても、あの前田と云ふのは何だい。一体、小新聞社を田舎でやつたとは聴いたが、この大新聞社をやれると云ふのか押が強すぎらア」「今度こそは、資本家が如何に酷い仕打をするかと云ふことが判つた」「保護国にして置いて其次は、合併ときちや、福澤先生も浮かばれよう」「あゝ二人でやつて来た処をみると、田舎猿が花のお江戸で芝居しに来た様なもので、見物には持つて来いだ」[54]

もっとも、こうした描写はすべて「反前田」の立場からのものだから、いくぶん割り引く必要がある。手腕への期待もあった。かつて大阪にあってライバル紙の編集長を務め、当時京城日報編集局長だった高田《たかだ》知一郎《ちいちろう》は「前田氏が時事を経営して失敗したならば如何なる人が経営しても時事は更生し得ないであろう」と語ったという。

言論人としてはともかく、新聞経営者として前田は業界から一目置かれる立場までのし上がってきていた。当時日本電報通信社（電通の前身）が出していた『広告研究』に、「新聞広告と広告代理業」と題した前田の講演録が掲載されていることでもわかる。前田は、折から続いていた米国の大恐慌と米新聞界との関係を分析した上で、

不況のドン底とも云ふべき三二年には「ニューヨーク・ウォールド」が廃刊の憂目を見て居ります。この「ニューヨーク・ウォールド」は皆様御存じの如く、アメリカでは第一流の新聞でその論説の如きは非常な権威をもつて居たのでありました。此の有力な新聞が広告の激減の為めに廃刊の運命を見たのでありまず。（略）これは吾々新聞人として一考せねばならぬ点だと思つて居るのであります。最近亜米利加ではルーズウエルト大統領が独裁的政治に進み、例へば鶏一羽飼つても届出なければならぬといふやうな窮屈な政策をおこなつて居るやうでありますが、此の政治をイギリスの言論界では（略）「若しも〝ニューヨーク・ウォールド〟紙が今日健在であつたならばルーズウェルト大統領と雖も此の極端なるファッショ政治は執り得かつたであらう」と斯様に批評致して居るのであります。(55)

と、世界の政治情勢と新聞界との関わりについて堂々と述べている。

単に言論の意義を高唱するだけではなく、健全経営を実現しなければジャーナリズムの社会的責任を果たせ

ないとする前田の論点は、ややもすれば高歌放吟の類に陥りがちな新聞人への鋭い批判にもなっている。

時事新報再建に向けて前田が採ったのは、「紙面をよくし、発行部数を増やして、広告料の増収を図る」という泥臭くも王道の成長戦略であった。もっとスマートなやり方があるという声もあった。「量より質に重きを置き、いわゆるロンドンタイムスのように紙の売れ行きは減っても、頁数を減じても、内容の充実した、品位ある新聞となれば、経費の節約が出来る」との意見である。[56]

こうした意見は、時事に限らず名門紙が斜陽化した際には必ず登場するといってよい。誇りを高く持ち、清貧に甘んじてみずからの原点を守ればよいという、いわば超然主義の誘惑である。

だが、うまくいった例はほとんどない。前田は、人員整理に巨額の資金が必要となる上、すでにある負債の処理も必要となるため、より金がかかると判断した。

僕のところによく、ロンドンタイムスのように、紙数は減っても、広告料をあげて超然主義の方針で経営しろなんていうてくるものがあるがね。それでは販売店が立っていかんじゃないか。販売店が立っていかなければ広告料は入らないじゃないか。一体忠告する人が現実を離れて、空理空論を持ち出すから恐れ入る。そんなことをいうよりも、金一封持ってきて、拡張費に使ってくれと言う挨拶の方が実効的だよ。[57]

財界人としてはまだスケールは大きいとはいえなかったものの、新聞経営には余人を寄せ付けぬ自信と経験をもっていた前田には、独自の信念があった。それは、「新聞は整理しだしたら駄目」という視点である。「新しい機械入れて新しいことするということで新聞の部数も増える、広告も余計とれる、ということだから、整理しだしたらどんどん落ちていきます」。これは、生涯にわたって事業拡大を続けた前田の経営哲学でもあった。

大正末期の関東大震災、大衆新聞の勃興によって、報知、國民といった名門紙が斜陽化し、立て直しがそれぞれ図られている時期でもあった。前田はその一人になったわけだが、「野間清治《のませいじ》氏がやった『報知』然り、根津嘉一郎氏がやった『國民新聞』然りでね」「整理するとかいうともう駄目なんですね」[58]。これは、広くいえば、資本主義経済を回していくのに決定的に成長が不可欠だという事実を指していると受けとることも可能だし、それは「成長の終わり」が取り沙汰される現代においても、意味のある議論といえるかもしれない。

前田は前任者の武藤山治に敬意を抱いていた。「新聞には素人であるにかかわらず経営的にはかなりうまく行っていたと私は思っています。編集方面ではかなり摩擦も起こしたようだが、大体ぺーする線までは行っておりました」。営業、販売面では武藤路線を引き継ぎ、しかし編集面には武藤と違ってほとんど口をはさまず、「とにかく発行部数を増やして広告収入をふやす、そして新しい企画の事業をはじめて月四、五万円の赤字をぺーしようと」務めた。

部数を伸ばし、広告収入を増やす地上戦は前田の真骨頂だ。「発行部数は四、五万部は伸び、広告料も月二、三万円は増収できるところまでこぎ着けた。このころ四、五万の紙をふやすということは相当骨の折れる仕事であったことは当時を知る人によく判ってもらえると思います」と前田は語っている[59]。

「前田氏が時事を引き受けて早一年、一日一刻を争った時事の運命は確実に一年は延びた」「一時間二〇万刷三台連結の輪転機購入、日本一の鋳造機の購入等、存在を疑われた一年前とはおよそ思いも寄らぬ状態」[60]。時事の経営は回復軌道に乗るかと思われた。

二・二六事件と言論

前田の地上戦はなかなかの戦いぶりだったといえる。空中戦、すなわち言論はどうだったのか。

着任まもない一九三六(昭和一一)年二月二六日、二・二六事件が起きた。東京朝日新聞社に反乱部隊がやってきて主筆の緒方竹虎《おがたたけとら》が応対した場面はよく知られている。その前に部隊は丸の内の時事新報本社にも押し寄せた。

のちに新聞研究者になる山本文雄は前夜、宿直だった。早朝にたたき起こされた。「五・一五より大きな事件だ。多数の重臣が殺された」と連絡課員が大声で怒鳴っている。山本は編集局の幹部へ通報する一方、けたたましく鳴る何本もの電話を受けるのに忙殺された。宿直として山本が前田に電話をかけたのか、かけなかったのかは、うかがい知ることができない[61]。

『前田久吉傳』によると、前田はこの朝、日本工業新聞東京支局からの電話で変を知り、非常線を突破しながら自動車で時事新報の本社に乗り込んだ。やってきた兵士たちは「この通り報道しろ」と書面をつきつけた[62]。

言論の危機を象徴するこの事件に時事はどう対処したのか。社説部長を務めていた近藤操[63]は当然社説で取り上げるべきと考えたが、情報が錯綜し、すぐ社説で取り扱うのは無理だという声もあって当日は見送った。

近藤が心配したのは、朝日が書かないかということであった。論説こそ時事の生命線である。が、朝日も翌日朝刊では扱っていなかった。近藤は今度こそ書くと決心し、微温的ではあるがとにかく事件を取り上げた社説を二八日付朝刊に掲載すべく書き上げた。ところが、重役会からやはり別の話題を取り上げてくれという意向が降りてきた。

近藤は「時事の社説は、時の最重要課題を恐れて避けないのが独立自尊の伝統に忠実な所為と信ずる」と辞意を伝えた。すると、重役会側は「初心通り書いてくれ」と折れてきたという。

結局、二・二六事件についての論説を掲載した新聞は時事新報が初めてだった。「社説担当者も新聞経営者も身辺や事業の安全だけを考え言論機関の使命を軽視した」と近藤は批判している。

「時事新報」はこの観点からその後一〇カ月に六〇編近い軍部批判の社説を書いているが、戒厳司令部の新聞班から注意があったのは、たった一回にすぎなかった。いかに強権の軍部といえども、世論の協力なくしては自らの意図を実現することはできない。そのころの軍部は表面は強硬な態度を装っていたが、国民の世論の動向に対してはきわめて敏感で自信がなかった。萎縮した新聞も少なくなかったが、ともかく「時事新報」はできうる限りの批判を行なったといえるであろう。(64)

時事を一概に持ち上げるつもりはない。そもそも重役会は社説掲載に後ろ向きだったし、その姿勢にはむろん前田が関わっている。それに前田に一報を入れたのは時事ではなく日本工業の支局だった。

それでも、早朝の時事新報社に「前田久吉専務がいち早く出社して『編集の部長はどこにいるか』と叫んでいる」という光景に、新聞人前田の気構えをみることは間違いではないだろう。

事態収拾の指揮を執ったのち、前田は夕刊大阪と日本工業新聞の支局に回った。(65)

英雄か、悪漢か

時事経営の圧迫要因のひとつに、慶応閥内部の人間関係の難しさがあった、と前田は回想している。そこから生まれた深刻な問題が、当時王子製紙社長として新聞社に絶大な影響力を持っていた藤原銀次郎《ふじわらぎんじろう》と時事との確執だった。

藤原は慶応出身。三井銀行、三井物産を経て業績不振の王子製紙の専務に就任し、経営を建て直すとともに絶対的な支配者として君臨した。新聞にとって紙の供給は生命線であり、それを一手にコントロールする藤原はまさしく、新聞社の生殺与奪の権を握っているといってよかった。

現在の慶応大学理工学部の創設者でもある藤原は、もともと時事新報の熱心な後援者であった。その藤原がなぜ時事に対して冷淡になったのか。前田は「自分の先生の新聞をこうしてつぶそうとするのかなと考えてみてね。わからなかったんですよ」と首をかしげたが、どうやらきっかけは、藤原がもはや時事の経営は行き詰まったと見定め、大毎、東日の社長だった本山彦一に再建を頼んだことにあるらしかった。

藤原は毎日のような大新聞社に対しても新聞用紙の取引を通じて影響力を行使できる立場にあったし、実際にそうした業界工作を日常的に行っていた。本山もかつて時事新報に籍を置いていたことがあり、経営難を気にかけてもいたから、藤原の依頼を承諾したという。「高木利太《たかぎとした》という、これも慶応出て『毎日新聞』の専務やった人を社長に出して、『時事新報』を引き受けて再建しようと」[66]。高木は本山の後継者とも目された人物である。

ところが、この構想を知った三田のある大物から、藤原は「福澤先生の創立された時事新報を大毎に売るとは怪しからぬ」と交詢社で面罵されたという。前田は、満天下で恥をかかされた藤原の胸中をおもんぱかっている。「いろいろむずかしい人おりましたよ。いくら話したかて、福澤先生の新聞をそんな商売人に助けてもらうということは頑としてきかん連中ですよ。ようわかる、ぼくは」。前田なら怒りを呑み込んで自分を〈すっと下げる〉芸当を演じたかもしれないが、藤原はエリートである。世話を焼くのをやめてしまったばかりか、時事への特別扱いも中止してしまった。

さらに前田によると、藤原は読売新聞に力を入れ、正力松太郎を援護して紙を優先的に供給し、かつ支払いを猶予するなど便宜を図ったという。「こんな熱心な後援者があるのだから、読売の経営が後進の新聞の割に楽なのも無理はない」。

ただ、前田は藤原を恨むでもなく、また正力を羨むでもなかった。逆に、藤原のふところに飛び込んだ正力を称えている。「僕も短い期間ではあつたが時事経営に参加するに当つて、正力氏の熱心な活動振りには敬服した。（略）今若し一年の余日があったならば、必ずや熱と努力とに依つて、藤原氏が昔の時事に寄せた程度の好意を持つて貰ふまでにこぎ着けることができたと思ふ」[67]。前田はここでも、〈日々これ勝負〉の精神でいた。

時事再建は結局のところ、失敗に終わる。一九三六（昭和一一）年一二月二五日、時事新報社は解散した。

が、解散の結果、前田の評価はむしろ高まった。小林一三《こばやしいちぞう》は、そのあたりの事情をこう説明している。

> 時事新報というお家柄の看板は、簡単に解散すればそれでよいというわけにはゆかない。立つ鳥は跡を濁さず、後始末に何人からも文句を言われては困る、そしていつでもまた時節が来れば時事新報復活のできるような工作もしておく必要がある、等々の注文も出ました。前田君はよく辛抱してこれらの注文、難題を引き受け、そして解決しました。（略）実はこの解散には反対者も随分ありました。とりわけ三田出身者から前田君に対する批判は随分ひどかったが、私たちの先輩はほとんどその全部が前田君の手腕に感謝していました。[68]

前田による時事の終末処理を、駆け足でみておこう。

一年間の試行調査をへて、前田の見立ては、時事新報の更生には二〇〇万円の新資金が必要というものだった。これを増資によるとして、少なくとも半分は従来の株主から集めねば、そもそも新しい株主は応募してくれない。そこでまず三田系の人々に働きかけた。

一二月四日、福澤系の人々と大株主数人を三田幼稚舎に集め、増資か解散かを諮った。そこでは、二万株を持っている福澤家の意向が、重大な影響を持つ。

前田によると、「紙（部数）もふえ広告もふえてきて、月に五万円足らなかったやつが一年に一万円ぐらい（の不足）になった」というくらい経営は改善してきていた。ただし、まだ赤字なのだから、完全に再生したとはいえない。ところが、福澤諭吉の四男、大四郎《だいしろう》が、「自分が経営に戻る。前田君は辞めたいと言っているのだから、そうしてもらいたい」との意向を示した。「それで古い先輩の人々が怒ってね。「福澤さん、あんた何をいうとるのか。自分はこんなに追い詰めといてやな、またあんた立ったら、金出ないじゃないか。前田君、これはもうつぶしてくれ」と、こういうてきた」[69]。関西弁でしゃべったことになっているのは、前田による回想だからである。

かくして二〇〇万円増資案は暗礁に乗り上げた。名門意識と表裏一体となったこうした優柔不断さは当時の時事に常につきまとい、危機を招いた主因であったが、さりとて前田は慶応閥からみれば部外者であり、よそ者である。自己資金を持ち込んでいるわけでもなかったから、投げ出せばそれで済む。

だが、周囲が許さなかった。前田が投げ出したとして、後を引き継ぐ者がだれもいない。「そこで僕は解散もやむを得ないと肚をきめた」。ならば五五年の歴史と福澤の名を汚さない方法を考え出さなければならない。また社員従業員一二〇〇名前後、販売店その他関係取引店一二〇〇店内外、これをいかにして処理するか。難題がよこたわっていた[70]。

実は以前にも解散が検討されたことがあったが、負債の清算や解散に要する手当の捻出ができず、そのまま経営を続けるしかなかったという。とすれば時事の持つ発行部数と広告収入、そして声価をもって他紙に合併し、解散費用をひねり出すほかない[71]。前田の計算では、最後の給与支払いと解散手当支給のために五〇万円、もろもろの債務支払いに二五万円、すなわち解散費用として計七五万円が必要とされた。

かんたんに出てくる金額ではないが、ここで小林一三が奔走した。時事の社屋が担保に入っているのを、抵当権者の千代田生命が一〇〇万円で買い取るということにし、実際は債務を五〇万円にまけてもらって、残りを解散資金に充当することにした。[72] これで五〇万円。

さらに、前田を送り込んだ側でもある大阪毎日（東京では東京日日）新聞が、時事の発行権を二五万円で買い取ることになった。毎日の視点からみれば、「時事の発行部数一八万、それを収容してかりに東日が三万の固定読者を新たに獲得すれば三〇万円の値打ちがある。二五万円は高い買い物ではない。しかも広告にもたらす効果はそれ以上だ」（当時の販売部長、七海又三郎）ということになる。[73] これで七五万円の手当がついた。

かくして時事新報は解散に向かって走り出したのだが、前田は解散案が提出される同月二四日の総会直前まで、だれか増資賛成案を掲げて飛び出して来てくれはしないかと一縷の望みを託していた、とのちに書いている。[74]「毎日の代理人として時事を売り飛ばした」という世評を気にしての弁明かもしれないが、一方で好き好んで解散という荒技を選択する物好きもいないだろうから、正直なところだろう。

無数のややこしい障壁が横たわっていた。たとえば、解散の法律的手続きには、株主及び株式の各半数に達する委任状が必要であった。ところが武藤山治はおそらくその家族経営的信念から、社員にそれぞれ二株から五株を持たせていた。株主数は一〇〇〇人近くに達していた。その半数の委任状を集めるなど、気の遠くなるような作業である。[75]

東日との「出来レース」という見方は解散後もずっとつきまとったが、そうではないという傍証に、水面下で進んでいた報知との合併案がある。前田は、報知の再建に向けて乗り込んでいた講談社の創設者、野間清治に接触し、合同の話を持ちかけた。報知は一八七二年東京日本橋で創刊された郵便報知新聞の後進で、福澤諭吉が時事新報を発刊するまでは福澤及び慶応義塾出身者により自由民権派の新聞として普及した歴史を持つ名門紙だが、時事同様凋落傾向にあった。前田は野間に、時事と報知が合併することで、東京における最大の発行部数をもつ日本一の大新聞をつくりあげることができると力説し、野間はこれに賛成した。

ところが、報知取締役の三木七郎《みきしちろう》が、大隈重信の改進党機関紙として創刊された報知の来歴を引き合いに出して、福澤諭吉と大隈重信とは別であり、したがって時事と報知とは何の関係もないと言い張って合併に強く反対したために、前田も手の施しようがなく、また野間も現職の部下の反対とあって手を焼き、引き下がらざるを得なかった、という。[76] 三木は報知を明治末期から大正にかけて関東一の部数に育て上げ、「新聞経営の神様」と呼ばれた三木善八《みきぜんぱち》の甥である。[77]

ものごとの進行にはかならず偶然の要素がからみ、成否を左右するが、流れというものも厳然としてある。ひとたびうまくいかなくなった時事からは、ことごとく幸運が逃げていった感がある。

一二月二四日、株主総会の日がやってきた。福澤大四郎は以前からちらつかせていた経営者交代案を実際に提出、前田に代わって自ら経営に乗り出す意向を示した。だが、通らなかった。

「他の人がそうさせないですからね。加藤武男《かとうたけお》さんなどきつかったですよ。立ってですね、「じゃあ福澤君、われわれは全額増資払い込みます。福澤家、払えますかーッ」とやったです。これで、バタッと駄目だ」。加藤は当時三菱銀行常務で、その後頭取を務める文字通りのトップバンカーである。その意向に逆らって議案が通るはずがない。

いよいよ解散に決した。前田はすでに退職慰労金の手配をととのえていた。だが、時事新報という巨木が倒れるのは、机上の計画通りにはいかない。ともに送り込まれた松岡は豪放磊落なジャーナリストだがこんな場面では何の役にも立たない。前田は次々に降りかかってくる無理難題を振り払い、緊迫の交渉を経て元旦に解散をまとめ上げる。小説を読むようなスリリングな展開である。

まず、吉田の回想録をもとに状況を再現してみよう。いうまでもなく、回想録は前田の記憶に基づいている。

二六日から退職慰労金支払い開始の運びとなった。万事が都合良く運ぶ予定だった。それがちょっとした行き違いで、思いもしなかった争議に突入することになってしまった。

二六日朝、時事新報本社では、会計課が支払いをすべく準備を始めた。五〇万といえば大金である。外には大勢の社員が待機している。互いの神経が針のように尖っている矢先、待ちきれなくなった一人の社員が会計課に入ろうとして口論となった。さあ、とまらない。興奮した社員たちが喊声を上げて会計室の前へ殺到した。

そこに前田が帰ってきた。取り囲まれ、吊しあげられる。通報を受けた警視庁の警官隊がやってきた。原因というほどの原因はなかったが、状況は完全に争議に突入してしまった。[78]

日が変わって、争議団は新たに慰労金の追加金二五万円を要求してきた。無茶な話だが、もう理屈ではない。前田は追加金を工面しようと決心した。交渉の合間をみて出かけようと席を立った。誰かが耳元でささやいた。

「気をつけてください。何をするかしれません」

「ありがとう、後を頼んだ」

いい捨てて自動車に飛び乗る。ウィンドウガラスに、投げつけられた小石が当たってヒビが走った。

むかうところは東京日日新聞本社である。[79]

いきなり二五万円をどう工面するか。毎日側もおいそれと同情して追加のカネを出してくれるわけがない。前田は理屈を考えた。時事の持つ企画や権利、すなわち小学生新聞の発行や音楽コンクール、プラネタリウムの企画、大相撲優勝力士への贈呈ほかもろもろの事業を毎日に引き継ぐ。その事業をまとめて二五万円で買ってくれというのである。

黙って聞いていた奥村信太郎が、

「時事の葬式金か」

「いや、結納金だ」

二八日、毎日から万事ＯＫの返事が返ってきた。争議側はさらに追加三〇万円の要求を突きつけてきた。そうそう相手のいうことを聞いてばかりもいられない。前田はいった。「諸君がもし二五万円で手を打つ気なら、その金は即時提供してもよい」。金はすでに毎日新聞から届いていた。

大金を抱えて殺気だった争議団と相対するわけにはいかない。とっさに前田は思いついて、警視庁に事情を訴えるとともに一室を借りたいと申し入れた。たまたま、労働課長は大阪で顔見知りの人物だった。大みそか、前田は警視庁で争議側と最後の対決をする。[80]

交渉とは、それぞれが理屈も屁理屈も不平不満も理不尽も恫喝も泣き落としもすべていい尽くし、出し尽くして、もはや体力も続かず頭が朦朧としてきたときから始まる。とはいえ、弱ったのはトイレだった。警視庁側が行かせない。どういうことだと憤慨していたら、理由がわかった。廊下に営業、工場、編集の代表がそれぞれいて、退職金の分捕りあいを演じていたのである。通りかかって捕まり、一言譲歩してしまったらすべておしまい。だから、トイレにも行けない。

販売店は販売店でひとつの組合をつくっていた。彼らが詰め寄ってきた。「三〇〇万円増資できれば『朝日』『毎日』を抜ける」。実際には、販売店からの未収金が三六〇万円ほどあった。さすがの前田も「お前ら払えば、今日からでも復刊だ」と怒鳴った。[81]

> 社員と警視庁で最後の交渉をするときは、彼は決死の覚悟を決めたが平然としており、身に寸鉄も帯びず、声色も変わらなかった、彼はかく大胆不敵であった、時事をつぶす貧乏役をかってでたのもこの覚悟があったらばこそであろう。

と、『新聞之新聞』を発行していた式正次《しきせいじ》は書いている。[82]

交渉は成立した。年が明けて元旦。前田は現金を詰め込んだトランクを抱えて警視庁を出、そのまま帝国ホテルに車を回してベッドに倒れ込んだ。

一方で、従業員側で組織された「従業員会」は解散の経緯を『大毎東日資本閥に蹂躙された福澤精神』とおどろおどろしいタイトルを付けた小冊子で述べている。そちらもかいつまんで紹介しておこう。

解散を目前にした大みそかの昼。従業員によって社内に設置された「統制委員室」に、「寒風肌をさす街頭に、松岡、前田の行動を監視し、尾行する情報委員からの報告は頻々として」入ってくる。つまり二人を付け回しているのである。とりわけ社会部記者などは尾行、追跡などはお手の物だから、前田もこれには手を焼いた。

　警視庁で交渉が続いていたが、社内では、いよいよ最後だということで感極まる者も出てくる。だれかが叫んだ。「松岡前田の犬共この話を聞け！そして腹を切って家族に謝罪しろ」。

　日付が変わる直前、「統制委員」代表が警視庁に呼ばれる。松岡が挨拶する。「今日迄努力奔走し集めました金額は諸君がご満足するかどうかわかりませんが、吾々の最善の努力であります……今迄諸君と御話する時に激昂して済みません」。従業員側による描写だから、経営側は悪辣かつ卑屈に描かれている。

「合同の美名に隠れて社会を欺瞞した点や、金額の不明の点に就き吾ら代表の鋭い鉾は向けられてから分配の本問題に入った」。要求との隔たりは大きいが、もはや解散を目前として、詰まるところは金である。「彼ら（経営陣）にこれ以上の期待は出来ない、それに又彼らの最善の努力もや〻認められるので」とした上で、「出来得る限り数字を詳細に調べ、少しでも余計に獲得のために努めた」というのは正直なところだろう[83]。

　このあたりを時事従業員の立場から、松村金助《まつむらきんすけ》という人物も書き残している。松村はのち『経済知識』という雑誌を創刊し、経済界とマスコミとの橋渡し的な役割を果たした人物である。

　松村によると、松岡、前田のふたりが乗り込んできたころの時事社内は「まるで気の抜けたような気分で、新しい経営者に対する批判的な気分が横溢していた」。冷ややかな視線は前田により厳しかった。というのも「松岡正男氏は社長だといっても、誰が見ても単なるロボットであり、実権は前田久吉氏にあった」からだった。松村は「前田久吉氏が時事新報再建の適任者だとはどうしても思われなかった。社内でも、この実力者を〝前田さん〟などというものはなく、給仕にいたるまで陰の声は〝前久〟と呼び捨てにした」と書いている。

松村の描写は、吉田の筆による前田の追想とはかなり差がある。「一二月二六日か七日ころと記憶しているが、僕はまる一三年にわたり明け暮れエンピツを動かしていた編集局において、薄っぺらな解散手当を他の同僚諸君とともに渡され」た。ハイそうですかと納得するはずもなく、編集部員は全員、社屋に籠城を始めたという。

「広い編集局の中央に大きなデスクをいくつもならべ、その上において椅子に松岡、前田両氏をすわらせ、争議団がデスクを取り囲んで散々つるしあげたこともあった」が、結局大みそかの深夜に解散となり、「社の屋上で社旗を仰ぎながら全員、〝蛍の光〟を合唱した」としている。[84]

前田のいうような劇的なシーンとはかなり違って、散文的といえば散文的であるが、事実としてはこちらの方が近いのかもしれない。松村にいわせれば、「前久は後で罪滅ぼしに『時事新報』を復刊したりしてるけれども、まあ、つくづく資本家というのはこういうものかと思った。新聞社の社員なんて眼中にないんだね」ということになる。[85]

内務省警保局の資料に、争議の経過が記されている。それによると、「株主間には松岡会長及前田専務に対する各種の反感と二〇〇万円の増資も僅か一、二年の営業政策を救済するに過ぎない」という空気が強く、解散に決したという。また、「三田財閥に在りても前田専務に対し平素好意を有せざる関係上（略）殆ど援助者なき状況」で、前田の社員に対する説明も「終始一貫せず」という状況だった。王子製紙や東京日日本社前に陳情隊が現れる事態となり、追加金についても、大みそか午後になってやっと王子製紙による寄付金などでまとまった。編集との交渉は元日午前零時一分、工務とは同七時四五分、販売店側とは同一〇時二五分にそれぞれ妥結。(86)戦後参院議員を務めた当時の警視庁調停課長、伊能芳雄《いよくよしお》は、警視庁での交渉に一〇円札をぎっしり詰めた行李を持ってきたことが印象に残っていると回想している。決着は新年にずれこんだが、「元日の調印も変だから」三一日付の調印としたという。(87)

本書の執筆にあたって、産経新聞社で以前に試みられた社史編纂作業での未公開資料を見る機会に恵まれた。むやみに内容を明らかにすることはできないが、ところどころ興味深い点はすでに引用もしている。その中に、産経新聞の性格、意義、あるいはアイデンティティをこう位置づけた記述があった。「産経新聞は、前田久吉が大阪で興した南大阪新聞——夕刊大阪新聞の流れを本流とするが、福澤諭吉創刊による名門言論紙、時事新報の流れも受け止め、この二つの流れの重なりをルーツとして築き上げられた」(88)

たしかに、名門紙時事新報は、産経の重要な源流といえる。ただ、前田が時事に向けるまなざしは、必ずしも敬意ばかりではなかった。

前田が再建のために乗り込んだとき、時事新報社員は陰で彼を「シャヤ」と呼んだ。前田が時事新報社を初めて訪れたとき、社屋を見上げて「立派なシャヤだなあ」と口に出したことを、時事のエリート社員たちは聞き逃さなかったのである。「彼は社屋《しゃおく》と読めないらしい。無学な奴なのだ」という当てこすりだった。当然ながら、前田はこのような態度を嫌い、憎んだ。(89)

ともかく、「解散には反対者も随分ありました。とりわけ三田出身者から前田君に対する批判は随分ひどかったが、私たちの先輩はほとんどその全部が前田君の手腕に感謝していました」[90]と小林一三がのちに語るように、前田の評判は全国区レベルに広がっていく。

前田は英雄だったのか、悪漢だったのか、見方は分裂したままである。わかりやすい道筋をつけようとすれば、前田を善良で真面目と描くか、悪辣な資本家と描くか、どちらかに決めることになる。本書はあえてそれに抗し、わかりにくい前田像を描く。そこにしか、前田の実像に迫る道はないのだから。

道としての致富

〈危機の時代〉を駆け抜け、全国区の新聞人に成長した前田久吉は、単なる仕事人間、カタブツではなかった。意外にも前田はダンスが上手だった。[91]戦後のインタビューで、前田が昔話をしている。ちょうど日本工業新聞を創刊して、なかなか経営が軌道に乗らなかったころのことである。

苦しい日が続いた。その苦しみのはかし場として、当時日本にダンスというものが流行つた。大阪の今の歌舞伎座の裏にユニオンというダンスホールができた。（略）道楽は何一つないのですが、頭の苦しみをどこやらへ吹つ飛ばしたい。そのはけ口を求めている人間だった。ちようど友達に連れられてそこのダンスホールへ行つて、そこでダンスを習った。私はダンスをやつたらうまいですよ（笑）。私のダンスはその時覚えた。上海帰りの連中や何かに教わつて……。まア音楽を聴いて、踊りの真似事をして、苦しみを暫く

でも忘れて時を稼ごうというのがホンネだったかもしれません。(92)

東京に出た前田は、新聞業界の格好の話題でもあった。業界紙、新聞之新聞の記者が、インタビューした。「時事新報社専務取締役前田久吉君が、時事の更生を成し遂げ得るかの問題はかなり懸念されている」「而して、ご当人はそんな風評には一切お構いなしに、珍しい東京情緒にひたって、エロを満喫して日も尚足らずであるという風説がある」という書き出しの記事である。

記者　フロリダダンシングホールで毎晩の様に踊つて居るのは専務らしくないとの評判ですよ。
前田　毎晩の宴会に、酒と煙草をやらないから食ひ過ぎる。それで運動の為に、ダンスをやっているのや。
記者　ダンスはよいとして宇野千代とのラブシーンが展開しとるさうぢやないですか。
前田　あんなお婆さん。それに男がついとるのぢやし、俺にも女房があるし、そんな事あるかい、阿呆らしい。
記者　社用の電話をひいてやつたとかで、岡焼(注・嫉妬のこと)が旺《さか》んですよ。
前田　そりゃ、婦人欄にウンと力を入れてくれる様になつたんで、急設が引ける迄、社のを貸したんだが、別に月給をやつとらんから、電話位貸してやつたつて損にやならんぢやないか。
記者　御尤もですが、疑はれる節があるのぢやないですか。
前田　身の上相談も書いて呉れる様になつたし、大体、宇野が東郷青児《とうごうせいじ》と大阪へ一緒に来たころから原稿

は買ってやったし、よく知っとるのやからちよくく話したからとてさう変に取られたらアカン。(93)

東郷青児は、美人画で知られた洋画家。女性遍歴でも有名で、一時宇野千代と同棲していた。宇野も戦後、前田について語っている。「戦前の話ですけれど、私が千駄ヶ谷で一軒借りて一人で住んでいたころですが、前田さんがよく遊びにお出でになって、肩が凝ったといっては、近所の漢方医でマッサージもよくする人を呼んで、マッサージをしてもらわれたことがありました。よく知らない人があんな風景を見たら、私が前田さんのなにかではないかと思われるほどでした。もちろん、ただの一遍もそんなことはありません」(94)

もっとも、宇野との関係を事実とみる向きも少なくなかった。時事解散時の怪文書に「愛人●野千代」という表現が踊っていたことなどからみても、当時は一般的な認識だったのだろう。

老記者たちが回想したやりとりがある。

大草　東京タワーをこしらえたのは久吉だろ。それで宇野千代のパトロン！　宇野千代のスポンサーだったよ。

下村　そうだよ。旦那が本当さ、関係ありの！

大草　もちろんありますよ。（略）前田久吉はそういう好みがあったんだよ。インテリ女性に。(95)

このころ、前田は京都競馬倶楽部の会員として記録に残ってもいる。(96)前田は競馬好きだったようだ。

もっともこの時期の前田の関心は、ダンスよりも女性よりも競走馬よりも、めまぐるしく広がっていく人脈、周囲の環境、そして富だったに違いない。高石真五郎は「彼は東京に行くまで小林一三を知らないんです。加藤武男も知らなかった。前田を皆に認めさせたのは、私です」と述べている。(97) 恩着せがましく聞こえる部分はあるが、事実だろう。慶応人脈はやはり重要で価値のあるネットワークであった。前田自身、息子の伸《しん》(現・東京タワー社長)を慶応に学ばせている。

そして、富。「大阪人にとって致富(豊かになること)とは」とオダサクの愛称で親しまれた大阪の作家、織田作之助《おださくのすけ》が書いている。

大阪人にとっては、物乃至金とは、象徴にまで高められた現実であり、ある種の神聖な観念であり、しかも、それは物的な偶像崇拝ではなくて、倫理的なものなのである。それ故に、大阪人にとっては、致富とは、現実に金を握る快感を目指したものではなく、致富までの倫理的な努力に重きを置いたものである。(略)大阪人は、道によらねば致富に成功することができなかったのである。では、大阪町人の道とは何か。勤勉、節約、努力である。孔子は、われ未だ道を好むこと色を好むが如き者を見ずといったが、大阪人にとって、金を好むことは道を好むことなのだ。(98)

まるでマックス・ヴェーバーの『プロテスタンティズムの倫理と資本主義の精神』を思い起こさせるようなこのオダサクの大阪論が的を射ているかどうかはともかく、前田の一見脈絡を欠く行動を理解する補助線として機能することは事実だろう。

前田はカネにシビアだった。戦後になってもシケモク（吸い殻をもう一度吸うこと）をしていたという証言がある。一方で社用では一流の料亭しか使わなかった。[99] 鉛筆一本の節約にこだわる一方、驚くような投資をして平然としていた。矛盾の答えは「道としての致富」にあったのではないか。ちなみに織田は夕刊大阪に在籍した時期がある。追って触れたい。

第4章　「おそろしいほどの」フィクサー――戦争の時代：一九三七―一九四五

わらしべ長者

東日天文館のプラネタリウム

前田久吉はしばしば、わらしべ長者のようである。ぽっと出の田舎者扱いをされながらも一生懸命働いていると思わぬところから声がかかり、無我夢中で取り組むうちに次のステップが開けていく。

時事新報解散の道筋を付けた前田は、本来なら大阪へ帰るはずだった。後始末を成し遂げたとの評価は高かったものの、名門紙を売り渡したなどと非難も少なくなかった。東京に未練はなかったはずだ。ところが、前田は残る。東京日日新聞（大阪毎日新聞系）が新社屋を建てるというので、専務に抜擢されたのである。

抜擢、とは前田寄りに過ぎるかもしれない。毎日側からみれば、「時事新報がなくなって、専務をやっていた前田久吉がやめたから、東日館の専務をやらせた」ということになる。[1]まだ中小紙の域を脱しない夕刊大阪や日本工業と天下の大毎との格の違いは明らかだった。前田にも無用のプライドはなかった。

東日館建設は簡単ではなかった。統制経済が強化され、物資の節約がやかましくなり、不急の計画はすべて中止というのが政府の方針だったので、建築中止の命令が天降ってきたのである。「国が不急を認めて中止を命ずるのだ。応じないのは非国民だ」「大蔵省自身でさえ差し迫った建築を控えている際、言うことがきかれんというなら、当方においても考えがある」。しかし建築資材一切はすでに購入済み。前田は「新聞活動には絶対必要な建物だ」とがんばった。[2] 前田はここでも仕事人だった。

大蔵省でにらみをきかせていたのが、革新官僚と呼ばれのちに終戦詔書を起草する一人となる迫水久常《さこみずひさつね》だった。「大蔵省の資金課長だった迫水久常氏は「こっちの方針をきかんのなら引っ括ってしまえ」という意気込みだった」と前田は回想している。[3] 戦後、迫水とは参院議員同士としてつながりが続く。

隠し玉があった。独カール・ツァイス社から購入したプラネタリウムだ。時事再建に向けた人集めの秘策だった。時事解散資金の追加金を引き出す材料として東日に提供していたが、これを東日会館の目玉にしようというのである。

私は汽車の中で、何とか時事新報の赤字を埋める工夫はないものかなあと考えたが、さてなかなか名案がない。これと思うものはみんなやった後ですからね。それで雑誌を見て考えたのが天象儀……。これはドイツで考えられたものですが、これをやれば、当時の日本の海軍にも、ある意味で大きなプラスになるし、学生には大分プラスになる。[4]

毎日の高石真五郎は「前田の知恵のあること驚くべきものです。『時事』が潰れる前、なかなか新聞では食えないというので、どこから聞いてきたのか、プラネタリウムというものを作ることを考えた」と回想している。(5)

「どこから聞いてきたのか」と驚いているが、話の出所は大阪である。日本初のプラネタリウムは一九三七(昭和一二)年、大阪に登場した。夕刊大阪はさっそく一五回にわたって「天象儀を語る」という連載記事を掲載した。アイデアには阪急電鉄の小林一三もかかわっていた。大阪市や電気科学館が協力し、大阪のノウハウは前田のルートで東日天文館にしっかり伝えられた。

有楽町に八階建ての東日館が完成し、三八年一一月二日、東日天文館の開館式が開かれた。近衛文麿《このえふみまろ》、荒木貞夫《あらきさだお》、米内光政《よないみつまさ》ら政界、軍部の要人が列席する前で前田が建設までの経過報告を読み上げた。(6) プラネタリウムは人気を呼び、最初の一年に一〇〇万人以上が訪れたという。大衆社会をみつめる前田の目はここでも狂いはなかったことになるが、プラネタリウムそのものは四五年五月二五日の夜半、空襲で焼失した。当時の関係者は「機械の疎開を考えたことはあるのだが……考えれば惜しい財産を失ったものだと思う」と回想している。(7)

と思うと、今度は毎日新聞社の大株主になることになった。一介の販売店主だった前田が、どんな巡り合わせでそんな立場になったのか。背景には〈戦争の時代〉への突入で表面化しつつあった言論統制があった。このあたりの経緯については毎日の社史などはあまり詳しく触れていないため、前田側の証言が中心となる。

このころ「新聞は国家目的のために奉仕すべき重要な情報機関であって営利を目的としたものではない。したがって利益の対象として新聞に投資するものを閉め出すべし」という考えかたが次第に強まりつつあった。毎日新聞社の大株主だった三菱財閥から前田に声がかかったのはこのころである。軍部から「三菱は言論機関に金だしてやっている。けしからん」と圧力をかけられ、前田に引き受けを求めてきたのだ。[8] 言論は「公」のものであり「私」たる営利企業がかかわるべきではないという教条主義が世を覆いつつあった。時事新報解散の際に前田は慶応出身の三菱銀行首脳、加藤武男（のちに頭取）と太いパイプを築いていた。そこで前田に声がかかった。

天下の三菱が手放したいというくらいだから、引き受けがおいしい話だったはずはない。だが言論機関の株を市場に放出するわけにはいかない。軍部からも前田に圧力がかかってくる。「しかたない。初めて借金せんならん」。大阪の野村銀行（現りそな銀行）を頼って資金を用意した。するともうひとつの大株主だった藤田組からもすぐに連絡が入り、こちらも引き受けることになった。「引き取ったら大きな数だな。六〇％優にあるんだ」。[9] そんなことから、前田は毎日新聞社の取締役に就任した。[10]

それだけの株を握っているのだから少しはエラそうに振る舞ってもよさそうに思えるが、前田は控えめだった。取締役には就任したものの、新しく毎日の経営に就いた奥村信太郎―高石真五郎のツートップを支え、一九四三年には持ち株を整理するかたちで毎日から退いた。

高石は「毎日新聞にいる限り、前田はどうしたって自分の働きに対して当然の報酬は与えられませんからね。当然出るでしょう」と冷酷とも思える言葉を残している。[11] 高石は特ダネを連発し世界を舞台に活躍したジャーナリストであり、戦後は東京五輪招致にも活躍するなど華々しい人生を送った。前田ははるかに泥臭い道を歩んだが、特にうらやんだふうはみられない。一九六七年の高石の死後に刊行された追悼集『高石さん』の刊行世話人一五五人には前田も名を連ねている。[12]

前田は南大阪新聞創刊をすべてそれまでに貯めた自己資金でまかなったとされる。だが、大毎株の取得はさすがに自己資金というわけにはいかない。野村銀行による金融によって実現されたのだが、ここで前田は一段違うレベルへの跳躍を果たしたといえる。

自分のできる範囲で力を尽くし、成功も失敗もわがこととして完結するすがすがしい世界から、金融のテコを利かせて桁違いに大きく、しかしながらしがらみだらけでドロドロとした世界への跳躍であった。「前田は毎日の大株主となり、取締役にならねばならなくなった。自己資金で仕事をし、借金をしたことがなかった前田が、（略）この資金力をもって、のちに続く新聞の大統合時代に立ち向かう」こととなったのである。[13]

宿敵、正力松太郎

警視庁にいた正力松太郎が、時の皇太子（のちの昭和天皇）が襲撃された虎ノ門事件[14]で引責し、当時経営不振だった読売新聞を買い受けて新聞経営者に転身したのが一九二四（大正一三）年。大阪では前田久吉が南大阪新聞を夕刊大阪新聞と改題し、天下茶屋から大阪市内中心部に打って出たころである。

〝東の正力、西の前田〟という評判があった。崩壊寸前の読売を買収して文字通り起死回生の実を挙げた正力。新興紙不毛の地といわれていた大阪でみごと産経、大阪両新聞を育成した前田。ラジオ欄のアイデアにみられるように、大衆社会へのまなざしという点で正力と前田には共通点があった。[15]

もっとも正力は東大法学部卒の警察官僚出身、前田は小学校卒の新聞販売店主上がり。正力は同列にみられることを嫌っていたようだ。

老記者たちが、こんな会話を交わしている。

大草　菊池（寛）さんに正力松太郎が文句を言ったことがあるんだ。
萱原　なんで？また。
大草　それは、『大阪夕刊《ママ》』ができたとき、これは東京の『読売新聞』みたいなもんだと書いたんだよ。そうしたら、正力が文句を言って、あんな新聞と比較されてたまるか、読売新聞みたいだとはけしからんと、カンカンに怒った。
萱原　あの新聞は前田久吉だろう。[16]

当時、読売は東京紙、あるいはせいぜい関東のブロック紙だったが、大阪への進出を虎視眈々と狙っていた。このあたりの水面下の動きについては正確な記録は残されていない。各種社史、報道などに基づいて、読売の動きを再現してみよう。

一九三七年の段階で、読売の大阪進出をめぐる風説はしばしば取り沙汰されるようになっていた。文藝春秋社が出していた『話』に「大阪、といえば九州朝鮮までもふくめたいわゆるオール関西に、いよいよ都下三大紙の読売がもう一本参加する日がほとんど確定的になったようだ。（略）彼はいよいよ読売関西進出の時期を来春から、遅くも来秋ごろまでに決行する意思を固めたようである」[17]との推測が掲載されている。
年末には業界紙が「読売新聞が大阪へ進出する根拠」を書いている。いわく、①記事の大部分は本社で獲得してあるから、関西方面の記事は、社会部記事を中心に取材すればよいので大した費用はかからない②どうせ伝送用写真機を大阪へ常置するから専用電話線は否でも応でも設備しなければならない③大阪は経済力の豊かな地元広告主がいるから広告のスペースをつくるのにはこまらない④関西方面にはすでに一〇万の読者を有しているから漸を追って増設すれば良い⑤大阪は定価売りであり乱売がないから新聞を売りやすい。[18]

動きが公然化したのは一九三九年。『読売新聞発展史』によると、大阪梅田駅近くの土地約一〇〇〇平方メートルを買収、大阪進出を計画したが、新聞用紙制限令の強化で新しい新聞の発行が不可能となった。[19]さらに京都日日新聞をテコに大阪に進出しようともしたが、朝毎が強硬に反対し実現しなかった。

だが、大阪進出の重要性は他とは比べものにならない。正力は執念をみせた。

読売に長年インキを納入し、正力と懇意にしていた業者が大阪時事新報に債権を持っていた。正力は大阪進出の意図を明かして極秘に株の買収を試み、全株式の七〇%を確保して経営権を手中に収めてしまった。大阪時事の経営権は実質的に正力の手に握られた。

図8　正力松太郎

野望の成就まで、正力はあと一歩のところまで迫っていた。立ちはだかったのが前田だった。後述する新聞統合で、前田は順調に大阪の中小紙の統合作業を進行させ、残るは大阪時事の処遇だけとなっていた。特高は四一年八月下旬、夕刊大阪から前田、大阪時事から専務の塩沢元次《しおざわもとじ》を呼んで「大阪を中心とする真に言論報国の翼賛紙」に向け合併を提案した。実質的な命令である。[20]

ふたりは正面から激突した。この対決が、戦時下新聞界の最大のできごとである新聞統合の、大阪におけるクライマックスとなる。〝大阪の陣〟の帰趨を見るまえにまず、情報局が主導した新聞統合全体を概観しておきたい。[21]

新聞統合大阪の陣

国民総動員のチャンネル

一九三七（昭和一二）年七月、盧溝橋事件が起き、日中はいよいよ本格的な戦争に突入した。欧州ではナチス・ドイツによる一九三九年九月のポーランド侵攻で第二次世界大戦が始まる。翌年には大政翼賛会が発足し、一九四一年一二月には真珠湾攻撃で日米戦争が始まった。〈戦争の時代〉の到来は、〈危機の時代〉から当然予見されており、社会は戦争に備えて大急ぎでつくり替えられた。前田久吉は時代のうねりに乗って全国区の新聞人に成長した。

新聞統合は、〈危機の時代〉の深化にともなって、思想統一すなわち言論統制に向けて考えられた方策だった。多数の新聞社が乱立していては統制が効きにくい。効率化、資源の節約、公への奉仕といった理念を看板に作業が進められた。特段の法的根拠もないまま、一九一三年八月の特高課長ブロック会議での指示が始まりとなり、日中戦争勃発時に一二〇〇紙以上あった新聞は統合完成時には五五紙までに統合されることになる。[22]

当局側のもくろみは、政府が取り仕切るいわばホールディングカンパニーに全国の新聞社をぶら下げるというものだったが、さすがに反発を押さえきれず、一県一紙、名古屋や福岡におけるブロック紙、そして全国的なリーチを持つ三大紙と東西を二分する二つの経済紙という体制に落ち着いた。戦後日本の新聞社の布置はおおむねこの新聞統合でできた枠組みを踏襲している。さらにいえば、新聞社とテレビ局との系列関係などを通じて、戦後日本のメディア社会のありようそのものがこの新聞統合のデザインに強く規定されたものだといってよい。

統合作業は、第一段階で悪徳不良紙を対象とした。[23] 第二段階では、弱小ではあるが悪徳紙ではない新聞にも整理の波が及んだ。大阪でも急激な勢いで整理が進み、伝統を持つ関西中央、大阪毎夕、大阪朝報、大阪日日などが次々と姿を消した。吸収したのが前田だった。[24]

一九四〇年四月、日本工業新聞は夕刊大阪新聞とともに堂島浜通から西区江戸堀の新築社屋に移転した。それまで既存の建物を改造して使用していたが、初めて新聞社として建てたものだった。当初三階建ての予定が、統制経済強化で二階建てになった。社員食堂や資料室もあって、前田は「まああのものができた。当分はここで落ち着けるだろう」といっていた。[25] すでに弱小紙や地方紙の整理を一応片付けた政府は、次にその目を残る有力紙に向けてきた。前田は大阪の新聞統合を優位に進めたが、その代わり、各紙を買収合併せねばならなかった。[26]

弱小紙とはいえ、そこには経営があり従業員や家族の生活がある。脅しすかしで簡単に進むものではない。その難題を解決していったのが前田であった。これまでの前田は実直でわかりやすい存在だった。たとえば大毎の本山彦一といった実力者、権力者に気に入られ、かわいがられた。ところが戦時下の前田はどこか謎めいて、予想もできないような当局とのつながりをちらつかせるフィクサーめいた存在に変貌する。

大阪毎日系の有力新聞店主で、夕刊大阪を大毎の販売網に載せるなど前田とは浅からぬ関係にあった岡島真蔵は「おぼえもせんような新聞に五万円でも一〇万円でもやって、みんな買うたんです。その代わり情報局からの命令で各銀行は経済広告はかならず『産業経済』に出すというところまで行った」「おそろしいほどに思いましたな。私らは何度も警察へ呼ばれましてね。協力せいちゅうわけですわ。なんとかいう警察部長、前田くんの番頭みたいなことをいっとった。そうしてみな『大阪新聞』に合併させられたんです」と当時を振り返っている。[27]

交渉力や政治力はともかく、資金はどこから出てきたのか。少なくともその一部が大毎株式引き受けに端を発する資金調達に関係していると推測することは可能だろう。

太平洋戦争突入を前に、新聞界では全国紙の攻勢がさかんであった。朝毎読の全国紙三紙が地方紙を盛んに買収した。この意味で、新聞統合は青息吐息の地方紙の救世主でもあった。[28]

とすれば、以下の記述も、真に受けるわけにはいかない。

前田はその（新聞統合案の）ばかばかしさにあきれ、腹も立った。しかし、これに賛成する新聞社もあったのだ。当時の多くの新聞社は経営難だった。もし統制会社ができて経営を任せることができれば、こんな結構な話はないと飛びついていったに違いない。これに対して経営に自信を持つ朝日、毎日、読売など有力紙はこぞって反対した。もちろん前田も反対だった。(29)

難しいのは、ここでもおそらく、前田は一〇〇％の偽りを語っているのではないということである。新聞統合のばかばかしさにあきれ、腹を立てたのは事実だろう。一方で、朝毎の大手紙を押さえ、出し抜くために新聞統合の力学を最大限に利用したのも間違いない。その際、当局の意向を正確に把握し、当局の望むように、喜ぶように自分を位置づけていく手腕もまた、ぬきんでていた。一貫して挑戦者であった前田は、組織の伝統がもたらすさまざまなしがらみとは無縁であり、結果的にときどきの社会の要求にもっとも的確に答えることができ、そこから得られる利益を最大化できる存在であった。

戦時中の用紙割当を担当した情報局の宮本吉夫《みやもとよしお》は「中部日本、西日本、東京新聞、大阪新聞、日本産業経済新聞、産業経済新聞等のブロック紙や専門紙については新聞再編成に相当の犠牲を払ってきた経緯からできるだけの増紙を認めた」と回想している。(30)「ばかばかしさにあきれ」ていた前田はまた、当局と持ちつ持たれつでもあったのである。

大阪新聞誕生

昭和期に活躍したジャーナリスト、青地晨《あおちしん》は、正力松太郎と前田久吉を比較する一文を書いている。正力も前田も勝つか負けるかの苛烈な世界で生きてきた男だ、としつつ、「両人の相撲の取り口は違っている。正力は押しの一手、前田は相手の差し手をとって引っ張り込む相撲だ」(31)。

戦後、大阪進出に成功し読売を全国紙として育て上げる正力と、道半ばにして産経の経営から身を引くことになる前田とでは、今、存在感の大きさは違うが、当時はライバルと目される関係だった。それどころか「正力を本命と見、前田を対抗とみるのは素人で、前田こそ本命だ」という見方さえあったことは記憶されてよい(32)。

大宅壮一が「阪僑論」を唱えたことがある。阪僑とは大宅の造語で、大阪出身の商売人、という意味である。前田はまさしくこの「阪僑」にあてはまるが、興味深いことに、大宅は正力をもこの「阪僑」のカテゴリに加えている。

朝日の村山龍平は伊勢の国学者の息子、毎日の本山彦一は熊本藩士、ともに大阪に出て〝阪僑〟化したのであるが、文化を商品化する道を選んだことは、普通の丁稚上がりと違っている。(略)これにつぐものが産経の前田久吉である。新聞配達から身を起こして、ほとんど無資本で新聞を創刊し、初めは編集、営業、広告など一人でやってのけ、地元大阪で成功して東京に進出、名門時事を吸収し、なにかといわれながらも、一応全国紙の形にもっていったのは、アッパレと言わざるを得ない。この逆を行ったのが、読売の正力松太郎である。(略)よく考えてみると、富山県生まれの彼は、いわば〝准阪僑〟である。[33]
逆というのは、正力が東京から大阪へと、前田の逆コースをたどったことを指す。前田と正力は似たもの同士だった。

戦時下に突入する中、業界団体の日本新聞会と情報局は①朝毎読を「全国紙」とする②統合で新たに発足する愛知県紙、福岡県紙、東京紙、大阪紙を「中間(ブロック)紙」とし、その他は「県紙」とする――ことで一致した。

『朝日』と『毎日』は東京も大阪も統合に入らないでいいんです。あとは全部一県一紙だ、東京では今の『東京新聞』一紙だ。それでわたし『大阪新聞』やってたんですが、大阪ではぼくの『大阪新聞』だけだというこどでぼくはがんばったさ。そのかわり、整理するやつに全部、金出さされた。まあむずかしいやつも多かったが、ぜんぶカネだして整理した。だがただの損でもないんだ。紙のないときだから……統合すれば紙がついてきてね。まあ、ああいうことは戦時だからでけたんだね。[34]

特高から示された大阪時事新報を夕刊大阪新聞に統合する案はうかつに明らかにできないトップ・シークレットであり、動きを知るものは社内にもほとんどいなかった。が、具体的な動きは秘密でも、新聞統合の進行は誰の目にも明らかである。夕刊大阪の従業員たちは明日のわが身を心配せずにはいられなかった。

吉田禎男はこのころ再び日本工業新聞社を離れていたが、一方で夕刊大阪での新聞小説連載を請け負うなど関係は途切れずにいた。その目にも社内の動揺は明らかだった。「もともと朝日、毎日の両全国紙は別として一府県一紙に減らすのが当局最初からの方針だった。今後一体どうなるのか——これがどの新聞社でもひそかな、そして大きな話題となっていた[35]」

吉田は夕刊大阪新聞社に立ち寄り、編集局長の鷲谷武ほか旧知の幹部と言葉を交わした。「女子事務員など新聞の運命を気づかって、夕刊大阪は大丈夫でしょうかとひそひそ囁いていた[36]」。

事実、状況は楽観を許さなかった。そもそも大阪時事の株は七割を読売の正力松太郎が押さえ、理屈としては正力がノーといえば決裂するほかない。談判は難航した。

前田が頼りにしたのは特高のバックアップであった。時の大阪府警察部長は坂信弥《さかのぶよし》。一九二四年内務省入省、一九四一年から大阪府警察部長。夕刊大阪と大阪時事新報の統合に立ち会い、正力を説得するなど一貫して前田のサポートを務めた。坂は藤田組の常務理事を務めた義父を持つ婿養子で、そのルートから大毎と深い関係にあっても不思議ではない。終戦時に警視総監を務め、終戦直後、特殊慰安施設協会（RAA）をつくった人物である。[37] 戦後、前田は坂について「切れ者ですよ」と評価している。[38] 坂は戦後の一時期、大商証券社長として大阪財界でも活躍した。

当時の資料に、前田と正力とのつばぜり合いを描いた一節がある。

当府（注：大阪府のこと）ノ整理統合ノ主旨ニ従ヒ両社合併ノ上新夕ニ一新聞紙ヲ発行スベキ方針ニ全幅

ノ賛意ヲ表シ当府夫々覚書ヲ交換シ爾来当府（特高課長）斡旋ノ下ニ二十数回ニ亘ル会談ヲ重ネ幾多ノ紆余曲折ヲ経テ是が実行ニ極力努力シ来タリタルガ、大阪時事新報社ノ財政及ビ経営状態等極メテ複雑ナルモノアルト同時ニ大阪時事新報ハ読売新聞ノ資本下ニ在リ夕刊大阪新聞ハ社長前田久吉ガ大阪毎日新聞ノ重役タルノ関係上両社ノ合併問題ハ大毎対読売ノ勢力争ヒノ感アリテ容易ニ進展セズ(39)

交渉は難航し、日米開戦をはさんで年を越えた。状況を打開するため坂は上京し、正力と直談判に及んだ。

坂警察部長ハ客月二二日上京ニ際シ読売新聞社長正力松太郎ト直接会見シ現下新聞統制ノ重要性及ビ本問題ニ関スル当府ノ趣旨方針等ニ関シ縷々説明シテ其協力ヲ求メタルニ本人ハ過去数年間ニ亘リ大阪進出ノ望ミヲ抱キ既ニ大阪時事新報ヲ其掌中ニ納メ之ガ実現ヲ計ラントスルノ計画ヲ放棄シ当府ノ方針を諒承シタル結果別添覚書及協定書ノ如キ条件ノ下ニ各関係当事者ノ間ニ円満妥結ヲ見ルニ至リタル(40)

最終的に正力は折れた。

吉田は当時、前田の頬がこけ「せっかく今日までに育てた夕刊大阪を何とか残したいと奔走しているが、苦労するよ」と話していたのを覚えている。大阪時事との合同、そして大阪新聞新創刊の知らせが流れると、吉田はすぐ本社へお祝いに駆けつけた。「「どうやら残れそうだ！」と前田社長の顔も晴れ晴れとして、社内は引越の準備で大わらわ、机や椅子、書棚の類が門口に積み上げられていた」。新しい本拠地は曽根崎《そねざき》の旧大阪時

事新報本社。玄関には「大阪新聞」の門標が墨の跡も新しく掲げられた。(41)

一九四二年五月一日、大阪新聞が発足した。

両雄が激突した大阪時事新報争奪戦で、前田は一応の勝利を収めた。が、発足した大阪新聞から読売の影響力が完全に排除されたわけではない。社長には前田が就任したが、正力は相談役につき、読売は二〇％の出資者として役員を送り込んだ。編集局長には読売から平野善之助《ひらのぜんのすけ》が就任。平野が在任一年で世を去ると、後任に読売前編集局長で初代ラジオ部長を務めた柴田勝衛が就任した。

統合を重ねた上にできた寄り合い所帯であり、社内の配置には気を使った。産経新聞大阪本社編集局長を務めた土橋四郎《どばししろう》は、往時を振り返って「(大阪時事は)古い伝統の新聞だから編集では時事の塩沢元次をトップ(専務・主筆)に据えた。時事の部長は合併後も部長のままだったから、社会部長、整理部長は二人いた」と、前田の苦心を述べている。(42)

こうして誕生した大阪新聞は、関西の読者に広く受け入れられてのちの産経の全国進出の礎石となった。部数は統合前から倍増。当時の新聞業界統括団体が発行していた『日本新聞報』は「毎日午後三時から大阪を中心に京阪神和歌山奈良にいたる各私鉄の車内は大阪新聞を展げてゐる人々で塗りつぶされる」「特色は何といつても郷土紙的色彩の豊かなことで事大阪に関する記事は細大洩らさず収録してゆくといふやり方が大阪人にはなくてはならぬ好伴侶とされるに至つた」とその勢いを伝えている。(43)

「大阪は朝日、毎日の外には大阪時事と大阪夕刊等が合併して大阪新聞及び東京と同じく産業経済が業界紙の統合によつて出来上りました。大阪新聞と東京新聞は夫々の都市のローカル紙であります。朝日や毎日のやうな全国紙的な性格と違つて、関東を主体としたローカル、大阪を主体としたローカルといふ意味を含んで居るのであります」(44)。新聞統合の理論的支柱としての役割を担った岡村《おかむら》二一《にいち》(45)がいうように、大阪新聞は大阪を主体としたローカル紙、つまり関西地方の人々や資源を戦時動員に駆り立てるための翼賛紙であった。

一九四〇年、ラジオ受信契約数は五〇〇万を突破、大阪朝日新聞、東京朝日新聞が題号を「朝日新聞」に統一(46)。一九四三年には東京日日と大阪毎日が毎日新聞に題号を統一した。「全国紙」概念を構成する〈全国〉意識が完成した。

お国のため、戦争のためというお題目に従っているといっても、全国紙の力は強大であり、商業上の利益を損なうような事態になれば、牙をむきかねない。手ごろな大きさの、当局にとって御しやすい新聞が必要だった。大阪新聞の成立に肩入れをしたのはそのためである。

図9　大阪新聞発足を報じる読売新聞記事

そのあたり、前田は十分承知して、当局と良好な関係を保っていた。『新聞総覧』昭和一八年版掲載の自社広告には、「革新的国策新聞であり政治外交経済社会万般に躍動する時局の心臓」との活字が踊っている。

ただし、大阪新聞を単なる当局の御用新聞だったと片付けるべきではないだろう。

戦時総動員体制下での「言論報国の翼賛紙」として誕生した大阪新聞は、朝毎の全国ニュース中心の編集と違って地域のニュースを中心に据えた。翼賛紙とは、地域のニュースをすべからく戦意高揚に結びつけていく紙面という意味であろうが、日々の紙面制作のすきまには「言論報国」とお題目を唱えているだけではすまない〈日常〉や〈くらし〉が必ず浮かび上がってくる。『総覧』掲載の自社広告には、「生動せる社会常識の百科事典であり、明朗なる実生活の感覚機関」との宣伝文句も併記されている。それこそが大阪新聞の存在意義ではなかったか。

ここにいたって前田のつくる新聞は、原点である南大阪新聞や夕刊大阪へと回帰したともいえる。さらにいえば、その原点は、戦後焼け跡の日本で「いくら刷っても追いつかないので、過熱する輪転機に水をかけて刷った」と、語り草になるような大阪新聞の人気を準備することにもなっていく。

産業経済新聞創刊

一般紙の大阪新聞の誕生が、大阪における新聞統合というドラマのハイライトであったとするなら、並行して進められた経済紙・業界紙の統合はやや地味な作業となった。こちらの主人公も前田久吉である。

新聞統合は特段の法的根拠もないまま戦時体制の進行とともに急ピッチで進められたが、現実を後追いするかたちで一九四一(昭和一六)年九月、結成されたばかりの新聞連盟に対して政府から諮問があり、一一月、意見書が提出された。それを受けて太平洋戦争勃発後の一二月一三日、政府は国家総動員法に基づく新聞事業令を公布した。これが、新聞の整理統合、再編成を行う初めての法的根拠となった。

さらに政府は統合の具体策を、一九四二年六月に閣議決定したが、そこで、業界紙の再編成をめぐって東京と大阪で関係各紙を整理統合するという青写真が示された。大阪での統合の結果、生まれたのが産業経済新聞である。

ちなみに、閣議決定では統合の結果東西に誕生する新聞をいずれも「産業経済新聞」としており、仮称として『東京産業経済新聞』『大阪産業経済新聞』と呼んでいた。が、いよいよ正式な題字決定の段階になって、中外商業新報を軸とする東京側は『日本産業経済』を希望したので、そのとおりとした。これがのちの日本経済新聞である。一方、大阪方は『産業経済新聞』を望んだので、そのとおりとなった。[47]

産業経済新聞の母体となった日本工業新聞は、創刊一〇年にも満たない新興紙。だが、東京の名門紙時事新報の再建とその後の解散問題の処理で見せた前田の一連の動きを、新聞統合のお目付け役である政府・軍関係者は高く評価していた。だからこそ利害がぶつかり、複雑でやっかいな業界紙の合併工作を彼に任せたのだろう。前田自身も「まじめに警察とか軍にモノが言えるのは、うちの新聞だけだった」と後年よく口にした。

「統制」という大義名分と官憲のバックアップがあるといっても、統合には多大なエネルギーを要した。前田は、新聞統合へ向けて一社ずつほとんど自分で作業をクリアしていった。日本工業が統合したのは交通毎日、日本必需食品、大阪電気、大阪薬品、大阪金物新報、大阪商業、大阪肥料、工業タイムズ、大阪砂糖日報、日本燃料、神戸油脂月報など三三社。買収資金は平均して一社あたり三〇万円だった。[48]

一九四二年一一月一日、産業経済新聞が題字も新たに創刊された。発刊の辞が残っている。戦意高揚を説く美文調だが、そのなかに「彼等米英と雖《いえど》も苟《いやし》くも表面の能力においては近代国家であり、その拠つて頼みとする豊富なる物質力は、決して単に侮蔑のみをもつて排除し得るものでない、徒らに精神のみに囚はれ、竹槍

図10　産業経済新聞創刊号

主義の事大主義は、我々国民の声として戒むべきである」との一節がある。

「竹槍」といって思い浮かぶのは、毎日新聞が「竹槍ではまにあわぬ」という記事を掲載し、激怒した東条英機《とうじょうひでき》首相が書いた記者を懲罰召集した「竹槍事件」である。一九四四年二月二三日付毎日新聞で政経部海軍省担当の新《しん》名丈夫《みょうたけお》記者が「竹槍ではまにあわぬ」と軍部を批判。毎日新聞が新名の処分を行なわなかったところ陸軍に懲罰招集された事件だ。同事件は産経創刊の一年あまり後。時代の差はあるが、そこには共通して合理性を説くジャーナリズムの気骨があったとはいえまいか。

発刊の辞に署名はないが、創刊時の編集局長は毎日新聞出身の藤岡啓《ふじおかひらく》が務めた。藤岡は前田から編集・論説の指導者として迎え入れられ発刊に向けての準備を始めていた。[49] 藤岡は戦後公職追放を受けるが、その後も健筆をふるった。

経営的な視点から改めて強調するなら、大阪新聞だけでなく産業経済新聞を持つことの意味は〈全国〉へのまなざしにあった。西日本の経済紙を統合したとなれば販路は全国に広がる。東京に支社、名古屋に総局を配し、海外では台北、京城、新京、大連、北京などに総局を開設した。戦後、前田は産経として東京に進出するが、その未来を戦時下で見据えていたとすれば、眼力に驚くほかない。

とはいえ、産業経済新聞の創刊が練りに練った展望や計画、こころざしの結果というには無理がある。新聞統合の結果転がり込んできた利権をかたちにし、つなぎ止めるために急造したというほうが事実に近い。こんなエピソードがある。

日米開戦から一〇カ月あまり。吉田禎男の奈良の自宅のもとに、大阪新聞編集局長の鷲谷武から「来社を待つ」と電報が届いた。自宅電話はまだない。急用は電報か、近所のホテルに備え付けの電話からの取り次ぎと決まっていた。[50] 正午を少し回ったばかり。さっそく大阪へでかけた。あとで日記の日付を確認すると一〇月二六日だった。

曽根崎の大阪新聞社に到着した吉田に、鷲谷は相談をもちかけた。日本工業新聞を中心に関西すべての業界紙が統合され、産業経済新聞と改題して一一月一日から新発足するという。ついては連載小説を書いてほしいとの注文であった。

「姉妹紙の大阪新聞とは違い国内だけでなく販路が遠く満州国にまで及ぶのだからそれだけ編集方針にもスタッフにも苦心している」と鷲谷。といって、吉田は社外にありながら依頼に応じて前年七月から大阪新聞に小説を連載中で、そこにもう一本連載となると普通は引き受けない。第一もう創刊まで日がない。いくらなんでも無茶な話だが、そこは吉田である。ともかく引き受けることにした。鷲谷は気の毒がって、大阪新聞連載一カ月分の原稿料を一五〇円から二〇〇円に引き上げてくれた。

新連載の題名は『武人伝』と決まった。古来の剣豪伝を時局向きに書いてゆく趣向だが、締め切りは目前だ。大急ぎで材料を収集する。最初の主人公は柳生《やぎゅう》十兵衛《じゅうべえ》に決めた。

一〇月三〇日、明け方までかかって三日分を書き上げた。一眠りして大阪へでかけ新聞社に届ける。奈良へ帰って、晩酌にありったけの残り酒を小コップに移したら二杯きりだった。「もっとほしいと思ってもままならぬ。物不足の折柄今度はいつ手にはいることか」。

窮乏は迫ってきていたが、まだ空襲もないころである。吉田は机に向かいながら、剣豪ゆかりの柳生の里を一度訪ねてみたいと思った。(51)

オダサクもいた編集局

戦時下の夕刊大阪、日本工業、そして大阪新聞、産業経済新聞の編集局をのぞいてみよう。

すでになんどか登場した鷲谷武は、大阪・船場《せんば》生まれの生粋のなにわっ子である。生家が呉服屋で、和服党だったが、さすがにこのころは洋服姿に変わっていた。小さいころから本好きで、これでは先が危ぶまれると一五、六歳のころ、丹波《たんば》地方に足袋の商いに出されたこともある。早稲田の専門部に入学したが卒業に至らず、新聞記者を志し、朝鮮をブラブラしたあと大阪時事新報に入った。しばらくして大阪毎夕新聞に移り、専務編集局長を務めたあと、前田に請われて夕刊大阪に移った。筆が早く手際のいい男だった。生のニュースが足らず締め切りが迫るときなど、鷲谷は過去の原稿を参考にしながら見立てを行い、記事を仕立てる筆さばきもみせた。前田は「この人は非常に小手先がうまいんですね。そして時間にぴたりと合わすんです」と評している。

少年時代を過ごしたのは、明治期後半の大阪・江戸堀で、近くに宮武外骨《みやたけがいこつ》の滑稽新聞社があり、また名ジャーナリストとして知られた松崎天民《まつざきてんみん》が住んでいた。松崎は都市風俗を哀歓に満ちた筆致で描写したルポを得意とし、朝日、國民などの新聞社を渡り歩いた。鷲谷はそうした系譜を受け継いでいた。鷲谷の文化的素養は、文楽が好きだった祖母に付き添い、学生時代に劇場にも足を運んでいたことが影響したようだ。子供のころから本好きで郷土史家でもある。仕事の合間に旧跡を訪ね、日本橋筋あたりで古書をあさる姿もよくみかけられた。

戦後公職追放の憂き目に遭ったが、その時期に文楽会の発足に立ち会い、のち「樗風《ちょふう》」を名乗った。一九五二年には産経新聞に「四ツ橋文楽座の歩み」と題し、文楽芸術保存について執筆。一九五五年には江戸時代以来長く上演されていなかった近松門左衛門《ちかまつもんざえもん》の「曽根崎心中」の演出を手がけ、文化人としての地位を確立した。

近松作品の復活に尽くした功績などから七二年度の「大阪文化賞」を受賞した際のインタビューで、「大阪人」に言及している。「大阪の町人の心得というものはカネやないんや、いつも学問というもんを心得とった」(52)。

前田が新聞人として全国区に駆け上がったのと同じころ、鷲谷と机を並べて大阪で記者をしていたのが、織田作之助だった。織田は日本工業新聞、夕刊大阪新聞に籍を置き、小説家として花開いた。

新聞統合の渦中にあって多忙を極めた前田と、織田の関わりを記した記録は乏しい。ただ、新聞が新聞小説を通じて小説家を育成する役割を担い、特に前田は流行作家をカネに糸目をつけず登用したことは前に記した。

その気風を共有し、作之助に理解を示したのが二紙の編集局長を務めた鷲谷であった。

織田は一九三九年九月入社。評判は良くなかった。新米なのに毎日のように遅刻し、先輩に注意されてもけらけらと笑う。記事も業界紙を焼き直したようなものばかり。ただ要領は良かった。

そんな織田に何がしたいのか問うと「小説家志望です」。「書いてみい」と返すと、だいぶたって原稿を持ってきた。「小春団治《こはるだんじ》に似た小さなやつが、イスに座ブトンしいてすわっておっていばりよる。この男はオナゴ八人も持ちよって、毎晩毎晩オナゴのところをまわるのが忙しくって弱っておるやつや――」。モデルは鷲谷である。

「オレのことそんな無茶かくやつあるかい」と叱ると、「これからまたエエこともかきますから」と悪びれない。人情家鷲谷は、そんな織田を夕刊大阪新聞の社会部に配置換えし、文芸欄に雑文的記事を書かせた。(53)

織田に詳しい関西大学の増田周子《ますだちかこ》（日本近現代文学）は新聞社時代を「小説に没頭することができ、大きなスキルアップの貴重な期間だった」と評する。

培われたのは、文中に具体的な地名、職業、数字を数多くちりばめ、細部に「新聞的な」説得力を持たせる手法だった。在籍しながら発表した代表作「夫婦善哉」では冒頭から「醤油屋、油屋、八百屋、鰯屋、乾物屋……」と、ヒロイン・蝶子の実家に出入りする借金取りの顔ぶれを列挙している。(54)

以後の小説も、本筋と直接関係のない短い挿話部には自身の体験が相当盛り込まれ、虚構の中に息づくディテールが作品の魅力にもなった。それは当時、思想や抽象的観念が先行した東京文壇に対し、事実や経験の迫力を重視する大阪人オダサクの抵抗でもあったという。

戦局が混迷していくなか、新聞社側に織田の自由を許す余裕はなくなる。一九四二年四月、鷲谷は織田を呼んだ。「これからは知らん人間と一緒にやっていかんならん、今までの君のようなことでは勤まらんぜ、この際なにか方法を考えたらどうや」。織田は「放送局に知った人がいるので身の振り方を相談します」とあっさり退職を承知した。(55) その年、織田は同じ大阪人として傾倒を深めた井原西鶴《いはらさいかく》を論じた「西鶴新論」を発表。「西鶴は個々の事象の描写に於いて、実を以てし、その配列に於いて虚を以てする」と評し、自身を重ねた。(56) 三三歳の短い生涯を閉じるまで貫かれた作風には、大阪に根ざした新聞社の下支えがうかがえる。

産経新聞社社史編纂資料(未公開)の中に、当時の織田を知る同僚の証言が残っている。「ザラ紙の原稿用紙一枚に普通は五行書くが、オダサクは三行だけ。神経質そうな横顔を少し傾け、大きな字でサラサラと書き飛ばしていった。彼はあこがれだった」「小林一三翁のインタビューに一緒に行ったことがある。写真を撮りながら聞いていたが、彼の質問は鋭く的を射ており、翁が「キミ、若いのに……」と感心されたのを憶えている」「オレの師匠は西鶴とスタンダールといっていた。先輩が文句をいってきても歯牙にもかけず、小馬鹿にしたような表情で黙って消えていった」。

吉田禎男も、織田をみかけたことがある。夕刊大阪新聞に連載した時代小説の出版が決まり、打ち合わせに出版社へ行った時のことだった。ひとりだけ和服の、長身の男がいた。ノリのきいていない着物にセルの袴を後ろ下がりに穿き、周囲がみな洋服だけに一層目立った。笑うでもなく笑わぬでもなく、ニヤッと視線をあわせてきたその男が織田だった。『夫婦善哉』が評判となった時分である。「一風変わった男だな」と吉田は思った。(57)

歪みがもたらす利益

空襲下の「勝ち組」

一九四五（昭和二〇）年になって、日本の敗色はだれの目にも明らかになった。

三月一三日夜半から翌未明にかけB29約九〇機の編隊が紀伊半島から阪神地区に来襲し、爆弾と焼夷弾の雨を降らせた。産業経済新聞本社（西区江戸堀）周辺にも焼夷弾が降った。空襲の混乱と交通の寸断で応援の社員は少ない。朝方になって風向きが変わった。火が迫ってきた。ついに社屋は猛火の中に崩れた。産業経済新聞は、被災を免れた曽根崎の大阪新聞社に移り発行を継続した。[58]

六月一日、今度は昼間に大規模な空襲があった。大阪新聞入社二年目で一六歳だった庶務部員、安野信子は「空襲、待避ッ」の声に本社ビル前の防空壕に入った。「地下道に移れ」との指示でビル裏手の大阪駅地下道に逃げた。ずいぶん長くいたように思う。やがて静かになって外へ出た。周辺には黒い煙と焦げ臭いにおいが充満し、あちこちに遺体が散らばっていた。[59]

曽根崎の社屋は再三の空襲にも生き残った。東京・有楽町の東京支社も、一〇メートルと離れていない地点に爆弾が落ち大きな穴が開いたりしたが、何とか無事だった。拠点が全滅しなかったことは戦後の前田久吉の飛躍に重要な役割を果たす。

当時の社員名簿に「出征中」の社員の名が記されている。一九四二年一二月現在で大阪新聞から一四人、四三年七月現在で産業経済から二〇人。戦局の悪化につれ、数は増えていった。[60]

もっともこの時期の新聞社を被害者としてのみ描くのは——ほとんどの新聞社史がそうだが——公平を失する。新聞統合によって勝ち組だけが残り、また共販制の施行によって競争もなくなった新聞経営は安楽でもうかるものだった。「販売店主はお役人のように威張っており、読者は新聞を売ってもらうのに苦労したものだ。販売店主はヤミ料理を食い昼酒を飲んでもなおかつ儲かった」(61)。

前田も、果実を享受した一人である。というより最大限に活用した一人といってよい。前田は、政治や社会の情勢を歪みや矛盾も含めて正確に認識し、引き出せるだけの利益を引き出すとともに、変化を予測して次に備えることができる人物だった。つまりは「先を読む」ということだが、それができる人間はめったにいない。

戦争中、前田の身辺にもいくつかの変化があった。

毎日を辞す

父音吉が一九四二（昭和一七）年八月一九日、天下茶屋の隠居所で老衰のため八五歳で大往生した。大阪新聞を創刊し、前田が社長となった年である。音吉はそれを見届けて他界した。

続いて一九四三年五月、前田は毎日新聞社の取締役を辞任するとともに、帰阪して大阪新聞と産業経済新聞の経営に専念することになる。前田はこの時期までに所有する毎日の株式を譲渡し、大半は毎日の従業員持株制度のかたちで継承されることになった。前田が毎日の取締役を辞任したことについて、当時不思議がる新聞人が相当あった。「私の創立した産経と大阪新聞に専念する必要から辞任したので、それ以外に何もない。元来、私はしぶとい癖に、一面また物にこだわらないところがあるらしい」(62)。『前田久吉傳』はこんな前田の述懐を伝えているが、鵜呑みにするのはナイーブにすぎるだろう。本山彦一への敬慕から始まった毎日との関係はここで区切りを迎え、のち前田は毎日への熾烈な対抗心を隠さないようになる。

吉田禎男の身の上にも変化があった。

日本工業新聞社を「ほんのささいなことから」辞めたのが一九三七年。それから連載小説を書くかたわら、ほとんど毎日奈良から大阪へ出かけ、知り合いの出版社を回るのが日課となっていたが、ある日、いつものように大阪へ出かけようと支度をしているところへ突然、前田が奈良支局長の案内で吉田の自宅を訪ねてきた。

前田とは新聞社を辞めて以来一度も会っていなかった。思いがけない訪問であった。前田は、吉田を新聞社に呼び戻して出版の仕事に当たらせたいと考えていた。「思い立ったらなり振り構わずその目的に向って直進するのが前田社長の性格である。(略)忙しい時間を割いてわざわざ奈良の陋屋にまで来てくれた前田社長の好意がうれしかった。私は前田社長の希望を受け入れて大阪新聞出版局の総務として務めることになった(63)」。

断られたらどうしよう、示しがつかない……そんな逡巡はみじんももたない前田の特徴がよく出ている。そんな性格に魅せられて、人々は前田に付いていくのであった。

第5章　後退の歴史を持たず——復興の時代：一九四五―一九五八

敗戦という出発点

〈紙〉をめぐる戦い

連合国軍の関西への進駐は一九四五（昭和二〇）九月二五日に和歌山市近辺への上陸ではじまった。同日夜、米軍先遣隊が法円坂《ほうえんざか》に入り、吹田《すいた》操車場にも進駐軍積載列車が到着した。二日後、第六軍第一軍団の主力が雨の中を大阪へ進駐してきた。(1)

大阪駅前には急ごしらえのバラックが増え、闇商人の店が並び、人だかりがしていた。夜に入ると、暗い焼跡にキャバレーの火がまたたいた。飢えに泣く者、ボロ儲けにほくそ笑む者。もろもろを押し包んでインフレの旋風が渦巻いた。(2)

人々は活字に飢えていて、大阪新聞は圧倒的な売れ行きを示した。漫画「ヤネウラ3ちゃん」、小説「白虎」が大ヒットし、「刷れば売れる」わが世の春を謳歌した。パンやふかしイモ、雑炊などを出すバラックが広がる梅田のヤミ市の喧噪のなか、荷馬車が新聞の巻き取り紙を積んで工場に運び込んだ。新聞即売店主は大八車を引いて搬出口で刷り上がりを待っていた。駅売店に戻ると、もう読者が列をつくっていた。

焼け残った本社は老朽化していて冬にはすきま風が身に沁みた。社員は外套を着込んだまま机に向かった。社内のあちこちには火鉢が持ち込まれ、壁には社内募集で特選となった「焼けずに残ったわが社を焼くな」との火災予防運動の標語が張られていた。経理部員は一日二回、売上金を詰めた大きな箱を近くの銀行に持ち込んだが、その箱もすぐに一杯になるので、時には足で現金を踏みつけて箱に押し込むことさえあった。

連合国軍総司令部（ＧＨＱ）による検閲もはじまった。大阪新聞はマッカーサー元帥の写真を裏焼きしてしまい、左手で敬礼している写真を掲載した新聞を発行して大慌てで回収するという一幕もあったが、大事には至らなかった。(3)

前田久吉は、めまぐるしく頭を回転させている。前田は新聞統合をめぐる戦いの勝者として、少なからぬ存在感を持つまでになっていた。もっとも、「悪役」としてである。大宅壮一が書いている。

　前田の供応政策についても、古くからいろいろといわれている。戦時中も、麹町三番丁に前田は立派なクラブをもっていて、あの極端な物資欠乏時代にも、そこに行くと何でもあり、軍人や役員が終始招かれていたという。また大阪の今橋の彼の事務所では、誰が行ってもメシが食えるようになっていて、そのサービスは実に至れり尽くせりだといわれている。（略）前田に関する「悪評」は一々かぞえきれないほどあるが、帰するところ、かれの大阪商人的性格に対する東京人から見た非難以上のものはないようである。(4)

前田は「政治や社会の情勢を歪みや矛盾も含めて正確に認識し、そこから引き出せるだけの利益を引き出す」ことができる人物だと論じた。この時期のメディア界の歪みや矛盾とは、たとえば〈言論〉と〈紙〉の関係にあらわれた。

新しい時代にふさわしい清新な言論が求められていた。GHQは従来の新聞を廃刊にするのは無理があると考え、継続発行を認めたが、一方で新しい言論の担い手たる新興紙を育成しようとした。ところが、現実にはそもそも新聞用紙が足りず、戦時中からの割当制が続いていた。

GHQは「言論の自由を伸長させようとして、新興紙の拾頭を積極的に援助する方針を示し」た。[5] ただし、割当を得たからといって簡単に新聞がつくれるわけではない。そこで、既存紙と関係のない「独立型」のほかに、過去に発行されていた新聞を再生させる「復刊型」、既存紙が資金や人員を援助する「協力紙型」など新興紙といっても、さまざまなタイプが生まれた。そこに、自由な言論が求められつつも、それは用紙割当の行方によって左右されるという矛盾が生まれた。

前田はこれを見逃さなかった。新しい時代の言論とはなにか、侃侃諤諤の議論が交わされるのを横目に、前田は一直線に〈紙〉をめぐる戦いに参入した。

一九四五年一〇月二六日、政府は、総司令部から覚書を突きつけられ、日本新聞連盟と日本出版協会が担当してきた新聞用紙と出版用紙の配給を停止、政府の創設する割当機関に担当させることとした。新たに情報局内に設置されたのが「新聞及出版用紙割当委員会」である。新聞部会委員として朝日新聞業務局総務新田《にった》宇一《ういち》郎《ろう》、毎日新聞業務局長平野《ひらの》太郎《たろう》、大阪新聞社長前田久吉、日本農業新聞社長東浦《ひがしうら》庄治《しょうじ》、慶大教授板倉《いたくら》卓造《たくぞう》、

東大教授小野秀雄、同大内兵衛《おおうちひょうえ》、評論家馬場恒吾《ばばつねご》、同市川房枝《いちかわふさえ》が委嘱された。(6)

委員会は毎月一回開かれ、新聞用紙の在庫量と新規申請社の要求量とをにらみあわせながら、できるだけ公平に割当を決める。ところが、小野によると、まだ再刊前の時事新報社が印刷設備も持たないのに、当時の『朝日』『毎日』『読売』に匹敵する八〇万部を要求するようなことがあって、委員会は初回から公正な配給量の決定に苦心した、という。

用紙割当の決定には、むろん前田がかかわっている。

前田がなぜ委員として登場することができたのか、理由はよくわからない。ただ、新しくできた委員会はまだ、戦時下の新聞統合を統括した情報局（年末に廃止）の所管下にあったわけで、そうすると大阪の新聞統合の主役として当局との太いパイプを築いていた前田の政治力が、この人事に無縁だったとは思えない。

割当委員会が権力と直結していたのは事実であった、というべきであろう。

紙の割当をコントロールすることによる言論統制は、戦時下に始まった。出版界では用紙割当権限を持った業界団体、日本出版文化協会（文協）に朝日新聞出版局や講談社、旺文社などが食い込み、主導権争いを繰り広げた。(7)新聞業界では一九四一年に新聞連盟が、翌年には統制団体の日本新聞会が設立され、全国紙、地方紙入り乱れての暗闘が続いた。

その状況は戦後も続いた。戦時下最大の言論弾圧事件として知られる横浜事件に朝日新聞記者として連座したことで知られるジャーナリストの酒井寅吉《さかいとらきち》は、一九四八年から四九年にかけて、出版部門の用紙割当委員を務めた。酒井は新聞部門にはタッチしていなかったが、「しかし、対外的にはその区別はわからなかったとみえ、新聞社側からの陳情をたくさん受けた」という。「正々堂々と、一切の権力と正面から四つに組んでいくべきはずの新聞社が、コソコソと裏門から陳情してゆく姿を見せつけられた」と酒井は嘆く。

しかしながら前田は、嘆くのではなく、その歪みをどうやって金にするかを考えた。新聞を発行する側でありながら、新聞用紙を割り当てる側の一員でもあるという絶好のシチュエーションである。

前田が思うがままに紙の割当を私物化できたわけではない。割り当てるに価する新聞を擁していなければ、そもそも割当申請さえできない。そこで前田が打った手を少なくとも二つ、指摘することができる。

ひとつは、華僑系の新興紙、國際新聞への協力である。國際新聞は敗戦の年の一〇月、「唯一の在日中国人のための日刊紙」として大阪で創刊された。戦後、民主化をねらったGHQの指導で新興紙が続々と誕生するが、その第一号であった。用紙割当についても、戦勝国たる中国系への割当は当然、優先された。(8)

経営者の康啓楷《こうけいかい》は戦前から大阪市内で事業を経営していた人物である。康は大阪華僑聯合会幹部に依頼して、中華民国の連絡参謀に新聞用紙の配給を要求する推薦状を割当委員会に出してもらい、四〇万部分の用紙を獲得したという。國際新聞は週刊二ページ、四〇銭、一面が中国語、二面が日本語の大判新聞だった。翌年三月一日からは日刊になった。

だが、康には新聞発行の経験がない。そこで前田から支援を受けた。國際新聞の印刷は当初曽根崎の産経本社で引き受けていたが、やがて前田が公職追放後に設立した大阪印刷(のち産経印刷)に移し、本社もその一室を借りた。大阪新聞から記者が派遣され、のちに大阪新聞出身の編集局長まで生まれたという。(9)

一方的に新聞作りに協力するだけだったわけはない。一二月、康は國際新聞の経営権を密かに前田に譲渡した。密約は露顕、華僑たちが起ち上がり、売却反対運動が起きたという。(10)一九四六年暮れといえば、前田は公職追放中である。もめるのは得策ではなかっただろう。

四〇万部の割当は、それだけで大きな利権である。「國際新聞と前田との関係がどういういきさつによるものか、またその実態がいかなるものであったか、にわかにうかがい知るべくもないところだが、(略)前田が三大新聞の半ペラ新聞を尻目にかけて、大胆にも増頁につぐ増頁を断行し得た裏面に、その関係が作用していたとみるのはあながちにひがめとはかぎるまい」などと、新聞制作への協力といったレベルにとどまらない関係をかんぐる向きは当時からあった。(11)

前田が打ったもうひとつの手が、時事新報、大阪時事新報の復刊である。これが、さきの小野の回想と重なる。

時事復刊

終戦後の、まだ暑さが残っていたというから九月ごろか。即断即決の前田のことだから、早くも八月中だったかもしれない。

有楽町数寄屋橋ぎわにあった産業経済新聞東京支局。前田は旧知の元時事新報記者、清水伸に「大阪の新聞を東京に持ってきたいと思うんだが、どうだろうか」と問いかけた。

清水は「あなたが九年前、時事新報をつぶしたことを東京の人は忘れていない。相手にしないと思う」と答え、ただし「もしそんな気持ちがあるなら、どうして時事新報を東京で復刊しようとしないのか。そののちならば、東京人はあなたの新聞計画に反対しないだろう」と付け加えた。[12]

前田は急に真顔になったという。おそらく、時事再刊という一手が自らの野望実現を助ける妙手であるという構図は、すでに頭の中にあったに違いない。ところが、実現の方法がわからない。「それはできるだろうか」と清水に問うてきた。

清水は言下に「もちろんできる。しかも一つの方法しかない。時事新報の元主筆卓造博士を中心に再建計画をたて、そこに博士の出馬を求めることだ」と答えたという。このあたり、前田の心中を読み切って、時事再刊という理想実現のためにカードを切っている感がある。

障害があった。前田は板倉とそりが合わなかった。「実は僕は、学者が苦手だ。ことに板倉はきらいなのだ」と、前田は告白した。[13]

図11　板倉卓造

板倉は一九〇五（明治三八）年に時事新報に社説担当の記者として入社したジャーナリストであり、かつ慶応義塾大学法学部教授でもあった。時事新報の看板論説記者として自他ともに認める存在だったが、前田が時事再建のために専務として乗り込んだときに主筆を辞めている。ふたりは、まったく違う種類の人間だった。

板倉は「東京で新聞をやる場合には、前田のようなタイプでは向かない。商人ですからね。東京の財界はいくらか政治性を持っているとか、何かの頭がある人じゃなくっちゃ……」[14]とあからさまに下にみているし、前田は前田で「慶応の先生方――（略）またね、むずかしいんだな。まあ名前出して悪いけど板倉卓造氏とかね」[15]とコテンパンである。

こうした間柄を当然清水は承知の上で、前田の突破力に期待をかけたわけである。「中国に「三顧の礼」という言葉がある。その人の協力を要請するとき、その住居に三たびも礼儀を正しくしてたずね、情理を尽くして懇願すれば、立派な人ならば、応じてくれるようになろう……」。清水がそう「そそのかした」のは、時事新報を再刊しうる実力を持つのは前田以外にいないとみていたからであった。[16]

一〇月になって、前田は板倉邸を訪ねていった。大きな魚を一匹みやげに下げていったというが、板倉は不在だった。その後、再訪した前田は「こういう国情になってきて、いい新聞をつくらなければならない」と持ちかけ、「この際、ロンドンタイムスのような新聞を日本でつくりたい。非常に香気の高い新聞をつくりたい」と殺し文句を吐いた。板倉の思考回路を知りつくした清水の知恵によるものだろう。[17]

教養のない商売人と見下した物言いを隠そうともしない板倉も、馬力と熱心さは認めていた。

あの屈せずたゆまず人の迷惑もなにも無視して人にものを頼みに行くその精力というものは絶倫ですね。人のつごうなんて考えていない。朝から寝込みを襲うのです。寝ているからといったって上に上がり込んじゃって、起きるまで待っているのですから、起きてこなくちゃならんようにする。そして、今朝行けなければあしたの朝また行く。たいていのやつはその精力に圧倒されますよ。それで自分のいいたいこと、自分の欲することだけをいって、向こうがイエスかノーかという余裕を与えないで帰ってくる。そして、承知してくれるものと本人は決めているんですよ。またあくる朝行きます。まだ向こうは何も決定していないのだけれども、毎日寝込みを襲われると困るからつい……ということになりますわね。[18]

はじめは相手にしなかった板倉も、前田の熱意に考えを変え、復刊に合意する。一〇月のある夕べ、板倉と前田、清水、ほか関係者が新橋の料亭「金田中」に集まり、時事再刊が決まった。旧時事新報からは伊藤正徳、慶応閥の大物として加藤武男、そして当時大日本製糖専務でのち日本専売公社初代総裁を務める秋山孝之輔《あきやまこうのすけ》、前田の側近として大友六郎《おおともろくろう》が出席した。題号は毎日新聞から返してもらった。[19]

前田は仕事に着手すると、かたちにするまでが早い。時事新報、大阪時事新報の復刊はそれぞれ一九四六年一月、二月である。途中、のちにＮＨＫ会長などを歴任したジャーナリストで、終戦直後の一時期朝日の代表取締役を務めていた野村秀雄《のむらひでお》に対し、板倉が懇意にしているからということで時事の印刷を頼んだがことわれるということもあった。結局、オンボロの印刷機を前田がみつけてきた。

大阪時事の場合は、そもそも題号を保持していたのが前田であり、復刊は時事ほど困難ではなかった。編集・印刷・販売などの作業はすべて大阪新聞社、産業経済新聞社と共通でまかなった。

両紙復刊に向けての最初のやりとりの段階で、名門をつぶした罪滅ぼしという〈公〉の意識と、自分の新聞を東京進出させたいという〈私〉情のふたつが交差していた、という事実は興味深い。

前田が何のために時事、大阪時事を復刊したのかについては、〈公〉と〈私〉の両面からみなければならない。時事は一九五五年に産経に吸収され幕を下ろすが、前田はその際「かつて私が時事新報を私の手でつぶしたことがあり、何とかして、この恥辱の歴史をぬぐいたいと念願していた」と述べている。[20] その言葉にウソはないだろうが、板倉は別の見方をしている。

時事新報をつくることに前田が奔走したのは、紙がほしかったからです。（略）そのころは紙がないときで、連合国軍総司令部の命令による割当統制がしかれていました。それで時事新報の実際の発行部数よりもたくさんの用紙割当をとって、それを自分の新聞に使うか、あるいはほかのものに売ったに違いない（略）あとになって占領軍司令部が時事新報の発行部数を調べてみたら、いくらもないのですよ。[21] ところが時事新報に与えられている紙というのは、その倍も三倍も与えられている。それがわかりましてね。

時事は「復刊型」の新興紙であり、独立不羈の旗印を高々と掲げてきたその輝かしい伝統からも、他紙よりもさらに優先的に紙の割当を受ける資格があると主張することができた。実際の新聞づくりにおいては、伝統への高い評価だけでは成功はおぼつかない。しかし、終戦直後という特殊な環境下で、とりあえずそこから利益を引き出すことは可能だ。それを実行したのが前田だった。

〈私〉を追求する前田悪役論に聞こえるかもしれない。しかし、一方で名門の復刊という〈公〉へのまなざしを失わなかったのも、前田である。どちらかが虚偽と単純な割り切りをするより、〈公〉と〈私〉の独特な同居こそ前田、さらにひろげていうなら大阪の流儀だったのではあるまいか。

古き良き時代へのノスタルジーもあって、再刊時事への期待は高かった。『日本新聞報』には、「復活時事は恐らく板倉社長の主義を徹底され明治の福澤的性格を表現すべく務めるであろう。（略）新聞人板倉として内に潜むきつい野党的精神を果敢に発揮してジャーナリズムの新生命を打ち立てるべく健闘せんことを期待する」[22]「進歩的なる面も堅実中庸なる思想をもってすること、個人の名誉を尊重しかつ擁護すること、有益と興味を兼ねるも常に品位を守ることを掲げて終始一貫したことは敗戦後の日本と思い合わすとき感慨深いものがある」[23]と期待の弁が掲載されている。

期待は日本のオールドリベラリストたちからだけではなく、ＧＨＱ側からもあった。「時事新報の特色は板倉主筆のパーソナリティであり、これはだれが社説を書いたかわからない朝日や毎日の紙面とは大きく異なる。（略）時事新報は一九四六年の時点で当局にとってもっとも好ましい存在である」[24]。つまるところ、前田の時事再建計画はよくできていたのである。

師、小林一三

〈紙〉をめぐる戦いの中で、前田は戦後、紀州山地のなかにパルプ工場を建てる遠大な計画を立て、現地視察に出かけたことがある。師と仰ぐ小林一三、国策パルプ株式会社の常務を務めていて、のちに前田から産経新聞社の経営を引き継ぐことになる水野成夫との道中だった。

『前田久吉傳』は、前田が師としていたのは新聞人としては朝日新聞の村山龍平と毎日新聞の本山彦一の二人だったが、「人間として、実業家としては小林一三だった」と書いている。[25]

大阪毎日の高石真五郎は、前田は時事新報再建に向け抜擢されたときまで小林を知らなかったと述べているが、これは前田自身の述懐とは食い違う。「阪急百貨店食堂が完成した時」というからおそらく一九二九（昭和四）年ごろ、小林から「昼飯をご馳走するから来たまえ」と電話がかかってきた。ごちそうにあずかったのが名物のカレーライスで、「どうだ、うまいだろう」と小林は得意そうだったという。[26]

一皿二〇銭で提供された阪急百貨店大食堂のカレーは阪急商法の神髄として伝説となっている。そのカレーが、小林と前田を結ぶ機縁だったことになる。

前田は紙・パルプ産業から新聞配達まで一気通貫に押さえる構想を練っていたようだ。すでに小さなパルプ工場を所有しており、パルプは早くから研究していた。終戦後、用紙不足の悩みを相談したところ、小林は「パルプがないのなら、パルプを造ることを考えるが良い」と答えたという。そこで、前田、小林、水野の三人連れで南紀方面に視察旅行にでかけたのである。

ボロ汽車三等で南紀の旅三日間を続け、みたところ、良質の木材は豊富にあるが電力がない。すると小林は、十津川《とつがわ》を舟で上る一時間弱のうちに、なにやらペンを走らせ、水力発電計画の概要をまとめ上げてしまった。[27] 小林は戦前に東京電燈（現在の東京電力の前身）の経営立て直しに手腕をふるった電力のプロである。

水野の前田に対する印象も強烈なものがあったようだ。「前田さんはダム視察と同時に、産経新聞の夕刊発刊にそなえて、売りに出ていた紙工場を下見するのが目的だった。ところが紙工場を一通り見回っただけで、前田さんは買うことに決め、ぽんと数百万円の小切手を切った。ぼくらインテリといわれるものには想像もつかない偉さと決断力で、それから僕は前田さんが好きになった」[28]。のち水野と前田とは必ずしも良好とばかりはいえない間柄になるが、基盤にはこういった敬意が流れていたこともまた事実である。

小林と前田に共通するのは、手掛けた事業の幅広さだろう。小林は電鉄事業をはじめ住宅開発、芸術・娯楽事業、電力、ホテル。大臣を務め、プロ野球にも情熱を注いだ。前田は新聞から始まって銀行、証券会社、テレビ、ラジオ、大学。政治の世界にも足を踏み入れ、晩年には千葉・房総の地域開発を手掛けた。

この多様性——あえて偽悪的にいうなら節操のなさ——はどこから来るのだろうか。阪急文化財団理事の仙海義之《せんかいよしゆき》は、共通するのはいわば〈没理想主義〉とでもいうべき態度だったのでは、と考えている。「それまでの偉人は基本的に士族出身で、近代日本をどうつくるかという理想を掲げて事業に取り組んだわけです。ところが、小林は商家の出。理想を掲げるより、目の前のお客さんにどう喜んでもらえるかをまず考えた」。前田は天下茶屋の農家の出である。

小林の日記をみると、前田は頻繁に小林を訪ねている。小林は茶道の趣味でも知られたが、前田とは細流会という集まりをつくって持ち回りで茶会を開いていた。前田にとって小林は師であり、かつ気の合う仲間でもあった。

前田は無思想だったとおもわれがちだが、大衆というものへの向き合い方については一家言もっていた。

小林との対談で、前田は、さきごろ産経は経済紙なのか、そうではないのか、質問された、という話を披露している。この少々意地の悪い質問に前田は、「あなた方は経済という問題をどう解釈されるかしらないが、棒組みの活字で経済の論文を並べるばかりが経済紙ではない。経済というものは、まず台所から出発すべきものので、家庭の主婦にもお嬢さんにも納得できるようなニュースを提供するのが私の新聞つくりの理想だ」と切り返した。小林は、わが意を得たりとばかりうなずいて、「私が宝塚を作ったのも、大勢の観衆に踊りと音楽を分かりよく理解してもらうために、少女歌劇という形を取ったわけだから」と賛意を示したという。(29)大衆を一段低い存在とみる風潮がまだ根強くあったころである。大衆と向き合い、格闘することの魅力と難しさ、それがなかなか理解されないことへのもどかしさが、ふたりの会話ににじんでいる。

公職追放と〈社会学〉

戦後の産経に勤務し、のちに雑誌『思想の科学』などで活躍した久米茂《くめしげる》という人物がいた。前田久吉を、おそらくは親愛の情を込めて「焼夷弾の巷に逃げ惑う民衆を見下ろしながら(ソロバンを)パチパチやることを忘れぬ人間」「焦土と化した街頭の瓦礫を手にしてゼニになるかならぬかをまず思案する人間」「札束を「頭の悪い人間はきらいやでえ」などとぶつくさ言いながら勘定している人間」と描いた久米が、ある日前田に尋ねた。

「ところで、社長がこれまでの仕事で一番つらかったことはなんですか」「そうやな、借銭《しゃくせん》(彼はよくこの言葉を使った)のむずかしさやな。それと追放や。マッカーサーのおっさんはしょむないことをしよったでえ。(略)おかげでこの追放で十年くらい損したとおもてる。取り返しが付かん気が今でもするわい」(30)。

一九四六(昭和二一)年一月四日、連合国軍総司令部(GHQ)は公職追放令を発した。発行部数一万以上の新聞の最高幹部として前田の該当は必至だった。(31)追放解除後、東京進出を成功させるものの、最終的に巨額の負債を抱え産経を去ることになる前田にとって、「取り返しが付かん」との述懐は、追放で失った時間の重みを物語るものかもしれない。

吉田禎男はそのころ、大阪新聞出版局を取り仕切る立場にあった。同月二七日、東京滞在が多くなっていた前田が大阪に戻り、本社での会議のあと夕食に誘われた。北浜の料亭の奥まった一間で夕食をとりながら、前田は遅かれ早かれ新聞社を去る日が来ることを覚悟しているようすだった。「身に覚えのない戦争協力を理由に追い立てられるのはいかにも心外だが、これも戦争に負けたのだからしかたがない。その時は跡を濁さずいさぎよく進退するつもりだ」。さすがに愚痴が多かった。[32]

前田は「表には立たず印刷関係の仕事を始めるつもりだとか、文房具の製造販売もやってみたいとか」打ち明けた。[33]大阪の新聞統合を取り仕切った男が、一転文房具作りに乗り出そうかと考える身のこなしの軽さも興味深い。

大阪新聞、産業経済新聞でも、追放令に備えてたびたび対策会議が開かれた。鷲谷武は「単に編集局長という役目柄追放されるとしたら、これ以上馬鹿馬鹿しいことはない」と憤慨していたし、産業経済新聞社の社長になっていた早嶋喜一も「万一追放にでもなったらこれからどうやってゆくかが心配だ」と漏らしていた。

前田が去る日、吉田は曽根崎の本社で見送った。前田は「いつかは再びこの門をくぐる日の来ることを信じて待つ」といい残した。[34]まもなく、早嶋、鷲谷も相次いで追放となった。[35]

ただ仕事人・前田は動きを止めず、また周りからも次々に声がかかった。「追放中はぶらぶらしました。社会学を覚えましたよ。今まで新聞学ばかりしかやらなかったわけですが」[36]。その言葉通り、焼けた江戸堀の産経本社跡に大阪印刷（のち産経印刷）を設立し、新興紙の印刷を引き受けた。[37]大阪新聞の出版局は焼け跡にバラックを建てて曽根崎から引っ越したので、吉田は行き帰りに追放中の前田と時たま出会った。前田は、印刷

の仕事が思ったより順調に行くので当分これ一本に絞ってやるつもりだと話していた。(38)

ところが、その後の動きをみると、とても「これ一本に絞る」どころではない。まず近畿無尽の会長を頼まれ、そこで話が持ち上がって二つの証券会社を設立した。

日本放送協会理事の西邨知一《にしむらちいち》が突然訪ねてきて、守口《もりぐち》にある東亜電気通信工業学校の再建を頼まれた。西邨が理事長をしていたのだが、戦争で経営に行き詰まり、売りに出そうかというところまで来ていた。「電子工業はこれからの復興日本にぜひ必要だし、学校だけはつぶしたくない」。前田は再建を引き受けることにし、追放の身とあって理事長には実兄の福松《ふくまつ》を推し、校名を大阪電気通信高等学校と改称した。追放解除後、前田は正式に理事長を受諾した。(39)のち、同校は前田の下で大阪電気通信大学に発展する。

また、資金調達に苦しむ中小企業を助けようと大阪不動銀行を設立した。(40)

前田の下から銀行に入ったのが、石原保《いしはらたもつ》である。「大阪銀行の産みの親は前田さんです。前田さんの実行力によってこの銀行が誕生しました。最初の資本金五〇〇〇万円のうち過半の三〇〇〇万円の株を前田さんに持ってもらい発足したのです」(41)

のちに大阪不動銀行は「大阪銀行」に改名。頭取となる石原は長年にわたり前田に私淑した。後年のインタビューで「〝情〟の裏打ちのないソロバンだけで商売ができるものなら、コンピューター一台あれば経営者は不要」「いかに人間性に根ざした〝情〟を加算し又減算していくかが経営の要諦」などと、銀行設立に走った前田の思いを重ねるような言葉を連ねている。(42)

石原は商船学校の出身の苦労人だ。第二次大戦中は海軍に任官し、一九四三年七月のキスカ島撤収作戦に参加、復員後に前田に登用された。石原が前田につかえ始めたころの描写がある。前田は「些細な事故もミスも遅滞も許さなかった」。朝も早かったので、石原は「午前七時半には出社して朝刊全部に目を通し、前田が読むべき必要な箇所には傍線を付してテーブルに置いておく」のが日課。夜も遅く、石原は引っ張り回されたが、前田は「ねぎらいの言葉ひとつ、感謝の言葉ひとつかけようとはせず、ましてほめるなどということはまったくしなかった」。ただ、一九五〇年九月三日、京阪神を直撃したジェーン台風の際、「新聞は社会の公器だ」との信念から、風雨の中を大阪・九条にある送電所にかけつけ、印刷工場への送電を公共施設なみのA級扱いにするよう談判し、成功したときには、「よくやってくれたな」と一言、ねぎらったという。[43]

大阪不動銀行が設立されると常務に送り込まれ、以降は銀行業に専念。大阪銀行に改名後、一九七三年から八八年まで頭取を務め、大阪有数の中堅地銀へと成長させた。大阪銀行は平成中期から令和にかけて地銀再編の波にもまれ、現在はりそなグループの「関西みらい銀行」を名乗る。

石原は先に触れた前田、小林、水野による南紀旅行にも秘書役として同行した。のち、前田の息子、伸の後見人的立場に立ち、慶応を卒業して大阪銀行に入社してきた伸の面倒をみているほか、東京タワーの役員なども歴任した。

公職追放中に学んだ〈社会学〉は、のちの前田の多彩な事業展開の基盤となった。一方で「追放中いろいろの仕事にも手を出してみたが、本真剣にはなれなかった。人と話していても、いつか心は新聞の方へ飛んでいった」[44]。表向きは接触を禁じられているとはいえ、「追放中といえども、大阪・産経両新聞社に対する支配力を薄弱にしてはいなかった」[45]。追放となると新聞社への出入りは警察に監視され、行動もチェックされるが、電話をもらったり、自宅に訪問を受けたりすることまで禁じられているわけではない。とはいえ、戦前の実力者で追放を受けた者のなかには、追放が解けても新しくなった会社から歓迎されず、元に戻れない者もすくなくなかった。そうしたケースと比べれば、前田のニラミは盤石だった。

不在中、大阪新聞は全徳信治、産経は沢村義夫《さわむらよしお》とそれぞれ腹心が経営にあたっていたが、ふたりとも社の重要案件についてひそかに前田の意見を仰いでいた。一九四八年三月、本格的な東京進出に備えて産経新聞東京支社が本社に昇格した。翌年六月、戦後復刊したばかりの夕刊の大阪時事新報を大阪新聞に吸収合併した。すでに前田は大阪で仙花紙の製紙工場を買収して傘下に持っていたし、まもなく全国紙の夕刊が復活するという情報を得ていたからである。(46) 大阪時事との合同で大阪新聞は二〇万部の用紙割当を手に入れ、のちの躍進につながる。(47) さらに一九五〇年三月には東京印刷を開始、紙面を経済紙から一般紙に切り替え、東西同時発行による全国紙としての基礎を固めた。

これほどの決断をよどみなく打ち出すことは、前田にしかできなかった。また、少しでも社内に不和があり、反感がくすぶっていたとすれば、ただちに内部告発が起こり、窮地に立たされたことは想像に難くないが、前田の統率はよく行き届いていた。(48)

追放が解けた瞬間、前田は全速力で走り出す。二五年一〇月二〇日、大阪新聞・産業経済新聞両社の社長に復帰。ついひと月前、京阪神を荒らしたジェーン台風の爪痕がそこにもここにもなまなましく残っていた。(49)

破竹の進撃

東京進出と電通

一九五〇（昭和二五）年。朝鮮戦争が勃発し、社会は戦前からの実力者を呼び戻す「逆コース」の流れを強めるとともに、戦争景気がやってきた。

前田、五七歳。

公職追放中の前田は複数の事業を手掛け、ものにしている。だが、やはり心は新聞にあった。全速力で走り出した先は、東京だった。

前田は「日々これ勝負」がモットーである。人間社会は「万象相剋」（すべてが勝ち負け）と信じている。その世界観を奉じている以上、一歩も引けない。引けば乗じられる。現状維持の消極策は脱落を意味する。だから、追放解除直後、産経を東京に進出させた。産経を伸ばすためには、ニュースソースとしての東京の陣容を強化するよりほか手はないという考えからだった。[50]

東京進出には異論も多かった。大阪新聞が着実に利益を積み上げている中で、あえて東京で勝負する必要があるのか、というわけである。師と仰ぐ小林一三も「大阪にいる限りは阪急グループで応援するが……」と言葉をかけたという。[51]

あたかも敵陣のど真ん中に落下傘降下するような電撃的進出譚としては、読売新聞の大阪進出の例が有名だ。大阪読売が朝毎をしのぐ発行部数を出すようになったこともあって、華々しい武勇伝として語り伝えられている。だが、産経の東京進出も負けず劣らずスリリングな展開をたどった。

一九四七年、のち産経旧友会会長を務めた正木《まさき》毅《たけし》は戦後二期生として産経新聞社に入った。「われわれはこの社長を親しく「前久さん」と呼んだ」と正木は書きとめているが、入社は「前久さん」不在のころである。東京はまだ支社で、有楽町の古い社屋の三階に報道局があった。正木が入社した当時は東京では新聞を出していないから、中央で取材した原稿を大阪へ送るのが仕事だった。

のち産経新聞論説委員長を務める三雲《みくも》四郎《しろう》（元ＴＢＳアナウンサー三雲《みくも》孝江《たかえ》の父）ら一期生六人がすでに入社していた。正木ら二期生四人をあわせた一〇名が東京産経の中核となり、第一線を担うことになる。大卒をこれだけ採ったのは、東京進出に備えた布石だった。[52]人材が集まった理由のひとつに、朝毎読の新卒採用手控えがあった。軍隊帰りの復社が多かったのだ。

戦後、雨後の筍のごとく生まれ出た新興紙の中に、東京で発行されていた世界日報という新聞があった。のち、統一教会系の新聞がその題号を使用するが、この当時は関係がない。戦後、外地から引上げてきた同盟通信の記者たちが中心になって、国際報道を特色とする日刊紙発刊を計画したものである。元同盟華南総局長を務めた横田《よこた》実《みのる》が社長を務めた。七万部の用紙割当を受けて発刊されたが、武士の商法というべきか、ふるわなかった。[53]同紙編集局には一時期、芥川賞作家の堀田《ほった》善衛《よしえ》がいた。

前田はこの新興紙を吸収合併した。狙いは用紙確保とともに、編集陣をまとめて手に入れることだった。[54]

同盟通信の前身となった戦前の電通は通信社と広告会社のハイブリッドであり、武士の商法と商業主義とが入り交じっていた。

世界日報から産経への道筋については、戦時下同盟通信でサイゴン支局長などを歴任し、世界日報で主筆を務めた波多尚《はだひさし》が回想している。戦後、電通社長だった上田碩三《うえだせきぞう》が、横田に「君、いま新聞つくるのは自由なんだからね。紙は早く申請しなければとれんぞ。この間までは一〇万とれたんだけど今は難しいらしいぞ」などとハッパをかけてつくったのが世界日報だったという。

優れた国際報道に与えられるボーン・上田賞に名を残す上田は、戦前の日本電報通信社で特派員、その後同盟通信社の編集局長などを歴任したジャーナリストだった。上田が電通の「ジャーナリスト魂」あるいは「武士の商法」の部分を象徴していたとすれば、当時営業局長を務め、戦後の電通の地位を築き上げる吉田秀雄《よしだひでお》は「商業主義」の部分を代表していた。吉田は経営がうまく行かない世界日報をどうにかしたいと思っていた。吉田は新聞創刊の話を聞き、波多に「キミ、そんなヘンな新聞つくるなよ。ラジオ新聞つくれよ」と声をかけたらしい。ヘンな新聞、というのは、そんな正攻法の新聞をつくったって読者がつかない、という意味だった。実際、売れなかった。

吉田は、前田が東京進出を計画しているという話を聞いて売り込んだ。(55) 思惑は一致し、同紙は前田の系列下に入ることになった。有楽町の産業経済新聞東京支局三階の編集局はたちまち一杯になった。

当座は題字に世界の名を残した夕刊の世界経済新聞を発行。一九二六年一月一日、合併し、産経新聞一本となった。二月一日、時事新報を夕刊に切り替えた。(56)

東京外語大を出てNHK、同盟通信に務め、世界日報に参加した小山房二《こやまぼうじ》という記者がいた。産経でも外信部長、ワシントン支局長などを歴任した小山は、のちに産経社内報で思い出を書いている。小山は、労働問題

東日本の皆様へ

本日から「産業経済新聞」を東京支社で印刷発行を開始、静岡以東の読者各位に信用と伝統を誇る新鮮なニュースをお送りいたします、関西に生れ関西に育った本紙が東日本各数読者の要望と時代の要請にこたえ、ここに東京進出の第一歩を印し、名実ともに全国紙として飛躍するにいたったことは読者各位多年の御愛顧の賜であり、この際厚く御礼申上げ、なお一層の御愛顧御支援をお願いいたします

三月一日

産業経済新聞社

図12　東京発行開始を伝える昭和25年3月1日付産業経済新聞社告

にも一家言あったようだ。世界日報が産経に売られることになって、「ぼくは面白いことに相成ったと感じた」というのだ。ところが、案に相違して小山は前田にさほどの敵対感情はもたなかったらしい。

「相手が資本家なら、こっちも本当の労働組合になれる（略）が、新しいサンケイの経営者はぼくが期待したような資本家ではなかった。敵として戦うには人間的でありすぎた」[57]。小山がみた前田の「人間的すぎる」側面とはなんだったのだろうか。

小山はのちに、ベトナム戦争の現地取材から帰国した際、「前田久吉社長は掛け軸をくれ、世話になった人のお礼にしてくれ、といった」と回想している[58]。

編集に関して、前田は融通無碍だった。大阪と東京の編集陣の不一致は気にしなかった。自由放任だったから、思うがままに紙面をつくれる。東京の編集陣は、こんな面白い仕事はないと、少々給料が安くても気にしなかった。

児童文学者の来栖良夫《くるすよしお》が、聞いた話としてこんなエピソードを披露している。一九五二年、週刊誌ブームに乗って週刊サンケイを発刊する際、編集部が出してきた企画をみて前田が「こんな企画じゃだめだ。ほかの週刊紙のていさいや、いま読者にうけているところを、こっちはソックリ真似てつくるんだ。そうしなければてんで競争にならんぞ」といったというのである。

来栖は、真偽は不明としながらも、「ヤボな「新企画」などはよして、まずそっくり似せてつくったほうが客のつきは早い、勝負はそれからだというのだろう」と解説し、「いまの商業ジャーナリズムの性格を端的にあらわしている」と評している。[59] 前田にとっては、ほめ言葉だろう。

東京進出は大勝負だが、「前田が心配したのは販売組織」だったと波多は証言している。「当時は共販ですからね。共販では彼、売る自信がなかったんですよ。だから彼の準備というのは専売です。専売網の準備を完了するまでちょっと待ってくれというので、その間のつなぎに世界経済新聞としてやっていたんです」。

電通との関係で広告も取れる。それで持ちこたえているうちに、専売網を築き上げる――。これが前田の戦略だった。「僕は販売部長に言って記録を取っていたが、それはものすごい勢いで増えましたね。毎月毎日よくこんなに増えると思った」と波多は回想している。[60]

革命的販売戦

このあたり、前田側の視点からだと、単に新聞販売に精通し、先をみる目と度胸を兼ね備えた挑戦者の成功物語、というふうにみえてしまう。ひいき目を避けるために、第三者的な立場にあった新聞関係者の記述を拾ってみよう。

新田宇一郎は、戦前の東京朝日新聞で広告部長、営業局長取締役（業務総務担当）を歴任。戦後は日本ABC協会専務理事、よみうりテレビ副社長などを務めた。新田は終戦直後に前田とともに新聞用紙割当委員会の委員を務めた一人でもある。

その新田が、「戦後販売合戦記」と題して『文藝春秋』に寄稿し、いかに新聞の新しい土地への進出が難しいかを、日本経済新聞の大阪進出と産経新聞の東京進出とを例に論じている。新田によると、前田の世界日報買収、世界経済新聞への改称は、首都の経済紙市場を独占していた日経を刺激した。そこで、日経も大阪進出を進めることになったが、「しかし日本経済は、人も知る経営内容の良い新聞である」。意表を突いて突如大阪に出現するようなことはせず、一九五〇年秋から大阪に社屋の新築に着手、翌年一月から現地印刷を実施するという正攻法に出た。

日経は順調に部数を伸ばしていったが、そこは経済紙である。基本的には一般紙とは競合しない新聞であり、大阪の新聞販売を支配する朝日、毎日も、これは日経、産経という東西の経済紙同士の戦いだと余裕をもって眺めていた。

戦前、新聞各社は血みどろの販売競争を繰り広げたが、戦時に突入して、そうした競争は私利私益を追求するもので公共の利益をそこなう、非常時にあるまじき行為とみなされ、新聞販売網は各社ごとの「縦型」から地域主体の「横型」に転換された。戦時体制への順応を目的としたこの共販制は、戦後も続いた。[61]「合売制度は、各種銘柄の新聞を一緒に売る制度で、新聞販売店は、一定地域内を地盤として体の良い独占企業化していた」と新田は振り返る。おいしい立場を手放すことに、既得権益をもつ側には逡巡があった。

前田はそこを利用した。販売店はすべての新聞を取り扱うのだから、これまで取り扱われていた世界経済を、産業経済に切り替えることは簡単であり、摩擦を引き起こすものではなかった。一般紙とは発行部数の桁の違う経済紙の市場をめぐる争いであり、日経は緊張したものの、朝毎読の三大紙には危機感は薄かった。

ところが、経済紙の立場を崩さなかった日経とちがって、前田は業界秩序の中におとなしく収まっていなかった。前田には経済紙や一般紙というカテゴリ分けなど関係なかったし、頭を押さえられたままでいる気などさらさらなかったのである。産経は婦人欄、スポーツ欄などに力を入れ、一般紙として売り始めた。ところが、経済紙かどうかといえば、経済紙でもあるという。前田は「経済は台所から、というでしょう」「経済は女性がわかり、おもしろいと思うのが本来の姿」などと煙に巻く。そうこうしているうちに、部数が急激に伸びてきた。

とはいっても、高い壁があった。共販制にルーツを持つ合売店網は、東京にあまねく敷き詰められている。そこそこの部数を出すことはできても、いざ業界の秩序を壊すというレッテルを貼られて合売店網から閉め出されてしまえば終わりだ。だから、そこそこの利益を上げうるレベルまで行けば、あとはおとなしくなるだろうというのが、業界の読みであった。事実、大阪における日経はそのようなかたちで業界秩序の中に収まった。前田に、そんなことはお見通しである。打つ手はなにか。専売店網の構築しかない。

やるとなるとおおごとである。途方もない消耗戦になる。時事、報知、國民ほか名門紙が拮抗していた明治・大正の東京新聞界では、収益を無視した乱売競争が繰り広げられ、結果的に、大阪での寡占に支えられた盤石の財政基盤を持つ朝日、毎日系の覇権を許す結果となった。往時を知っている者にとっては、専売制への復帰は正気の沙汰とは思えなかった。

専売制への前田の動きは、早くも一九五〇年にはじまっている。六月、神戸市内一三カ所に直売所を設けたのである。産経新聞社の社史編纂資料（未公開）は、これに先立って四九年四月に和歌山市内に「読者本位」

をうたって「直販店」を開設したとも記している。これに対し、合販店組合側は「共販という正常販売化時代をへてようやく〝新聞屋〟という卑屈な営業態度から脱却していたのに、逆戻りは許されない」「業界がいかに混乱しようと自社のみ発展すればよいとの利己的態度」と騒ぎ立てた。

だが、流れは自由化にある。翌五一年には東京産経の専売所三八店が設置される。業界団体の記録によると、販売店組合は「業界の平和と共販護持の路線に立ち、理路整然と」産経に申し入れを行った。しかし、前田は①引き継ぎの意志のある販売店は読者名簿を本社に持参されたい②引き継ぎ料は、組合側申し出の三〇〇円は認めないが、一〇〇円は提供する③期日までに申し出なき販売店は引き継ぎの意志なきものと認める——と、木で鼻を括ったような返事を返しただけだった。いきり立った販売店側はGHQで新聞政策を担当していた新聞課長、ダニエル・インボデンに陳情に赴いたが、「産経の横田実氏は紳士である。この人をいじめるのはよくない。よく話し合って妥結しなさい」というばかりであった。とっくに前田は手を回していたのであろう。

前田は、比較的抵抗の少ない地方の小都市から専売店の設置を始めた。当初穏やかにことは進んだ。しかし、どこかで火が噴く。発火点は静岡市だった。毎日系有力販売店が関東新聞販売組合長会議の議題としてこの問題を取り上げ、産経に対して合売制に全面的に依存するか、あるいは全販売店を向こうに回して全面専売制を実施するか、どちらかを選べと最後通牒を突きつけた。勝手なことをするなら仲間には入れてやらんというわけである。

前田は受けて立った。一九五一年八月一〇日付東京産経朝刊に専売制への全面移行を宣言する社告が掲載された。

東京及び関東地区における本誌の配達は、新聞販売組合からの取扱停止の通告により、やむなく本日限り共同販売店の取扱いを離れて、すべて本紙専門店によって、お手元に配達することになりました。愛読者各位に対して一時、心ならずもご迷惑をおかけせざるを得ないことは誠に残念でありますが、本社は目下取り急ぎ専売店網を拡充してご要望にこたえようと全力をあげて準備中であります。(62)

前田はすでに相当な専売陣営を整備していた。専売制度の復活は避けられないことはだれもが理解していた。しかし、たとえ先がみえていても、競争が止まった安楽な状態から抜け出すことは、安楽な状態を謳歌している者自身にとっては難しい。(63)

小さい者が戦いを挑むならば、先手をとるのが絶対条件である。「ここに戦後新聞界最大の革命的販売戦の幕が切って落とされた(64)」。

新聞共販制は、新聞統制の一環として一九四一年一二月一日に始まった。日本新聞配給会、日本新聞公社、終戦後に日本新聞連盟、日本新聞協会、日本共販連盟と統制団体は変遷したが、一九四八年には共販連盟も解散し、また新聞用紙の供給も改善されたので、誕生から一一年あまりをもって終焉を迎えた。

前田は新時代を象徴する風雲児ともてはやされた。「新聞専売のはしりはなんといっても前田久吉のひきいる産業経済新聞だ。昨春、東京都内共販から締め出された三万の紙勢は、虎を野に放つごとく、現在すでに五〇万、大阪では一〇〇万を超え、押しに押しまくって、東西一五〇万に達している(65)」。実際の数字はともかく、勢いがあったことはまちがいない。

産経の興廃を占う大一番とあって、大阪から新聞販売のベテランが次々に送り込まれた。苅部利一郎もそのひとりである。有川新聞舗が大正年間の大阪毎日の販売拡張コンテストで、一位を競って高槻の販売店と熾烈な闘いを繰り広げ、本山彦一が「ホコをおさめよ」と取りなした際に、前田とともに新聞拡張の最前線に立っていた、あの苅部である。大阪で販売店を経営していた苅部は上京して専売店網づくりの総指揮をとり、都内および近県に四〇店ほどを設立したという。(66)

ちなみに、前田が投げ込んだ一石は、波風どころか台風級の暴風雨となって思わぬ結果を招いた。新聞販売戦国時代の到来に疲弊した朝毎読三社は一九五二年一〇月、三社営業局長会議を開いて、「不拡大販売方針」を決定した。いわば一時休戦の協定だが、それによってつかのまの余裕を得た読売が一一月、大阪進出を決行するのである。

むろん、大阪進出は一カ月や二カ月で準備できるものではなく、周到に練られた下準備があったことは、今では明らかになっている。とはいえ、東京での戦いが一瞬でも休止したことは、まちがいなく読売の大阪進出という大勝負にとって助けになったはずだ。同時に、大阪新聞創刊以来、読売とは微妙ながらも友好関係を続けていた前田にとっては、痛烈なしっぺ返しだったに違いない。

東京の話に戻る。前田は自社の専売網作りに踏み切り、一般紙に切り替えた紙面内容とあいまって、進出からわずか五、六年で八〇万の部数を手にする。まさに勝たなければ負ける、食うか食われるかの大勝負。退路など始めからない。しかし各社ものうのうと食われるままのはずがない。

新しい専売網といっても、経験者がそうそうスカウトできるわけではない。素人でも熱意のある者ならということで、急ごしらえの販売店を続々誕生させたが、それは右肩上がりの成長が絶対条件の自転車操業でもある。いったん勢いが鈍ると、膨大な販売網維持のために、さらに資金を注ぎ込まねばならず、重い負担がのしかかってくる。

こうして、前進を続けてきた「前田経営」も行き詰まりをきたすことになる。(67)

「オンナコドモ」へのまなざし

一九五一(昭和二六)年初夏。産経新聞大阪本社企画局事業部の前川八郎《まえかわはちろう》は事業部会の席上、一二人の部員とともに「来年春に「講和記念婦人とこども大博覧会」を大阪市、産業経済新聞社、大阪新聞社の共催で開催する」との発表を聞いた。突然降りかかってきた大仕事に、前川は緊張するとともに興奮を覚えた。(68) 講和記念館の出品係となった前川は連日、市内の貿易商社を中心に訪ね歩き、出品を依頼してまわった。

子供のころみた第五回内国勧業博覧会以来、前田久吉は博覧会男といってよいほどの博覧会好きだった。追放生活から解放され、新聞社に復帰したときから考えていたのがこの博覧会で、第一会場が天王寺公園になったのも前田の幼少の思い出と無縁ではなかった。(69)

一九五二年三月二〇日に開幕。会期中の四月二八日に講和条約の発効を迎えた。会期中の入場者数は三〇〇万人に達した。二年前に開催された「日本産業貿易博覧会(神戸博)」や「アメリカ博覧会」が二〇〇万人規模であったことをみても、「講和記念博」は大衆動員に最も成功した博覧会といえた。(70)

〈講和〉と〈婦人と子供〉が同居する博覧会とは、やや焦点が分散しているようにも思える。会場地図をみてみると、「婦人館」「講和記念館」のほか、「観光郷土館」「航空館」「ＮＨＫテレビ館」「北海道館」「産業貿易館」「植物園」など、内容は総花的である。[71]要は家族連れが楽しめるイベントがねらいであり、時代もそれを求めていた。

前田が世に先駆けて、社会的存在としての女性に関心を抱いていたことは事実である。一九五〇年新年を期して、産経新聞はいちはやく「婦人経済欄」を設けた。婦人欄そのものは、総動員体制下で女性にも戦時の心得を説くため戦前各紙にも設けられていたが、前田は後発の産経が新たに新聞を売り込むための主体的な読者層として着目したという点で違っていた。

アイデアの原点はおそらく、前田が師事していた阪急東宝グループ（現・阪急阪神東宝グループ）の創設者、小林一三にある。一九三八年、有楽町の日本劇場（日劇）五階に、日本で最初の女性のための倶楽部「東京婦人会館」が誕生した。丸い外壁にアールデコ調の内装で人目を惹いたそのビルは「陸の竜宮」「シネマパレス」として知られた。その五階を広々と使ったのが「東京婦人会館」である。小林のアイデアだった。[72]

小林は大正初め、それまで客寄せのため催していた大阪南地《なんち》の芸者の「芦辺踊」や「遊女会」から一八〇度切り替えて、「婦人博覧会」や「婚礼博覧会」、「家庭博覧会」などを呼びものにするようになった。宝塚少女歌劇第一回公演は、この「婚礼博覧会」の余興として披露されたものである。[73]小林は新たな消費者である女性や子供たち、すなわち家族連れに注目した。[74]東京婦人会館はその延長上にあった。それまでものの数に入っていなかった〝オンナコドモ〟を中心に据える革命的転換だった。前田ははっきりとその意識を受け継いでいた。

戦争の進行に伴い東京婦人会館はいったん解散するが、戦後、小林は再建に向けて動き、一九五五年に前田の建てた東京産経会館内に復活する。

婦人会館はまもなく、カルチャースクールブームに乗って産経学園に発展した。わが国最初のカルチャーセンターである。顧問として前田久吉、小林一三、松平信子《まつだいらのぶこ》を迎え、理事長に村岡花子《むらおかはなこ》。常任理事に金子真子《かねこまさこ》、役員に坂西志保《さかにししほ》、吉屋信子、川北《かわきた》かしこ、波多野勤子《はたのいそこ》ほかが就任し、一九五五年三月一二日、開館式を開いた。生け花、茶道、書道、日本画、洋画、洋裁、手芸、編み物、料理、謡曲仕舞、長唄、舞踊、声楽・合唱、美容、速記、珠算、英会話、バレエ、俳句、短歌、香道、俳画、人形、社交ダンス。多彩な分野に一流の指導者を集めた。東京産経学園と改称し、男性も迎え入れ、三年目には受講生三〇〇〇名を突破した。[75]同じく新聞社系列の「毎日文化センター」(旧毎日文化教室)の開設が一九五八年、「朝日カルチャーセンター」が一九七三年であることを考えれば、前田の先進性は明らかだろう。

前田は戦後の産経新聞、大阪新聞、および復刊させた大阪時事新報の社是を共通して「正しく明るく逞《たくま》しく」とした。一見深みに欠けると感じるが、一方で小林が掲げた宝塚音楽学校の校訓「清く正しく美しく」と並べてみるなら、そこにむしろ現代的な表層性をみいだすことも可能ではないだろうか。

産経学園の経営には戦前、産業経済新聞創刊時の社長として前田を支えた側近の早嶋喜一が大阪から呼び寄せられた。早嶋はすでに大阪の一流書店に成長していた旭屋書店を息子に任せ、上京する。やや話はそれるが、早嶋に目を向けてみたい。

早嶋は一九〇〇（明治三三）年一二月岡山県津山市に生まれた。早稲田大学へ進んだが、小さくても自分の城を持ちたいと中退、さまざまな職業を経験した後、二四歳で南大阪新聞に入社した。[76] 東京から大阪に来た理由は、よくわからない。「新聞料金の集金から広告取りまでしたが、文才が認められ取材記者にも転身、新聞のすべてをここで経験」した。[77] 妻重子は、前田の実妹である。前田が仕事ぶりを見込んで、天下茶屋の南大阪新聞時代に結婚させた。以後、前田の片腕として新聞経営に参画した。[78]

市政担当ほかで記者としても鳴らした。一九四二年五月、夕刊大阪は大阪時事新報を吸収合併して大阪新聞になり、専務に就任した。一方、日本工業新聞も他の産業紙を統合して産業経済新聞となった。始め前田が大阪新聞と社長をかけもちしていたが、前田は大阪新聞の、早嶋は産経の社長となって仕事を分担することにした。これが裏目に出た。敗戦で、新聞の社長は軒並み公職追放になり、早嶋もその一人となってしまったのである。

そのとき、闇ルートと無関係で、しかもこれまでの経験を生かせるような文化的な仕事をやりたい、というのではじめたのが旭屋書店であった。人々は活字に飢えていた。ただ、単に書籍販売に目をつけただけで成功したわけではない。書物が出回るようになると、今度は後発の書店においそれと人気の書籍を卸してはくれなくなった。早嶋は、東京に駐在員を派遣して、出版元や販売会社と直接取引したり、特別仕立てのトラックで輸送したり、というサービスを始めた。それが人気を呼び、「本のことなら、何でもそろう」というのをキャッチ・フレーズにするまでになった。[79]

アイデアマンとして知られた。産経会館を利用して、ソシアルクラブというものも始めた。結婚相談所である。

「東京住まいでは近隣との交際がないため、職場以外に知人、友人ができにくい」。だから大都会の若者は晩婚へ追いやられていく。そこで、「結婚の相手を探す広場がほしいと痛感して、ソシアルクラブなるものを作り、嫁に行きたい人、嫁をもらいたい人はここにお入りなさいということにした」。加入者は「講演、ダンス、ダンスレッスン、レコードコンサート、お話し合い、ハイキング等の催しに出席して相手と知り合い、交際に入る機会をつかむ」ことができる。相談部があって、「各人の詳細な写真付き身上書があるから、これを何時でも見に来て選び出し面会を申し込むことができる」[80]。

結婚式場も始めた。費用がネックになっているということで、新しい服装を提案した。普段着のままでＯＫだが、結婚式だとわかるもの……と、新郎にはガウンを、新婦には花嫁のチュールをつくった。「普通の洋服の上にベールと冠をかぶるんですが、それだけで十分清楚で、引き立つものですね。これは無料でお貸しすることにしているんです」[81]。

早嶋自身も多趣味で知られた。長唄、俳句、俳画。油絵は玄人はだしで、なんども二科展に入選した。

早嶋は一九六六年の全日空機墜落事故で不慮の死を遂げる。孫の茂《しげる》（現旭屋書店会長）によると、早嶋はかんしゃく持ちで知られ、厳しさをおそれられていたという。ワンマン前田に仕えた経歴、趣味人としての横顔から、なんとなく洒脱で鷹揚な人柄を想像してしまうが、前田を中心とした太陽系にはむしろ、個性溢れる荒武者たちが集まっていたのかもしれない。

「オンナコドモ」への想像力というなら、前田がてがけ、戦後国民的な話題となったミス・ユニバースの一件にふれないわけにはいかない。

東京大学本郷キャンパスに、明治の御雇《おやとい》外国人としてドイツから来日した外科医、ユリウス・スクリバの銅像が建っている。ユリウスは日本人女性と結婚。その孫に当たるエミーは戦後、前田久吉の社長付渉外秘書を務めた。九〇歳を超えて健在のエミーを都内の自宅に訪ねた。

エミーが秘書を務めていたのは昭和二〇年代後半。まだ進駐軍もいたし、外国通信社の交渉など、英語のわかる秘書が必要だった。東京に進出した産経が破竹の勢いで部数を伸ばしていたころだ。「渉外部っていうのがありましてね。それと企画部の仕事を掛け持ちして、さらに社長の私設秘書みたいな、そんな仕事してました」。前田はいつもそうだが、形式にとらわれない。

前田の第一印象は、パッとしなかった。「小さい方でね。へえ、この方が社長を、なんていう感じで。そしたらだんだん分かってきたことは、すごい力を持ってらっしゃるのね。判断力がよくて決断が速いんです」。人を集め、話題を提供するのが前田の真骨頂だ。後発組だから、すでにいる人、すでにある話題では話にならない。前田は〈女性〉に目をつけた。それも、新しい〈女性〉だ。

まだ大手町に本社ビルが建つ前。有楽町のあまりキレイとは言えないビルが職場だった。そこに、パンアメリカン航空から、ミス・ユニバースに日本代表を送り込むというアイデアが持ち込まれた。前田が反応した。行って「すぐやろうとおっしゃった。本当にすぐなんですよ」。エミーが現地審査まで付き添うことになった。行ってみてわかったことだが、審査は会場だけではなかった。コンテスト前の現地での生活ぶりもすべて評価される。そのあたりを学んだ上で、二年目、新進モデルの伊東絹子《いとうきぬこ》を送り込んだ。

映画雑誌『映画の友』『映画ファン』の専属カメラマンとして活躍した早田雄二《はやたゆうじ》という写真家がいた。銀座にあるスタジオに通う電車の中で、早田は「カレッジ・ガールという言葉を絵に描いたような、とてもキレイな女性と乗り合わせ」、思い切って「写真を撮らせてください」と声をかけた。

少々ややこしいのだが、声をかけた相手は伊東ではなく、エミーであった。その後、エミーがミス・ユニバースの国内コンテストのパンフレットを持ってきたという。早田によれば、そのときのエミーの言い方は「とにかく大きなひとを紹介してくれませんか」というものだった。

図13　岩立エミー

そこで早田は、とにかく大柄な印象があったファッションモデルを思いだし、推薦したという。それが伊東だった。[82]

伊東は自分が「背が高い割に顔が小さい」ことに不安を感じていた。戦前の日本の価値観ではそうだ。しかし、エミーは伊東しかいないと直観した。一九五三年七月に米カリフォルニア・ロングビーチでの世界大会で、伊東は三位に輝いた。「八頭身美人」という言葉が一世を風靡した。まさしく、新しい女性の登場だった。

ニューヨークからモデルを招き、服飾デザイナーの田中千《たなかち》

図14　左から岩立エミー、前田久吉、伊東絹子（岩立エミーさん提供）

代《よ》がプロデュースするかたちで「国際大ファッションショウ」が産経主催で行われたこともあった。エミーは渡米して調整にあたったほか、来日したモデルとともに日本各地をまわった。まだ外国人が珍しかったころ。町を歩く美女たちにサインを求める人々が殺到し、大騒ぎとなった。

　前田の指示は融通無碍だった。渉外担当のはずが、ニューヨークに滞在中、訪米する皇太子さま（現・上皇陛下）を取材しろという。そのころ産経の支局はワシントンになかった。戸惑って「わたし、そんな取材の経験ないから」というと、「共同通信の特派員が手伝ってくれるから安心してやれ」。エミーは大役をこなしたが、思わぬ結末となった。世話になった共同の特派員、岩立一郎《いわだていちろう》（故人）と結婚することになったのだ。

「前田さんはね、小さくて、どこにそんなバイタリティがあるのかしら？と思うような方ですよ。だけど中身はすごい。私は彼の決断が早いところを、もう本当に見させていただいてたから。GHQのオフィサーと前田さんが直接やり取りするなんてこともしょっちゅうあったんです。前田さん、英語は読めないししゃべれない。でも全然物怖じすることはない」。

　伊東は二〇二三年二月、九〇歳で死去した。前田を、そしてともに夢中になって仕事にのめり込んでいた産経の仲間たちを、岩立《いわだて》エミーは今でも懐かしく憶えている。

　前田が若いころ渡米を志したことについては先に触れたが、戦後の前田の足取りをみると、ひょっこりアメリカが姿をみせることがある。戦後、産経から「ASIA SCENE（アジア・シーン）」という英文雑誌が発行された。『米国日系人百年史―在米日系人発展人士録』によると、もともと同誌は在米日系人ジャーナリストの安曇《あずみ》穂明《すいめい》が創刊したもので、それを前田に譲ったという。「世界各地に送られて日本紹介の使命を果たしている」とあるとおり、日本文化を海外に発信するメディアだった。[83]

エミーへのインタビューで登場した前田の関係者の中に、真杉静枝の名前もあった。大正末に夕刊大阪に入社した女性記者で、まもなく武者小路実篤の愛人となって出奔したあの真杉である。

エミーが産経に在籍していた当時もよく姿をみせていたという。「社長とすごく仲良しでした。よくきていらっしゃいましたよ。応援してたみたい。婦人面でも関わっていらっしゃったんじゃないかしら。前田さんってなんか情の厚い人なのよ。辞めても面倒みるみたいなところがあった。つながりをとても大切にしてましたよ」。

真杉については、木下英二ものちに回想している。一九四八年ごろ、産経東京支社にいた木下を、前触れもなしに訪ねてきた。木下は「モクさん」と呼ばれ、前田の側近として経費や人事権を握っていた。[84]大阪で蒸発して以来二〇数年ぶりの対面である。久しぶりにお茶をのみながら話し合った。そのころ真杉は読売新聞の身の上相談欄を引き受け好評を博していたので、「私も新聞に婦人のページを作り、真杉君の協力を得て効果を上げたのも思い出である」[85]。だが、破滅的な暮らしぶりは変わらなかった。真杉は五五年、零落のうちに生涯を閉じた。

前田自身、『日々これ勝負』で真杉に触れている。戦後、世話をしたのは事実のようだ。大阪産経会館開館の際に真杉が記念講演を行った記録もある。前田は去っていった者にも寛容だった。

女流作家といえば、時事新報再建の際にうわさが流れた宇野千代とは、戦後もかかわりがあった。宇野は『スタイル』という雑誌を戦前発行していたが、戦時の統制で解散を余儀なくされた。戦争が終わって疎開先から上京し、『スタイル』を復刊した。前田からの資金や用紙の提供でスタートしたのだが、活字に飢えていた戦後の日本人に熱狂的に歓迎され、爆発的な売れ行きとなった。(86)

宇野へのインタビューが『前田久吉傳』に残っている。

前田さんという人は永久にナイーブな方だと思っています。(略)新聞社のエライ人は作家や芸術家を直接には大切にしないものですが、前田さんはいつになっても直接に作家などを大事にしてくださいました。ですから文壇の人であの方の陰口を言う人はなかったですよ。戦後のなにもかもまだ不自由なころのある日、前田さんの使いの方が私の家へ来られて「戦前の雑誌『スタイル』を復刊する気はないか、紙と金は自分のほうで引き受ける、と社長が申されています」とのことで、私は夢かとばかり喜びました。夫の北《きた》原武夫《はらたけお》も興奮したものです。(略)前田さんのえらいところは、アメリカに占領されて世の中が変わった。『スタイル』という雑誌は今こそ婦人にウケるということに着眼なさったことですね。(87)

宇野との関係についての世評にはすでにふれたが、真相はわからない。ただ、晩年を迎えた前田について、老作家がこんな言葉を発していることには、どこかほっとするものがある。

身辺にも変化があった。一九五〇年四月、妻のテルが胆嚢炎で死去した。五九歳。その後、前田は経済部記者だった杉原ヒサを見初め、後妻として迎える。(88) ヒサの後年の著書には、求愛する前田の意外にほほえましい一面が描かれている。(89)

一九五四年一二月、赤坂に五〇〇坪の敷地を持つ新居が完成した。朝六時に起き、独特の体操をした。二階ロビーにスポーツジムのような空間があり、ランニングマシンをはじめ、いろんな器械があった。酒はやらなかった。煙草をよく手にしていたから気を利かせたつもりで火を付けると怒られた。煙草も、酒の入った盃も、接待相手を興ざめさせないための小道具にすぎなかった。(90)

新居では毎晩スポンサーを呼んでパーティが開かれた。ヒサいわく、「私はほんとに仲居さんみたいでしたよ。芸者は入るしね」。(91)

ちなみに、ヒサは若いころ作家志望で、戦後産経に入社する直前、真杉の家に短期間ながら住み込んだことがあったらしい。(92) とすれば、真杉をめぐる話題ものちの前田家で交わされたと思われる。

「建ててしまえばこっちのものだ」

映画『羅生門』のプロデューサー、そして大映社長として活躍した永田雅一《ながたまさいち》は景気のいい大言壮語で「永田ラッパ」と称された。作家の川口松太郎は、永田と前田久吉を比較して「頭の悪い奴を嫌いなこと」が共通点としている。「頭が悪くて役に立たぬ男は路傍の石同様。前田は冷たいとか、永田は冷酷だとか、もしいう人間があったら頭の悪い相手とみて間違いない」[93]。

大正から昭和初期にかけての純朴さ、戦時下のコワモテを経て、戦後の前田はどこか生き急ぐような顔つきになった。本書は、時代によってガラリと変わるそれぞれの表情の裏側を読み解きたいと考えている。しかしそれは、前田が「何を語るか」に興味がなく「どう（効果的に）語るか」だけに関心がある〈メディア人間〉であるがゆえに、きわめてみえにくい。

前田の絶頂を象徴するのは、東西本社ビル（産経会館）の完成である。一九五二（昭和二七）年七月一八日、大阪・梅田に地上九階、地下二階の産経会館がお披露目された。高齢を押して出席した小林一三をはじめ政財界の顔ぶれがそろった式典で壇上に立った前田の内ポケットには、父音吉、母シゲノの写真が秘められていた[94]。本書冒頭で紹介した音源はこのときのものである。社員たちは真っ白な背広を着込んで案内、説明にあたったが、これは落成記念で男子社員に白い服地が贈られたのを、前田が「自前で仕立てて会館当日に着用すべし」と指令を飛ばしたからだった[95]。

昭和一五年入社組で、のちサンケイ印刷取締役支配人を務める上田《うえだ》耕作《こうさく》は、式典に際して、四度に及んだ本社変遷に思いを馳せていた。

天下茶屋の新聞販売店での南大阪新聞創刊。その後、西区の土佐堀に移る。上田の入社時には堂島川に面した北区堂島浜通。「ところどころ、薄いセメント壁がはがれ落ちて一歩中に入れば、いかにも倉庫を改造した社屋らしく、床はでこぼこの板張り、不格好な柱がデスクの配置を乱すように立っており、四六時中電灯をつけておかないと仕事にならぬような採光通風の悪い建物だった」。会計係を務めていた上田は、従業員の給料袋の中にあった織田作之助のうすっぺらな袋も憶えている。

一九四〇年一二月末には江戸堀の電車通りの新築社屋に引っ越した。統制のせいで三階建ての予定が二階建てになってしまったが、昼は電灯を消しても仕事ができたし、冬はスチームの暖房が効いて快適だった。

一九四二年には、大阪時事新報との合併で、半数ほどの社員が曽根崎にあった旧時事の社屋に移っていった。五〇年前に建てられたこのビルは、堂島浜通の旧社屋顔負けのオンボロだったが、大半が焼失した大阪駅前で、唯一残った貴重な社屋だった。前述の通り、江戸堀の新築社屋は空襲で灰塵に帰してしまった。

戦後の印刷工場は焼け跡に増築したトタン葺きのバラック建てで、ジェーン台風で屋根が大半飛んでしまい、他社で印刷を依頼するようなこともあった。そんな時代をくぐってきた上田は、竣工式を控えた七月一〇日、全館いっせいに照明に点灯し、屋上に「産経新聞」のネオンが夕空に輝いたとき、頬にうれし涙が流れるのを感じた。(96)

開館式に移り、親しい作家の川口松太郎、富田常雄《とみだつねお》、舟橋聖一《ふなはしせいいち》、真杉静枝らにそれぞれ感謝状と金一封が贈られ、川口が代表して答辞を述べた。(97)

川口は語った。初めて前田を知ったのは関東大震災で焼け出されて大阪のプラトン社に雇われ、編集記者になったころだった。プラトン社とは中山太陽堂が資金を出していた出版社で、都会的でモダンな、大大阪時代を代表する存在だった。プラトン社に広告を取りに来た前田と、川口は出会った。「広告取りにしては横柄なヤツだと思ったのが初対面の印象で、社長自身が広告を取りに来る努力に感心し、他日大を為す男に違いないと思った」と、川口は自身の先見の明を誇った。(98) 前田が中山太陽堂に日参の末、広告を獲得したエピソード

図15　1952年竣工の大阪産経会館

にはすでに触れた。

夕方、桜宮《さくらのみや》公園で「竣工記念豪華花火大会」が行われた。「二〇〇万部突破記念産業経済新聞・大阪新聞」の文字をかたどった仕掛け花火をフィナーレに、産経会館の全景を描きだす豪華なものだった。[99]

「前田の仮想敵国はどこか、とりもなおさず毎日である」と述べた記事がある。[100] 新築なった産経会館は、近くの毎日新聞大阪本社ビルを見下ろすかたちになった。前田は、戦前大阪毎日の重役が本社屋上で「向こうにみえるうす汚いのが産経です」と話したという話を忘れずにいて、屋上で「それ、向こうに小さくみえるうす汚いビルが大阪毎日新聞です」と説明したという。[101]

大阪新聞との関係から曽根崎の旧本社ビルには読売が大阪支社を構えていた。記者、広告部員、庶務の約三〇人がいて、気のあった記者同士いっしょに社の風呂に入ることもあった。当然、新しい産経会館に入居すると思われ、契約まで結んでいたが、直前になって解約されたという。読売の支社員自体、新築の産経会館に移ると思っていたから、引越先がのちの読売大阪本社となるダミーの印刷所と知ったときはがっかりした。読売の大阪進出は一九五二年一一月。大阪産経会館の完成直後である。[102]

ビル三、四階を占めるサンケイホールは長く大阪の文化拠点として親しまれた。実は、設計段階では単なる講堂の予定だった。ところが、関西交響楽団（のちの大阪フィルハーモニー管弦楽団）を立ち上げたばかりだった指揮者の朝比奈隆《あさひなたかし》が前田に「関西の文化発展のためにオーケストラが演奏できる大ホールを」と直談判し、実現したという。朝比奈は産経会館のオープニングセレモニーでタクトをふるい、「関西の文化はこの産経ホールから始まり育つ」と述べた。(103)

産経で経済部長を長く務めた佐藤一段《さとういちだん》は、一九五二年に開かれた入社前の説明会で、初めて前田をみた記憶を書きとめている。

大阪北区桜橋のまだ焼跡の名残をとどめるあたりに、そびえたつ白亜の九階建てのなかのサンケイホール。どっと集まった学生の目の前で緞帳がするすると上がると、そこには前田久吉を中央に、編集・営業の経営陣の面々。(略)ビルの特色などの説明を受けたのですが、いま記憶しているのは次の二点のみ。①このビルには他の新聞社のように伝書鳩を飼っていない。すべて屋上に突き立つ無線等でニュースの連絡がつく②このビルはアメリカのロサンゼルスタイムスの様式を取り入れている。ロスタイは、西海岸ナンバーワンの新聞社である。(104)

翌五三年入社組には、のち社長を務める植田新也《うえだしんや》がいた。二六人の同期とともに入社式に臨んだ植田は、「新聞界の風雲児と騒がれていた前田久吉社長を初めてみたが、小柄で貧相で、産業経済新聞を全国紙にしたエネルギーやアイデアがどこから生まれたのか、不思議に思った。挨拶も陳腐で、ほとんど記憶に残らなかった」と素っ気なく回想している。(105) ちなみに植田は私が産経新聞大阪本社に入社した際の社長だが、一度だけ、

図16　1955年竣工の東京産経会館

入社後の懇親会で会話を交わしたことがある。新人の私にかけた言葉は「本を読め」であり、例えば、として挙げた書名は、ギボン『ローマ帝国衰亡史』だった。

植田と同じ年に入社したのがのちテレビキャスターとして人気を呼ぶ俵孝太郎《たわらこうたろう》である。俵は東大で学生運動に足を突っ込んでいた。それは京大の植田も同様で、俵によれば前田は「大阪人らしい実利主義で、当時すべてのマスコミが毛嫌いしていた学生運動の前歴者を、差別するどころか大いに採用した」。なんとなれば、後発の産経が優秀な人材を採るにはそれが手っ取り早いし、何より前歴者はハシカにかかったようなもので共産党に免疫ができているだろう、というわけだったらしい[106]。

一九五五年三月には東京・大手町に地上九階、地下一階の産経会館が竣工した。「当時、東洋一の近代ビルといわれ、業界をアッと言わせた[107]」。

現在東京サンケイビルがたつ大手町の土地は、国からの払い下げである。経緯について、再建した時事新報で社長を務めていた板倉卓造が証言している。「（大手町の土地の払い下げについて）前田が運動したけれども内閣が相手にしてくれない。内閣といえば吉田（茂）に話をすればいいのです。それで吉田に話をしたらば、「よろしゅうございます」といって、すぐ電話をかけてくれましてね、建設省に……。吉田は「時事新報のためならよろしゅうございます」と[108]」。時事の信用は比類のないものであった。前田はそれを最大限に活用した。

今、隣には、読売新聞本社が建っている。その土地も国からの払い下げである。時期が来れば産経に払い下げられるという話であったが、読売の猛反撃によって約束は反故となった。そのとき、すでに前田は産経を退いていた。前田はのちのちも、悔しさをにじませるとともに、「食うか食われるか」の勝負をやり抜いた読売に敬意を表している。

残念だったのは、はじめ産経新聞の会館を建てたいというとき、こっち側に大蔵省の財務局っていうのかな、税金の処理をするところが残ってた。これを一緒にうってくれなくちゃね。どうせ今後は足りなくなるからといったら、それはその時にしてくれと、ほかには渡さん、こっちに渡すからという約束でむこうに産経会館のビルを建てたわけだ。ところが読売のほうから——読売はわりに払い下げとってなかったんだ——朝日も毎日もみな国から払い下げの土地をとって工場にしている。ということでつまり正力さん、務臺《むたい》（光雄《みつお》）さんがつっこんだわけさ。だがこれは僕との約束やからね。約束実行しよると思ったが局長が替わって知らんやつがきとったものだからね。残念だったが、非常にきついところまでやったと思うね。佐藤前総理と正力さんなり……。きつい戦いだった、読売は……。こないだ見てくれいうて読売の新社屋見たがね、立派ですよほんとに。ほかがでけた後やからね。ほんとにエラいもんだと思った。(109)

東京産経会館オープニングに戻る。三月九日、始業式。全社員を大ホールに集め、前田は「わずか五人の社員で初めて東京へ出てきた三〇余年前から、こんにち東西に四〇〇〇名以上の社員を擁するまでになった多くの思い出話も語り合ってみたい。他社が七〇年、八〇年と年月をかけてやることを、一挙にやろうというのだから骨の折れることは当然である」と呼びかけた。(110)

前田の言動に、精神論が徐々に増えてきていた。それは、絶頂のなかにさす翳りでもあった。

川口松太郎の一文がある。東京産経会館が建った日、前田は川口に「建ててしまえばこっちの勝ちだ」とつぶやいたという。

短いこの一言に彼の全生命が籠められている。「作ってしまえば勝利だ」という信念は彼の生涯をつらぬいているようだ。やってしまえば勝利で成功で、実践と実行のほかには何にもない。あらゆる成功者も事業が安定すると実行力が鈍くなる。用心深く定着して後退生活が始まるのだが、その例外の典型が前田会長だ。彼はまだ後退の歴史をもっていない。進んで攻めるだけで、退いて守る立場を知らない。(111)

川口がそう書いた一九五七年、すでに産経は経営危機に陥っていた。作家の眼力は、期せずして前田の本質と限界を見抜いていた。

もっとも、忙中閑あり。以下のような一面もまた前田の素顔のひとつであろう。妻のヒサが書いている。

「前田は粋筋で「メロンちゃん」と呼ばれていたほど「メロン好き」だった。静岡のマスクメロンを毎日必ず御膳に載せた。前田のメロン好きを知っていた水野成夫宅では、マスクメロンを半分に切って出した。ヒサがメロンを四分の一にカットして出すと、前田は「おまえはケチだ」と不平をいった。

旦那衆の間で、自分の好きな柄の浴衣をつくって芸者に着せる遊びがあった。前田が販売店主らとともに宇治の船遊びをした際、メロン柄の芸者衆が船に同乗して大いに盛り上がったという。[112]

天国と地獄

国政進出

前田久吉は一九五三（昭和二八）年、参院選全国区から出馬し当選した。今、自伝として残っている『日々これ勝負』は、このとき自身をＰＲするためにつくった本である。東西産経を擁して他紙との戦いのまっただ中であり、公職追放中にまいた種が実った複数の企業でも要職を歴任し、さらに電波の世界にも目配りをしていたこの時期、なぜ政治の世界に足を踏み入れる決心をしたのか。

『前田久吉傳』は、「このころの前田は根っからの新聞人になりきっており、政治家になろうなどというような野心はなかった」と述べる。同書は、敬愛する朝日新聞の村山龍平、毎日新聞の本山彦一両社長とも貴族院議員だったことから、「いつかは両先輩のようになってみたいというような考えがあったかもしれない」と推測している。[113]

だが、単なる名誉欲は前田には無縁だ。妻のヒサによると、物事の裏も表も知りつくしていたように思える前田は、意外にも「政界に入って世の中の裏の仕組みを覚えた」と述懐していたという。「（議員）バッジと新聞」。このふたつを持っていたことが、前田が「恐れなしに動く」ことを可能にした。「バッジがなかったら、東京タワーできてませんよ」とヒサは語っている。東京タワーは、単なる民間事業というにはスケールが大きすぎる。今でも東京タワーは公共の建物だと信じている向きは少なくない。「そういうものを作るなんてことは普通の民間人は考えない」[114]。

この時期、新聞経営に興味を失っていたという指摘もある。前田時代の産経に入社し、退社後、大阪に根ざした経済ジャーナリストとして知られた眞島弘《まじまひろし》が、「当時の前田さんは政治に夢中でした。新聞に興味なんてなかった」と周囲に語っていたという証言がある。

それをうかがわせるような言葉を、前田自身吐いている。インタビューで、時代は明らかにはしていないものの、おそらくは戦後の産経の経営をさして、

よかったか悪かったか、自分もあれから借金もでけてね。つまらん社員がたくさん入ってきてゴタゴタしよるもんで、酷い目におうたけれども、もうそれで厭んなってきてね。なんか、かんかいうて組合でいじめる、少しぼくがこのへんなら大丈夫思うていると、組合でやられてまた紙が足らなくなる。そんなことで一番困った時代だなぼくの。そういうこともありましたよ[115]。

大阪新聞・産業経済新聞従業員組合は前田の公職追放中の一九四六年五月に結成されている。五三年には闘争主義派が主流を占める東京執行部が七時間ストを指令、突入三〇分前に中止となるという事態に発展した。当時の労使関係は、穏当といえるようなものではなかった[116]。「前田商店」「前垂れ精神」などといわれるワン

マン経営を旨とし、またそれがうまく行っていたからこそ公職追放も乗り切り、スムーズに復帰して急成長を演出することができたのだが、その前田にとって、新時代の労使関係は考えられないものだったのかもしれない。

従業員側にとっても前田の感覚は異次元だった。労使交渉が紛糾し、対立が暗礁に乗り上げたとき、前田は「キミたち、そんなにわからないのなら会社を解散する」と言い放った。それが決して脅かしの言葉ではないことを感じて、交渉委員は慄然としたという。(117)

選挙戦では、全社を挙げた応援態勢がとられた。『週刊サンケイ』が前田の参議院立候補について書いている。「前田が立候補の決意を社員に告げたとき、一部の若い記者達が猛烈に反対した。〝マイナスになっても、プラスにならない〟という理由だった。それらの記者達も一夕、前田と膝をまじえて懇談、立候補の理由をじゅんじゅんと説かれると、なるほどと納得して、一転、参議院送り出しの先鋒となってしまったそうだ」(118)。今では考えられないような新聞社ぐるみの選挙戦が行われたのは事実である。

選挙戦での宣伝用に一九五三年四月に出版された自伝が、本書でもしばしば引用している『日々これ勝負』である。筆者は前田本人となっているが、インタビューの上で実際に執筆したのは吉田禎男だ。

戦後の出版ブームも終わり、吉田が在籍していた大阪新聞の出版局も閉鎖されることになった。そんななかで、吉田は前田に呼ばれ、自伝を出版することになったが、その原稿を書いてもらいたいと頼まれた。

吉田は執筆のため、仕事の合間を縫って前田のもとに通ったと書き残している。前田は昼間忙しいので「夜再々自宅を訪れ、その口述をきいては」家に帰って原稿を書いた。「社長の自宅は南海沿線天下茶屋の大通りに面し、表に有川新聞舗の看板が立っていた」[119]。その後も前田名義の文書は、ほとんど吉田が代筆した。いってみれば、吉田は前田の右筆であり、しばしばそう自称してもいた。

めでたく当選し、吉田茂に挨拶に行った。吉田から「次の通商産業大臣を引き受けてほしい」と要請されたが、「自分は新聞で大成したいと考えているのでお引き受けできない」と丁重に断ったという[120]。

一九五五年二月、産経新聞東西両本社の組織を改め、大阪本社に大阪時事新報出身の沢村義夫、東京本社に中部日本新聞の勝田重太朗《かつたじゅうたろう》をそれぞれ社長に据えて自身は会長に退いた。沢村はかつての大阪時事の出身で、前田の夕刊大阪と合併の際、合併反対運動の委員長だった人物である。『前田久吉傳』によると「東京産経会館の完成を機に、経営陣を強化したいと前から考えていた」結果としているが、前田もすでに六二歳になり、一歩退きたい思いがあったのかもしれない[121]。

参院では当初緑風会に所属した。翌年初頭、アメリカ通のベテラン記者、産経時事の横山秀三郎《よこやまひでざぶろう》を帯同して、三五日間、ホノルル、ロサンゼルス、サンフランシスコ、ニューヨーク、ワシントン、シカゴ、デンバーなど主要都市を歴訪した。「渡米が本決まりとなり、忘れていた若いころの夢をふと思い出した。あのときは何が何でもアメリカへ行きたかった」[122]。ダレス国務長官ら要人と会談したほか、主要新聞社にも足を運び、アメリカの新聞ビジネスについての情報収集も忘れなかった。

帰国後、大阪本社での部長会で米国視察の感想を語った。会議に出席していた吉田禎男のメモによると、新聞に関する見聞談として、「米国の新聞は日本のように一〇〇万、二〇〇万という部数は印刷していない。大新聞と言われるものでも、せいぜい四〇万か五〇万の紙数である。それでいて、経済的には実にゆったりしている。経営の合理化に徹底しているからであろう」「ニューヨークやワシントンで大新聞と言われていても、わがサンケイビルほどの規模を持つ新聞社は一社も見当たらなかった。しかしその設備に至っては実にうらやましい限りで、完全な設備の下でどんな大新聞でもわが産経の半分くらいの人員でやっている。だから人件費も少なくて済む」などと具体的であった。[123]

図17　米国に出発（東京タワー提供）

二期目には自民党に移り、自由国民連合（のち財団法人国民協会）を結成した。政治献金ルートを公正なかたちに一本化し、政党と財界との癒着を防止しようとする組織だった。[124] 評議員会議長には、敬遠しあっていたはずの板倉卓造が就き、全面協力の姿勢をみせた。

『前久外伝』は、「自由民主党に入るや、ただちに「自由国民連合」の構想を持って自民党に呼びかけ、これを結成してその理事長に推されている。この組織は、自民党への財界の政治献金ルートを公正な方式によって一本化し、政治献金と汚職事件の腐れ縁を絶ち、政党と財界との闇の癒着を防止しようとするものであって、政党政治の根源に横たわる禍根を一掃しようとする施策として注目され、「さすがは前田」として、大きく期待された」[125]と書いている。

だが、これは前田寄りの見方というべきであって、批判も多かった。「自民党のために政治資金を集め、あわせて自民党の足軽的組織たろうとするものである」[126]という革新陣営からの批判はともかくとしても、経団連に長く在籍し、財界から政界への資金の流れを取り仕切った花村仁八郎《はなむらにはちろう》も、「一癖も二癖もある人でしたからね。そんな人が金を集めようとしても出す人はないですよ。（略）前田さんには、政治資金を公正に作ってやろうという意思は全然なかった。新聞をバックに金を集めようとしただけだった」と切り捨てている。[127]ちなみに花村は、のちにフジサンケイグループの総師を務めながらクーデターで追放される鹿内宏明《しかないひろあき》が、鹿内春雄《しかないはるお》の急死を受けてグループ入りするかどうかを相談した相手である。[128]

真相はわからない。ただ、棺を蓋いて事定まるという。一九八六年五月二六日、東京・青山葬儀所で営まれた前田の葬儀で葬儀委員長を務めた元首相、福田赳夫《ふくだたけお》の「あなたが政界に遺されたものの最大なものは国民協会の創立です。あれはあなたの構想で創られました。きれいでしかもたくましい政治資金体制が出来上がり、爾来今日までわが国政治の安定した運営を支える礎となっているのです」との弔辞を記しておく。[129]

一九六五年六月、参議院議員としての任期を満了した。去就について迷うところがあったらしく、親しくしていた友人に意見を求めた。賛否両論あったが、故佐佐木茂索《ささきもさく》（文藝春秋社社長）をはじめ二、三の友人は「今さら議員でもあるまい」と反対意見を表している。

福田とは極めて親しかったようだ。福田が首相の座にあった一九七八年、週刊紙に「福田「将軍」を足繁く訪れる「ご老公」の正体」という短い記事が載った。官邸にふらりとやってきては、二、三〇分雑談してはトコトコ帰って行く、奇っ怪な老人がいるというのである。番記者は「なぜか、あのジイさんには会うんだなあ」。「水戸のご老公」風のこの老人こそ、八四歳の前田であった。[130]

電波の時代とタワー構想

終戦まもない九月二五日、「民衆的放送機関設立ニ関スル件」という閣議了解がなされた。「民衆的放送」つまり民放の開局を認めるというのである。当時はまだテレビはなかったが、ラジオに民間が参入するというアイデアが誕生し、その後曲折を経ながらも現実化していった。[131] 当時の基軸メディアだった新聞各社は動きの主要プレーヤーであった。

大正期の夕刊大阪でいち早く「ラジオ欄」をつくりニューメディアへの関心を部数増につなげた前田であるから、ラジオに対する興味は人一倍強かったとみてよい。大阪電気通信大との関わりにみるように、電気通信への関心も深かった。ただ、公職追放中であり、また、猛烈な新聞販売競争の火蓋を切ったこともあって、電波戦争にはやや出遅れた。

そもそも、ラジオそしてテレビが基軸メディアとしての地位を新聞から奪い、商業的にも複数のネットワークが、NHKと並立するかたちで繁栄するという戦後の放送の成功は、だれも見通せていなかった。大阪でも当初は朝日新聞社系の朝日放送と毎日新聞社系の新日本放送（現在の毎日放送＝MBS）が並立すると共倒れになるとの危機感がつよく、統合しての申請寸前まで行った。

前田もボンヤリとはしていない。電波の時代の到来がいよいよ明らかになってきた一九五三（昭和二八）年には電波業界の雑誌に寄稿し、「最近のテレビ熱は異常なもので、今に日本全国を電波で覆うようになる。（略）大自然の懐に帰って最新の劇、映画からスポーツなどを都会と同様楽しむことができれば機械化と人生の問題もかなりうるおいがでてくることだろう」などと書いている。[132]

一九五三年二月一日、NHK東京テレビ局が本放送を開始し、八月二八日には日本テレビも放送を開始した。五五年四月にはラジオ東京テレビ（現TBS）が開局し、大宅壮一の「一億総白痴化」が流行語となる中、五七年一〇月には全国のテレビ局四三社に予備免許が交付された。[133]

ラジオで出遅れた前田が、テレビに執念を燃やしたのは当然だが、ここでも出遅れた。郵政省が東京・大阪・名古屋の三地区にテレビチャンネルの割り当てを発表したのは一九五二年一二月五日。前田はこの機を逃さず産経新聞をバックに「テレビ大阪」の名前で発起人・前田久吉として開局を申請している。ところが五四年一二月三日、申請は拒否された。改めて同月一一日、「関西テレビジョン株式会社」が開設免許を申請。前田を応援する意味で小林一三が発起人代表として参加したが、五七年一月急逝。代わって阪急電鉄専務の小《こ》林米三《ばやしよねぞう》が加わったが、師と仰ぐ小林一三がいなくなったのは痛手だった。[134]

前田のテレビ構想は、行政からの指導なども加わって複雑な経緯をたどる。京都放送、神戸放送が申請を取り消し、「近畿テレビ」の名で合同する。さらに関西テレビジョン放送と近畿テレビがそれぞれの申請をいったん取り下げ、あらたに「大関西テレビジョン株式会社」を設立した。前田は、京都新聞の白石古京《しらいしこきょう》、阪急・東宝の長老である佐藤博夫《さとうひろお》とともに発起人代表となった。

こうして「大関西テレビジョン株式会社」は産経、阪急、京都放送、神戸放送を主軸として、一九五八年一一月、開局にこぎ着けた。「大」はすぐに外れ、「関西テレビジョン」に戻った。

ワンマン経営の限界だった。新しいものに飛びつく好奇心、決断力、それをかたちにしていく調整力やアイデアには人並み外れたものがあったにせよ、ラジオ、テレビという先端技術をもちい、さらに法律によってがんじがらめに縛られている業態を、一人の直観と洞察力で切り開くのは無謀にすぎた。

新日本放送にしても朝日放送にしても、トップの一声で決まっていったのではない。朝日放送を当時仕切っていたのは朝日新聞出身の石井光次郎《いしいみつじろう》だが、新日本放送との免許争奪戦ではむしろ、朝日がかかえる技術や法律に長じた豊富な実務者集団の存在が大きかった。新日本放送にしても、理想と先見の明を持っていた高橋信三《たかはししんぞう》の存在はたしかに大きかったが、さりとて一人で突っ走ったわけではなく、当時の毎日新聞社長の本田親男《ほんだちかお》のバックアップがあってこそ、日本初の民放という大目標に対して突進することができた。

大阪放送（ラジオ大阪）の開局は関西テレビから約四カ月遅れた。大阪地区では三波の割当しかなかったのを、駐留軍放送のため一波が使用されていたためであった。開局は一九五八年五月一七日。[135]

関テレ、ラジオ大阪と同じ年にオープンしたのが、東京タワーである。

『前久外伝』は、前田と当時の郵政省の大物、浜田成徳《はまだしげのり》との出会いがキッカケだとしている。浜田が前田と知り合ったのは前田が関西テレビ設立に向け運動していたころで、時の郵政相平井太郎《ひらいたろう》が前田を嫌って排除しようとしたところ、浜田が公正にやるべきだと反論し、申請が認められた経緯があるという。ちなみに平井は四国新聞社長などを歴任したメディア人であり、初代デジタル相を務めた平井卓也《ひらいたくや》の祖父である。

関テレ開局をめぐって助けてくれた経緯を知った前田がやってきて、「目にいっぱい涙をためて感謝した」のが印象に残り、それから親しく付き合うようになったという。

ところで、浜田は、テレビ時代を迎えて各局の放送塔が乱立する事態を避けるため、各局の放送設備をまとめた五〇〇メートルほどの高さの鉄塔を建てるというプランをもち、あちこちで「夢」などと言及していた。浜田がいうのだから、単なる夢物語で済まされる話ではない。各方面から計画が提出されたが、そのなかで前田案が一番優れていたので、決定したというのである。

前田自身が著者となっている『東京タワー物語』では、京都・東寺《とうじ》の五重塔がヒントだったとしている。「三〇〇余年の昔すでに高さ五七メートルという塔が日本人の手でできている。(略)科学技術が伸展した現代では、三〇〇余メートルの塔をたてるくらい、あえて至難な業でもあるまい」と思い立ったのだという。[136]同書は「世界の塔の歩み」という記述に一章を割いて、あたかも前田が「塔マニア」だったかのような記述をしている。が、多忙を押して前田が塔の研究に打ち込んでいたという話を真実とみるには無理があるだろう。

二一世紀になって日本電波塔(現在の株式会社東京タワー)が監修し刊行された鮫島敦『東京タワー50年』は、参院議員時代に訪米した際、目にしたサンフランシスコのゴールデンゲート・ブリッジにヒントを得たとしている。「この橋を縦にしたようなものはどうだろうか」との構想が浮かび上がったというのだ。[137]大阪不動銀行設立に参加した石原保も、前田の妻ヒサから聞いた話として、ゴールデンゲート・ブリッジ起源説をとっている。[138]『前久外伝』は、戦争で姿を消していた大阪の通天閣が一九五五年に再建されたのを見た感激がきっかけだったとしている。そこで「もっと高く、もっと大きい」東京タワーの構想が胸に生まれた、という。[139]いずれにせよ、たとえアイデアが浮かんだのは事実としても、実際に塔を建設するまでには距離がある。

東京タワーという先端技術の固まりをかたちにするには、専門家の知見に基づいたボトムアップが必要だった。この点で、「東京タワーから出た新聞」として後述する日本情報産業新聞で編集長を務め、東京タワー時代の前田を近くで観察する立場にあった佃均《つくだひとし》が、水面下の動きを明らかにしている。佃によると、きっかけとなったのは、ニッポン放送の技術部に在籍していた松尾三郎《まつおさぶろう》という技術者だったという。

流れは以下のようである。松尾は戦時中、海軍のシンガポール工廠に所属し、オランダ軍から接収したスラバヤ工場の統括者だった。復員した松尾は逓信省電波局、郵政省電気通信研究所を経てニッポン放送に移籍し、技術部次長の職にあった。松尾はタワー構想を私案として企画書にまとめ、ニッポン放送社長であり富士テレビ（のちのフジテレビジョン）専務の職にあった鹿内信隆《しかないのぶたか》に提出した。が、鹿内は現実的ではないとして、書類を机の引き出しにしまいこんでしまった。

ところが前田から「東京タワー構想」が東京都に提出された。そのことを知って、鹿内は大あわてで松尾が作成した企画書を東京都に持ち込んだ。ふたつの案を受けとった東京都は、いずれとも決めかねた。結局、東京都は――もちろん水面下では郵政省をはじめ政官財を巻き込んだ熾烈な調整があっただろう――両社の案を統合して、共同でテレビ塔を建設することに決定したというのである。[140]

『前田久吉傳』は、タワー構想が前田のなかで浮上したのは一九五五年ごろだったとしている。東西に産経会館が完成し、さらに参議員として政界にもネットワークを張り巡らせていた時期である。一方で朝日や毎日、読売が主導するかたちで民間ラジオ、テレビ放送が始まり、前田は出遅れたかたちになっていた。その弱みが、総合電波塔構想においては強みとなった。もともと東京に放送局を持たない前田は、それぞれの局の思惑にとらわれず、大きな全体像を描くことができたのである。

一九五七年六月に着工。客観的に考えれば、前田が独自に技術的な側面も勉強してタワー構想を立てたとは考えにくく、鹿内に自らの案を握りつぶされそうになった松尾が、ひそかに前田に構想を持ち込んだとみるのが自然ではないか。

鹿内自身も、「東京タワー建設の内輪話」と題する文章を残している。それによると、鹿内は一九五七年五月から三カ月にわたって海外テレビ事情の視察に欧米各国へと出かけた。鹿内は「東京のテレビ会社が別々にテレビ塔を建てることは景観上からも技術面からも望ましくない。できることならNHKをふくめ、全テレビ会社が協力して、一本の塔から電波を発射するのが理想だ」という結論に達した。そこで、帰国した鹿内は浜田に会い、献言したところ賛成を得て、前田を社長にして日本電波塔を設立した――という書き方をしている。

日本電波塔の設立は一九五七年五月。鹿内は、自身の記述でこのころ欧米視察中としているのだからつじつまがあわないが、松尾は設立と同時に取締役技師長として移籍している。鹿内は松尾について、「(タワーの)設計は欧米視察に同行してくれた松尾三郎工学博士に依頼した」と書いている。[141]

松尾はタワーの建設中、放送業界誌に「電波塔の建設とその目的」と題して寄稿し、テレビ放送の開始で東京の街にテレビ鉄塔が林立したことで、「観光用展望台もかねて、数個の団体が別個に電波塔建設のプランを練ったが、これらの団体は郵政省の勧告その他によって大同団結を見、日本電波塔株式会社の設立の運びになった」といきさつを説明している。[142] ちなみに、日本電波塔という会社名は発足後のほんの一時期、「日本観光塔」という名称だった。東京タワーが前田の独創によるものではなく、複数のプランが競合していたという事情は、『東京タワー50年』などにも書かれている。

鹿内は建設計画を前田が進めようとしたときの状況について「社長に就任した前田氏がサンケイ新聞の経営をしくじり、手を引いた直後だっただけに、金融筋が「社長が前田さんでは……」といい顔をしなかった」と書いている。[143] ただ、日本電波塔設立当時は、産経の経営はすでに悪化していたものの前田は会長として指揮を執っており、水野成夫も経営を譲り受けてはいなかった。水野は日本電波塔の発起人にも名を連ねている。このあたり、鹿内の説明にはところどころ齟齬が見られる。東京タワー建設者の名誉を前田に奪われたことを快く思っていなかったのかもしれない。

一方で前田と松尾の間にも距離があり、松尾は自らの会社を設立し、最終的には北海道に北海道情報大学を設立し、人材育成の道に進んでいる。松尾にインタビューしたことがある佃の記憶では、松尾は前田との間柄についてほとんどふれることがなかったという。松尾は日本電波塔取締役として専門誌にたびたび寄稿して広報役を務めているが、前田名義の『東京タワー物語』やのちの『東京タワー50年』には登場しない。設計者として、そして東京タワーのレガシーとなる「塔博士」として紹介されているのは、名古屋テレビ塔や二代目通天閣の設計も手がけた内藤《ないとう》多仲《たちゅう》である。内藤や、そして前田自身が持ち上げられるのにしたがって、松尾が果たした役割は書きとめられないままに歴史に埋もれていったのではないか。

竣工は一九五八年一二月二三日。名称は公募され、「昭和塔」「日本塔」「プリンス塔」など八万通あまりが寄せられたが、最終的には徳川夢声《とくがわむせい》の一声で「東京タワー」に決定した。『週刊サンケイ』に前田が「発案者」として登場している。「一〇〇年先の電波界はカラー・テレビ、超短波と想像もできないほど発達するだろうが、そのときにも、この高い塔は充分役に立つ」「東京の名所というより、世界の名物になるだろう」「東京の街が全滅するような大地震があっても、この塔だけはのこるはずだ」と、自信満々である。同時に、「現代は議論ばかり多く、空回りしている傾向があるが、一つの実行こそ大切だ」と一くさり人生訓をも垂れている。[144]

エッフェル塔を超える世界一の高さにこだわった、という話は広く信じられている。『東京タワー物語』では、前田は「どうせつくるなら世界一を……。エッフェル塔をしのぐものでなければ意味がない」と決意したと書いている。[145] 東京タワーを取り上げた景観工学の専門家、岡田昌彰《おかだまさあき》は、関係者が「当時世界一だったエッフェル塔の高さを「追い抜く」こと」に執着したと当時を再現している。[146]

しかし、実際に構想具体化の中心人物だった松尾は、関東一円をカバーするテレビアンテナを実装するために設計したところ結果的に三三三メートルという高さになっただけで、「当初から世界一を狙ったり、エッフェル塔と競争するというような意識は全然なかった」と述べている。[147] 実際の由来よりも、「世界一」というわかりやすくインパクトのあるお題目に沿ったストーリーのほうが重要なのだ。そこに、〈メディア人間〉前田の片鱗が見え隠れしている。

航空事業に乗り出す

前田を語るとき、忘れてはならないのが航空事業への参入である。戦後五年経った一九五〇（昭和二五）年六月、ＧＨＱの「日本国内航空運輸事業の運営に関する覚書」によって、民間航空再開の機運が急速に高まった。前田は一九五一年一一月、産経に航空部を設け、部長に元天虎飛行研究所長の藤本直《ふじもとただし》を招く。天虎飛行研究所は、藤本が三七年に大津市の琵琶湖畔に設立した飛行クラブを前身とする。戦時下は学生の飛行訓練機関となり、メンバーには当時同志社の学生だった裏千家の後継者千政興《せんまさおき》、すなわち現在の千玄室《せんげんしつ》大宗匠もいた。

前田は一九五二年七月、株式会社日本観光飛行協会を発足させる。初めは堺の海岸から水上遊覧飛行をやったり、航空測量をしたり、農薬散布を請け負ったりという活動だったが、まもなく大阪―白浜《しらはま》間、さらに大阪―徳島間と運行が認可され、一九五八年には日東航空と改称した。

終戦で滋賀の山奥に引っ込んでいた藤本を前田とつないだのは、小林一三だった。まだ焼け跡の残る大阪・今橋の料亭におもむいたところ、「小林さんから、飛行機のほうはお前が適任だからやってくれといわれた」と現れたのが前田だったという。

前田の構想は「新聞航空と民間航空の二本立て」だった。藤本は急遽渡米してセスナ機の調達に奔走。輸入に成功し、「講和記念婦人とこども大博覧会」会場に展示され、さらに八尾《やお》飛行場から飛び立った。他社に先駆けて、セスナ機による航空写真は連日のように紙面を飾った。

天皇の伊勢神宮参拝で宇治橋をわたる車列を空からとらえた写真を使った号外も話題を呼んだ。藤本自身「なにしろ、お伊勢さんの上を飛ぶなんて、戦前の人間にとってはエライことですよ」といっていたから、前田のアイデア、ゴーサインによるものだったことは明らかだ。[148] 戦前なら飛行禁止の神域だった上空からの一枚は、まさしく前田の〝空からのまなざし〟への本能的な欲望を示している。

産経はヘリコプターの導入でも先んじ、読者からの公募で名付けられた取材ヘリ「ひばり号」は各地で大歓迎を受けた。日東航空は東亜国内航空を経て日航のルーツのひとつとなった。

新聞界においては、戦前から航空機が宣伝や部数拡張に大きな役割を果たしていた。この点で、戦後めざましい勢いで全国紙をめざした前田が、航空事業に目をつけたのは不思議ではない。しかし、新聞への活用にとどまらず、民間航空事業にまで乗り出したところに、枠を超えた空への思いが感じられることも事実である。東京タワーを含め、「高いところ」への執着は、前田の後半生における重要なキーワードとなっていく。

産経を去る

産経新聞から出た文化人のなかで、最大と目される一人が司馬遼太郎であることは衆目の一致するところだろう。司馬すなわち本名・福田定一《ふくだていいち》が産経に在籍したのは一九四八（昭和二三）年から六一年までだ。福田定一の名で発表した事実上の処女作『名言随筆・サラリーマン』に、前田に触れた部分が出てくる。サラリーマンという存在を「整然たる資本主義機構の部品」と定義した上で、前田久吉、松下幸之助《まつしたこうのすけ》あたりは「ほとんど参考にすべき点がない」「サラリーマンとは最初から人生のコースが違う」と書いている。[149]微妙な反感があったのか、それとも遠回しに敬意を表したのか。

司馬による前田への言及はほかにはほとんどない。出世作『竜馬がゆく』が、前田の後任の水野成夫からの声かけによって生まれたという経緯が関係しているのかもしれない。連載を依頼されたとき、原稿料が「従来の四大新聞の稿料の常識を破った」高額だったことから、「その半分でいいと執拗にいった」が、水野は「いや、そんなに責任を感じなくてもよろしい。わが産経は、作家の老若男女にかかわらず、新聞界の最高を出す、というのが不易の方針だから」と押し切った。「ばかにしてやがると社を出たが、そのうち、なんとなく気持にわき立つものをおぼえてきた」と、司馬は敬愛を込めて書いている。[150] 原稿料は月一〇〇万円、しかも手取りだったという。前田に言及すれば、どうしても水野との比較となる。司馬にとっては、必要のないことだったのかもしれない。

一九五三年、「前田久吉の二四時間」という記事が雑誌に載った。それによると、前田は愛用していた黒塗りのビュイックを、淡いグリーンのマーキュリー五三年型に変えた。調髪も以前より頻繁にやるようになり、行きつけは銀座並木通りの「米倉」。東京・大阪間を特急「つばめ」か「はと」で往復、「夜行の一等寝台は実に快適」と語っている。

前田は前述のように航空事業に対する強い関心でも知られたが、「彼はいまだ飛行機というものに一度も乗ったことがない」というから意外である。「酒、煙草は少量、日本酒なら二、三本、ビールは一、二本というところで、煙草は専ら外国製を愛飲しているが、これも一日にせいぜい一〇本」。[151]

こうした描写をみると、公私共に充実した生活を送るエグゼクティブといった印象だが、実際のところは絶体絶命の危機にあった。一九五八年、前田は四〇億円とも五〇億円ともいわれる負債を抱え、産経の経営を水野成夫に譲る。この撤退が、一時は「東の正力、西の前田」とまで称されながら、今ではほとんど知られていない主因となっている。

だがそれは一方で、「功成り名遂げた」人物が必ずといっていいほど陥る神格化や忖度、阿諛追従の罠から自由ということでもある。絶頂と二人連れで訪れた蹉跌を、できるかぎり客観的にみてみたい。

まず、復刊した時事新報である。

戦後の時事に集った記者の一人に、戦時下最大の言論弾圧事件とされる横浜事件[152]に連座し、獄中生活を経験したジャーナリストの酒井寅吉がいた。

一九四七年から月曜書房という小さな出版社で働いていたが、仕事に満足できず、大阪朝日の戦前の外報部長でローマ特派員を務めた前田義徳《まえだよしのり》とともに、国際翻訳を主とする国際出版という出版社を立ち上げた。武士の商法の悲しさ、同社はあっけなく破綻する。[153]酒井は大蔵財務協会に拾われ、出版部長の職にあった。

一九五二年夏、有楽町のガード下を歩いていて、ばったり有竹修二《ありたけしゅうじ》にあった。有竹は戦前朝日新聞で活躍した名文家で、今は時事新報で働いていた。「どうだ、新聞へもどる気持ちにならんか。小さな新聞で苦労するのもおもしろいぜ」。

酒井はそのとき、何はともあれ、生活は安泰であった。また、そのような仕事を世話される人望や能力が、酒井にはあった。ところが「一も二もなく、その場で有竹氏の「誘惑」に負けてしまった」。やめたほうがいいという周囲の忠告をしりぞけて、時事新報に入社した。[154]ちなみに前田義徳は国際出版がつぶれたあと、NHKに解説委員として入局。その後NHK会長に上り詰め、「中興の祖」「天皇」と呼ばれた。

戦後最盛期には約三〇万部に達していた時事新報の部数は、昭和二〇年代後半になると次第に減り始めた。産経と時事は同居しており、実権は相談役という肩書の前田の手にあった。[155]

時事という看板は誇りであったが、酒井がやっていたのは誇りとあまり関係のない仕事だった。後述するように、前田は茶を嗜み、裏千家と独自のルートを持っていた。そこで、酒井は何の知識もないのに茶道ファンの女性読者を獲得するため「茶道講座」を掲載せよといわれて、京都の裏千家の家元まで飛んでいったりした。

あるいは、新聞の付録にカレンダーをつけることになり、そこに貯蓄の標語を載せ、日銀から広告費を引き出したりもした。こころよく広告費を出してくれるわけもなく、泣き落としか恫喝かわからないような態度でようやくなにがしかの金を引き出した。

といって、酒井だけが泥水をすすっているわけではなかった。誇り高き時事の伝統を体現する会長の板倉卓造、社長の伊藤正徳もまた、「特別社名広告」募集と称して資金集めに奔走していた。(156)

いよいよ苦しくなって、人員調整、いまでいうリストラが記者に及んできた。酒井曰く、「社会部の解体という、新聞にとって致命的な爆弾処置」であった。「ニュースを追わないで、主張をもって売ってゆく新聞に変身しようというのである」。崇高な任務どころではなかった。それでも、酒井は「浮き浮きしていた」。なぜなら、大手町の産経会館が完成し、明るい照明と温かいヒーターがある職場に移ることができるからだった。(157)

というような背景をふまえれば意外とも思えるのだが、ジャーナリズム史に名を残す酒井の筆致は、前田に好意的である。

復刊した時事新報は一九五五年一一月一日、産経と合同し姿を消す。社史編纂資料として残っている五五年一〇月二四日付大阪本社部長会での前田の説明によると、きっかけは中日新聞が東京進出の足がかりにと時事に合併を持ちかけてきたことだったという。だが板倉は気乗りせず、産経とならということで、産経時事という題号で合併することになった。当初、大阪でも同様の題字にするつもりだったが、販売店サイドが難色を示し、東京だけになった。

時事新報社最後の社員大会に相談役として出席した前田は「新聞というものは、勝つか負けるか、そのふたつしかない世界である。勝たなければ、負けるだけのことである」と語った。聞きようによっては、伝統ある時事の終焉にこれほど不適切なあいさつもない。

だが、酒井は「その意味の解釈よりも、前田会長の、まるで素っ裸の告白を聞くことに異常な感激を覚えた。虚勢もなければ気取りもない。平社員にも重役にも同じ言葉を打ち付ける、裸身の言葉を体に感じた」と受け止めた。

「典型的な「商業主義」であった」と酒井は書く。「これくらい批評の渦中を歩く人は新聞界にはめったにない。聞きようによってどんな悪人かと思うようなことさえあった」。ところが実際にその言葉を聞くと、ファンになってしまう。裸になって相手の懐に飛び込む迫力を酒井は認めている。

「新しい型の「雄弁家」であった」と酒井は述べている。「獅子吼《ししく》というようなタイプではなかったが、切々と胸を打つものをもっていた」。涙ぐましい苦闘の半生と、苛烈なる新聞界の競争と、洋々たる者の前途とを、涙を催させるような巧みさで説く。社員と家族を集めた慰安大会が開かれ、参加者は社名入りの灰皿とキャラメル、弁当をもらい、熱弁に感動して帰路に就く。

しかし、と酒井は厳しい指摘もしている。聞き手はたしかに感動するが、「二、三日すると忘れてしまう」。なぜならば、どんな新聞をつくるのかという根幹がなかったからだ、というのである。

「歯を食いしばって頑張る」といっても、編集の紙面制作では根幹となる原則がなかった。強いて原則といえば「大衆に読まれる新聞」「よい新聞」「家庭で良く読まれる新聞」といったような、まことにきまりきった漠然としたものであった。共産党ではないけれど、「大衆から愛される」ということが何となく、原則のようなものとして社内でかたまっていた。(158)

前田のいう「大衆から愛される新聞」という理想について、さらに酒井は考える。「大衆の愛するものは、いろいろである。いろいろな大衆の、いろいろな好みに片端から応じていったら、新聞のスペースはいくつあってもたりない。われわれは、時にその好まれそうなものの中から、みずから選択して大衆に「これを愛してください」と提供する義務がある」。

図18　社員とその家族を前に熱弁（東京タワー提供）

酒井の指摘は、マスコミュニケーションというものの本質をめぐって示唆的である。本来無限に拡散し相互に関連のない雑多な情報を、ある視点から体系づけ、意味を付与するものがマスコミだとすれば、前田のいう「大衆に読まれる新聞」は、結果としてはよいとしても、理想や指針にはなりえない。あまりにも細分化しすぎて、マスコミュニケーションの仕組みに載せることができないからである。それが、前田の限界だと酒井は看破している。

だが、無限に人々の興味を細分化することが可能なあらたな仕組みが現代には生まれてしまったということもできる。インターネットのことだ。「ビールを飲んだ」「昼寝した」エトセトラ、エトセトラ。無限に細分化された人々の興味をそのままコミュニケーションのプラットフォームに乗せることに、ネットの、ウェブの、SNSの本質がある。インターネットは今、社会を便利にする一方で、秩序を破壊してもいる。が、善悪を超えた絶対的な大衆への権限委譲こそ、前田が終生持ち続けた理想だったのかもしれない。

時事だけでなく、産経の経営も火の車であった。一九五二年の販売専売化以来、部数競争は日々熾烈さを増していた。

日本ABC協会の五五年四―六月の報告によれば、東京本社の朝刊総計九三万九六四七部、夕刊総計五二万〇〇二四部という驚異的な数字であった。[159] 東西に産経会館を建て、前田は「今太閤」「惑星」と呼ばれて得意の絶頂にあった。しかし、内情は苦しく、終始金繰りに追い回されているというのが実態であった。

吉田禎男は、同年一〇月現在の大阪本社扱いの新聞発行実績を、産経七六万九〇〇〇部、大阪新聞四二万九〇〇〇部と書きとめている。[160] 専売店を作ったばかりの東京本社が発行する朝夕刊が大阪よりも出ているということは通常考えられない。

一九五八年はじめ、ついに前田は懇意にしていた住友銀行頭取の堀田庄三《ほったしょうぞう》に「新聞からおりねばならなくなるのではないかと思われる。ついては財界で産経新聞を支援するようにはからってほしい」と相談した。堀田は財界人を集めて「新聞事業は一〇〇億円注ぎ込んでもできるものではない。産経には東西通じて一五〇万の読者がある。われわれの手で確保していこうではないか」[161] と檄を飛ばした。

その後同年春ごろ、前田は国策パルプの社長を務めていた水野成夫に「引き受けてもらえないか」と経営移譲を持ちかけたという。堀田が声をあげた会合には、水野もいた。産経救済に異論はなかったが、しかし、自ら経営を引き受けるとなると話は別だった。「宵越しの思案はしたことがない」と常日頃公言していた水野だったが、さすがに逡巡した。少なからぬ人が「絶対にやめておけ」と忠告した。
「財界官房長官」と呼ばれた日本精工社長の今里広記《いまざとひろき》も、強硬に反対した一人だった。「絶対にやっちゃだめだ。やればあなたの身体が縮む」とまで諫めたが、水野は引き受ける。[162]

正力松太郎は「ぼくがこれまでやった仕事でもっとも簡単なのはテレビ局の社長で、もっともむずかしいのが新聞の社長だ。君はテレビの社長として安楽に過ごしていけるのに、何を好んで新聞社の社長など引き受けるのか」とあきれたという。[163]ただ、当代一流の教養人であり、文学者であり、活字中毒でもあった水野にとって、新聞社の社長という座には、他に替えられない魅力があったのだろう。

住友銀行で堀田の秘書を務めていたのが、のちのアサヒビール会長、樋口廣《ひぐちひろ》太郎《たろう》だった。樋口は堀田から命じられ、前田から産経の株券を預かり水野に届けた経験がある。「ボストンバッグの重さが手に感触として残っていた」。樋口はのち、一九九二年にときの産経新聞社会長、鹿内宏明が解任され、フジサンケイグループのクーデターと騒がれた一件の際にも重要な役割を果たす。[164]

水野の名言に、「男として生まれたからにはやってみたい仕事が三つある。一つは聯合艦隊司令官、一つはプロ野球の監督、もう一つはオーケストラの指揮者」というものがあるが、新聞社の社長はそれに匹敵するようななにかだったのかもしれない。水野自身、もともと紙パルプの会社にとどまっているのは不満足だったという。私淑していた小林一三から、「水野君、紙屋商売なんかつまらないよ」といわれたこともあったらしい。[165]

水野は国策パルプ管理部の経理マン、菅本進を呼び出し、産業経済新聞社の経営実態調査を命じた。七月二二日のことだった。菅本は国策パルプからの出向を経て産経新聞社に移り、水野から鹿内信隆に経営が移った後も一九八七年まで産経の経営の表裏をみていくことになる人物である。

菅本は退職後、産経の経営の変遷について、詳細な回想録を出版した。菅本は前田に心酔するところはなく、むしろ前時代的な経営手法には批判的だったが、かといって水野側に立つというわけでもなかった。

菅本の回想を下敷きに、複数の資料から、当時の状況を再現してみよう。

「前田本人が日夜陣頭指揮をしてはじめてやっと切り抜けられるかどうかというほどの難局だった」「東西両本社を一糸乱れず一本化して難局に当たることができるのは前田しかいなかった」と、菅本は当時の産経の危機を描いている。これは、経営者としての前田の能力の高さをいうと同時に、近代的な経理が行われず、事業の全体像は前田の頭の中にしかない大福帳経営だったという意味でもある。いくら能力が高くても、どこになにがあるかわからなければ経営などできない。

ところが、前田はすでに参院議員としての活動を始めていた上、一九五五年に東西両本社制を敷き、それぞれに社長を任命して自らは会長に退いてしまっていた。

東京本社の社長を任されたのは前田の古い友人で中部日本新聞（現・中日新聞）常務や名古屋タイムス社長を歴任した新聞人、勝田重太朗だったが、勝田は産経の「経営のあまりもの難しさに程なく社長を辞任してしまった」。[166]

産経はすでに五七年一二月、年を越すのも困難な状況に陥っていた。最大の問題は湯水のように販売資金を注ぎ込まざるを得ない東京本社だったが、大阪本社とて経営が楽なわけではない。不協和音が生まれ、寄せ木細工のように前田が組み立てた複雑な経営がきしみ始めた。菅本によると、当時の産経新聞東京本社経理部長は会社の実情があまりにもひどいことから、会社の解散を前田に進言していたという。[167]

菅本の調査にべったりとつきそっていたのが、専務の大友六郎だった。協力、というより、監視だった。戦後の時事新報復刊で、実質的に経営を取り仕切った人物である。その後の時事の苦闘も屈辱も、大友は目の当たりにしてきた。「消滅した新聞がどんなに哀れであるかを知っている大友は、この際水野に手を引かれることだけは絶対に避けたいと思っている」と菅本はみてとった。

図19　大友六郎（大友直人氏提供）

調査期間中、菅本は前田に会う機会があった。今太閤と呼ばれた立志伝中の人物に、菅本は興味がなくはなかった。前田自身の胸像が飾ってある会長室で、前田は「新聞社の調査は難しいでしょう」という意味のことをいった。会社とはカネと数字の集積であると同時に、人々の情念がいっぱいに詰まった存在でもある。遠慮会釈のない外部の目が入ることに、前田は無念だったに違いない。

しかし、菅本は経理マンとしてその言い分に同意するわけにはいかなかった。「いやちっとも普通の会社とちがいません、もし異なっていたらこうしてやってきて調査などできません」と返事をした。今太閤であろうが、風雲児であろうが、カネがまわらなくなれば相応の措置をするだけのことだ。それが、近代経営というものだった。[168]

大友はその後前田とともに東京タワーに移り、社長、会長を務めた。「いつも目立たぬ形で控え、陰の人として諸方面の工作に当たってきた」のが大友だったと『前久外伝』は書いている。

大正元年、東京生まれ。早稲田大学専門部政経科を卒業して日本工業新聞東京支局に記者として入社した。[169]大友の子で日本フィル正指揮者、大阪フィル専属指揮者などを歴任してきた大友直人《おおともなおと》・大阪芸術大学教授によると、経歴はやや食い違う。早稲田では雄弁会に所属し、活動のせいで大学当局ににらまれ中退したという。雄弁会は一九二九（昭和四）年、当局の圧力でいったん解散に追い込まれている。このときの騒動に大友が関わっていたとすれば平仄が合う。

前田が水野と知り合ったのも、戦前の記者時代に大友が水野との人脈を築き、前田に紹介したからだった。[170]菅本の調査をみる視線の複雑さも理解できる。

大友は東海大、日本女子大の理事なども歴任したが、一九七九年、急逝した。直人によると、熱い血を抱えていたようだ。起点はおそらく雄弁会にある。直人は小さいころ、雄弁会出身でのちに首相となる海部俊樹《かいふとしき》から「大友先輩はいらっしゃいますか」と電話がかかってきて驚いたという。大友を中心に数人の仲間がしばしば集まって天下国家を論じていたことも直人の記憶にある。その面々、すなわち〈チーム前田〉は産経から東京タワーに移り、要職を務めた。

指揮者として名を成した直人は、樋口廣太郎と会ったとき、「君は大友さんの息子なのか」と驚かれた。樋口は先に触れた通り、住友銀行頭取の堀田庄三の秘書だった。樋口は「お父さんは本当に苦労されたんだよ」と話したという。前田は次々に思いつきを口にするアイデアマン。大友が形にしていく役目だった。大友は最後まで前田と歩みをともにしたが、それは苦労であるとともに、よろこびでもあったのだろう。

話を前田に戻す。

関西テレビ、ラジオ大阪が放送を開始し、東京タワーが完成した一九五八年、産経の経営はいよいよ行き詰まる。『前久外伝』は、「国民的人気はまさに最高潮に達していた」と描く。[171] 事実、翌年の参院選に再出馬し、全国区第四位で当選している。だが人生で最大のピンチにもあった。天国と地獄の振幅の中で、前田は何を考えていたのか。

妻のヒサの回想がある。「前田の頭の中には多種多様な仕事が入っておりました。ですから、私と話しておりましても、いま何の仕事の話題なのか会話がつながらないのです。私は常にピントをしっかりとあわせなければいけませんでした」。[172]

寝苦しい夜、前田の寝室から呻き声が聞こえる。駆けつけると前田はびっしょり汗をかいて座っている。「お互い顔を見合わせて言葉がなかった」。[173]

前田は、夜よくトランプを切っていた。トランプが趣味だったわけではない。土壇場での思案のときに、ただトランプを切っていた。[174]

一九五八年九月一日付の業界紙『新聞之新聞』に「産経東京社長に水野氏／堀田住友銀行頭取の斡旋で」との記事が載った。見出しは確定的だが、本文は「就任が具体化し注目されている」と推測のかたちを取っている。もっとも、記事の内容はその後、ほとんどそのまま現実化する。五日付同紙には、前田との一問一答が掲載された。社長を探しているというのは本当だが、水野というのはデマだし、そもそも産経の経営は順調であり、単に自分が忙しいから候補を探しているだけだと述べている。大詰めの局面にあった前田には、真実を語る気力も余裕もなかったのだろう。

二二日付で「水野氏の入社、ほぼ確定」という大見出しが踊った。興味深いのは、財界が水野への経営交替によって、「産経にかつての時事新報のような性格をもたせる」ことを意図し、そのために応援しているとの記者の見方である。すでに時事は休刊していたが、根強い復刊への期待があったことをうかがわせる。

一〇月三〇日、社長に水野が就任した。当代きっての知識人水野の功績は、前田に欠けていた「どんな新聞をつくるのかという根幹」を考えたことかもしれない。

最後まで、前田は新聞購読料改定（値上げ）に望みをかけていた。行われれば一息つくことができる。だが値上げは実現せず、前田は経営を水野に譲る。明けて五九年四月、水野が社長に就任するや値上げが実現した。水野は就任早々に朝日、読売、毎日と四者会談をもった。前田時代、朝毎読は前田を加えての会合を持つことはなかった。「水野の得意もまたありありとしていた」(175)。前田は成り上がりであり、田舎者であった。

だが、朝日、毎日も大阪発祥である。明治のころ東京に進出し、商売第一の品のない新聞と攻撃されながらも東京紙を駆逐していったのは新聞史の教えるところだ。全国紙とは、田舎者が生み出したメディアなのである。一方で、都会的で洗練された時事新報は「日本一の時事新報」との賛辞をほしいままにしながらも時代の流れを読み誤り、消滅に追い込まれた。時事を産経の源流のひとつとするなら、こんな複雑な背景をも織り込む必要がある。

水野は豪放磊落で知られ、前田時代の人々は経営が変わって「水野進駐軍」におびえた。だが菅本は、水野が社長になって初めて迎えた決算において、本来特別損失として処理すべき前田時代の不良資産をそのまま抱え込むことを選んだと指摘している。特別損失を明らかにすれば前田の経営者としての、そして政治家としての生命が絶たれることは必至だった。[176] そこに水野の人情味をみるか、インテリゆえの勝負弱さをみるか。

『メディアの支配者』の作者、中川一徳は、水野を「カネに関しては底抜けの無頓着」と描くが、さらにいえば、一九五七年に設立され、五九年に開局するフジテレビの社長を兼ねる水野にとって、関西テレビの会長を務める前田は単に排除してすむ存在ではなかった。その関係は、前田を守る防護壁でもあった。

撤退戦においても、前田は攻めに出る。「後退を知らない」前田は健在であった。

経営譲渡の直前に水野との間で、財界人立ち会いの下で取り交わした覚書第七条は次の通りである。

乙（水野）は、左記株式額面合計三億五〇〇〇万円は甲（前田）がその私財を以て出資したことを認め、甲と協議の上適当な時期に適当な方法でこれを甲の名義に移すものとする。

「左記株式」の内訳として、大阪新聞社、産経新聞東京本社が保有する株式会社産業会館ビルの株式などが挙げられている。菅本によると、前田は取締役も辞任して産経の経営から完全に離れた直後の六〇年三月、すばやく水野に履行を迫った。

現代まで変わらず、不動産は新聞経営を支える根源的な力である。しかし、覚書にしたがってビルの株式を前田に渡してしまうと、影響力が持って回ったかたちで産経新聞社に残ることになる。水野としては好ましくない。なお補足しておくと、東西本社ビルの名称は産経会館だが、管理運営にあたる会社の名称は産業会館ビル（現在のサンケイビル）である。

前田は株式を水野に引き取らせて決着をつけようとした。もちろん、できるだけ高値で処理することが前田の利益となる。前田はビル株の買い集めを始めた。少なからぬ株主は前田と強い関係を保っていたから、これに応じた。その上で前田は産経新聞社にビル株を時価の一四・六倍にあたる三億五〇〇〇万円で譲渡した。

前田は他人の目からは惜しまれ同情さえされるようなかたちで産経の経営から手を引いていったが、実際には慎重の上にも慎重に産経の経営の譲渡をマイペースに乗せて自分の考え通りにことを運んだ、と菅本はみる。[177]

もちろん、水野もお人好しではない。老記者たちによると、こんな場面もあったようだ。前田がまだ会長として産経に席を残していたときのことである。社長室にふたつ机が並んでいて、やりにくいかたちになった。

萱原　前久さんがサンケイに片足残しておったんじゃないかと思うんだ。（略）そこで、僕らに水野さんが言うんだ。「前久さんか、一勝負やるかな、三〇分もあったら片がつくだろう」。そのうち、最後の話し合いをしたと見えて、「あっさり片がついたよ。五分だ、五分で片づけた」というわけでしたな。

下村 そういうもんかね。[178]

こうした水面下での熾烈な攻防は、大部分の役員にとってもあずかり知らぬことであった。吉田禎男はこのころ、ビル監査役を務めていた。回想録には、一九六一年四月ごろ、来る株主総会を機に水野が役員総入れ替えをするだろうという話が役員間でささやかれた、とある。前田系役員として吉田のほか全徳、早嶋らが名を連ねていたが、みな辞表を出さなければならないと浮き足立っていた。

五月一日、東京の前田宅に電話し、監査役を辞任したいと申し出るが、前田は「任期まで務めろ」とどこまでも強気だった、と吉田は閉口したように書いている。[179] 四日夜、今度は前田から電話がかかってきて、任期まで絶対に辞めるなと再度釘を刺された。

吉田は、真意をつかみかねて苦しんだ。ここまで常識外れの闘争心は、普通の人間にはない。結局吉田は辞表を出し、全徳が中心メンバーを務める福井県の観光開発を行う会社へ移った。[180]

つばぜり合いは、その後も続いた。一九六四年ごろ、前田は「いよいよ東京タワーの鉄塔を分身であるかのように執着し、日本電波塔の株集めに余念がなかった。そのため自身が保有する関西テレビ株とニッポン放送・文化放送・富士テレビの三社が保有する日本電波塔株を交換してほしいと水野に要請した」。水野は大盤振る舞いの癖が出て、これを呑む。前田の狙い通りだった。前田を利することは明らかだったので、当時産経の副社長だった鹿内信隆が異議を唱えたところ水野の逆鱗に触れ、副社長を辞任するハメになったという。[181]

前田は戦いに勝ったのか、敗れたのか。撤退戦を強いられていたのか、新しい戦いを仕掛けていたのか。成功したのか、失敗したのか。結論は判然としない。経営が切り替わったとき、水野が経営の全権を持つが、大阪に関しては副社長で前田の腹心である沢村義夫が管轄するという協定が成立していたとの説もある。[182] 少なくとも『前田久吉傳』が「まさに心機を一転して（略）新局面に対し、果敢に立ち向かうのであった」などと描くようなさわやかな去り際だったとは考えづらい。

むろん、単純な反目だけが残ったわけでもない。水野は一九七二年、七二歳で亡くなった。前田がつぶやいた。「水野がかわいそうだ。自分の代わりに逝ってくれたんだ。それほど大変だったんだ[183]」。

第6章　老アントレプレナーの布石——高度成長の時代：一九五八—一九八六

新事業への執念

東京タワーという迷宮

一九五八（昭和三三）年一二月に竣工した東京タワーは開業一年で五一三万人の来場者を数え、東京のシンボルとなった。建築中の東京タワーが重要な役を果たす映画『ＡＬＷＡＹＳ　三丁目の夕日』をみても、神通力は今日まで続いている。

が、正力松太郎は、最後まで東京タワーが気に入らなかったらしい。日本初の民放テレビである日本テレビをつくった正力は、東京タワーに相乗りすることを潔しとしなかった。

日本テレビの鉄塔は高さ一五四メートルで東京タワーの半分にもみたない。一九五八年二月、東京タワー建設中の前田は正力を訪い、辞を低くして、年末に完成する東京タワーに日本テレビの参加を求めた。正力はけんもほろろに断った。

正力は東京タワーに移るどころか、「自分の家があるのに、長家住まいすることはない」といい放ち、東京タワーを超える五五〇メートルの高さのタワーを新宿に建てる計画を発表した。一九六八年一〇月二四日には実際に起工式を行っている。が、一九六九年一〇月に正力は死去。タワー建設は中止となり、一九七〇年一一月には日本テレビが東京タワーを送信塔として利用開始した。

前田は正力の下風に立つつもりはなかったが、体面にこだわる意固地さもなかった。

前田氏としては、正力氏に頭を下げたことも、東京タワーの繁栄でウップンは晴れた。考えてみると前田氏が南大阪新聞を作ったのが大正一一年。正力氏が読売新聞に乗り込んで再建に取り掛かったのが大正一三年。（略）前田氏は（略）東京に華々しく進出したが、正力氏は（略）大阪読売新聞として産経の本域を脅かした。まさに宿敵である。(1)

前田は、東京タワーにどんな狙いを込めていたのか。複雑に入り組んだ産経の経営の全体像が前田の頭の中にしかなかったのと同じく、タワーに託された全体構想は前田しか知らなかったのではないか。

東京タワーは産経新聞の広告塔だった、との証言がある。妻のヒサは「前田に、東京タワーをつくる目的は何だったかと聞きましたら「新聞のためだ」と言いましたよ、拡販だと。「正力がドーム球場なら、うちはタワーだ」と」(2)。現在の東京ドームの前に、正力は屋根付き球場の建設を計画していた。

むろん、それだけの狙いであるわけはない。テレビ業界の草創期にあって、東京に足場を持たなかった前田が不利を逆手にとり、首都にテレビ塔が乱立するのを避けるアイデアとして、第三者的な立場を有効利用するかたちで殴り込みをかけたという側面もあるだろう。観光塔としてエッフェル塔に比肩する名所に育て上げるという動機もあっただろう。

まだある。

前田はタワーを来るべき情報化社会の拠点とする夢をも描いていた。動き出した情報化社会への布石として「東洋一のコンピューターセンター」の役割を託そうと考えていた。さらに、情報化時代の新聞を新たに創刊することで、新聞界への復帰という乾坤一擲を目論んでいたフシもある。

東京タワーの機能的で美しい姿は、幾重にも張りめぐらされた前田の複雑で、しばしば奇怪な構想のカムフラージュでもある。内実は簡単にはうかがいしれないが、表向きいうような、「どうせつくるなら、世界一を」「エッフェル塔をしのぐものを」というわかりやすい動機でつくられたのではないことだけは確かである。

複雑に組みたてられた迷宮に、前田は住んでいた。迷宮のなかで、前田は孤独だった。東京タワーが完成したとき、六五歳になっていた。

半世紀前のクラウド・サービス

迷宮のなかを探ってみたい。

一九六八年五月五日、前田は東京タワーから小さな新聞を創刊した。ＥＤＰジャーナルという。一二ページ建て、月二回発行。創刊号一面には当時の通商産業相、椎名悦三郎《しいなえつさぶろう》と、郵政相、小林武治《こばやしたけじ》の寄稿が並んでいる。

ＥＤＰとは「エレクトロニック・データ・プロセシング（電子データ処理）」の略。当時、現在の「ＩＴ」とほぼ同じように使われていた言葉である。一九七〇年、日本情報産業新聞と改題。前田は八六年に亡くなるが、新聞は二〇一七年まで発行を続けた。

前田が老境に差し掛かってできた息子で、現在東京タワー社長を務める前田伸《まえだしん》はいう。

「僕が小さいころ、（久吉が）この新聞持ってね、これ面白いんだよ、と。新聞っていうのはね、とってもおもしろい事業なんだよ、と。すごくうれしそうにいったことがあって」。

日本情報産業新聞の新規購読申し込みカードを、前田は常に所持していたという。「やっぱり新聞人そのものだった。こよなく新聞に愛情を持っていたのは間違いない」。

砂を噛む思いだったに違いない産経との決別から約一〇年。再び創刊した小さな新聞にどんな思いを込めたのだろうか。

ヒントになる言葉がある。前田は自らの言葉を後世に残すことに興味を示さない人間だったが、創刊号には写真入りで登場し、「ＥＤＰ啓蒙に期待」との一文を寄せている。「東京タワーができて一〇年、その間ラジオやテレビの電波塔としてあげてきた成果も大きいと思うが今後はさらにテレ・コミュニケーション時代における新たな役割も十分にはたし、社会に貢献したい」。その手はじめとして昨年、日本ＥＤＰ株式会社を設立し、今、ジャーナルの創刊にこぎ着けたのだ、と前田は続ける。「情報処理方式の開発がひろく産業社会全体にとって大きな課題となっているとき、この分野の専門紙の発刊はまことに意義深いものがある」。新聞への愛着、ノスタルジアに代わって、ここでは総合情報産業とでも呼べるような次世代メディアへのまなざしが浮かぶ。

〈テレ・コミュニケーション〉とはなにか。テレビのことではない。テレとは「遠隔」を意味する接頭辞である。

「そもそも東京タワーは、日本電波塔という会社名から推測できるように、電波（無線）通信を利活用して情報処理を行おう、という構想のもとに建設された。その手始めがラジオとテレビだったに過ぎない」。そう語るのは、すでに本書で一度登場した佃均である。佃はEDPジャーナルを経て、のち日本情報産業新聞の取締役編集長を務めた。現在はIT関係のジャーナリストをまとめる「IT記者会」を主宰し、日本のIT産業黎明期を知る一人だ。前田健在のころ、佃は「東京タワービル三階事務スペースの廊下で、日に一度、二度は必ず挨拶していた」。

佃によると、EDP社はタワーからの電波を使って放送のみならずデータ通信を行う構想を秘めて設立された会社だった。「東京タワー」という社名が当初「日本電波塔」だったのはそのなごりだという。

メディア研究者の松山秀明《まつやまひであき》は、東京タワーの運営会社の当初の正式名称が「日本電波塔」だったことを挙げ、「東京タワーとは都市のシンボルとしての聖性をもつ前に、広範囲に電波を行き届かせるために天高く屹立した、きわめて実用的な塔である」とし、「「戦後東京の象徴」として語られることが多い東京タワーは、言うまでもなく、きわめて「テレビ史」的な設立の経緯があった」のだと指摘している。(3) 東京タワーをハナから表象としてとらえるのでなく、まずその実用的な意味から考えるべきだとする松山の意見に本書はおおいに賛同するが、ただしその「実用性」は、ただテレビのみを視野に入れたものではなく、情報通信の未来全体を見据えたものだったのである。そう考えるなら、東京タワーは「テレビ史」的文脈だけでなく、やはり広く「戦後社会史」的文脈において語られるべき存在であろう。

推測ではあるが、無線とデータ通信とコンピューターの融合というアイデアをイチから前田が組み立てたとはかんがえられず、であれば松尾三郎が持ち込んだ案が基盤にあると思われる。松尾がタワー建設の企画書をつくっていたことはすでに述べたが、無線の専門家だった松尾は同時に、戦前・戦中にレーダーの開発に従事した経験から、無線とコンピューターの融合を考えていた。日本電波塔に籍を移した松尾は、タワーの構造解析の作業を通じて、電子計算機にも興味を持ったという。そこでひらめいたのが、「東京タワーの電波受発信機能を使えば、全国のどこからでも電算処理を受託できるではないか」というアイデアだった。(4)

EDPジャーナル　(2)

支援を惜まず
日本電子計算開発協会会長　平田敬一郎

EDP啓蒙に期待
日本電波塔株式会社社長　日本EDP株式会社社長　前田久吉

論壇
種まきと落穂拾い
—発刊に際して—

会員拡大・組織強化
七月には視察団も派米
日本計算センター協会

東芝府中工場　稼動を開始

図20　EDPジャーナル創刊号

これが、〈テレ・コミュニケーション〉というわけだ。佃は「一九六四年の東京オリンピックをきっかけに広がったオンラインシステムの無線版のようなものだったのでは」としている。

情報社会という言葉が登場したころだった。日本において情報社会論の嚆矢となったのは梅棹忠夫《うめさおただお》が一九六三年に発表した「情報産業論」とされる。敗戦後ようやく世の中が落ち着き、次の日本を支える基軸産業が何か、競争が始まっていた。新聞界を去って久しい前田は、隠居どころか現役選手としてそこに参加していた。

世の中のすべてのものごとと同じく、いかに奇想天外なアイデアに見えようと、そこには伏流として流れる先行事例がある。

前田の〈テレ・コミュニケーション〉構想についていえば、それは正力松太郎のマイクロ波ネットワーク構想であっただろう。こちらは実際に世に問われ、物議を醸した。

正力が戦後、日本初の民間テレビ放送として日本テレビを設立したことはよく知られている。そして、その計画が冷戦期にアメリカの影響力を拡張し、安全保障を強化する意図とむすびついていたことも同じく知られている。

実は正力によるテレビ計画は、単にテレビ放送の開始だけではなく、全国二〇余カ所の中継所を各地の山頂につくってマイクロ波で結ぶ通信ネットワーク構想とセットになっていた。さらにスケールの大きいことに、そのマイクロ波ネットワーク構想は、同様に世界各地の山頂に設置した「マウンテン・トップ方式」の中継所をむすんでグローバルにファクシミリや電話など情報通信全般を可能とする米国の「ユニテル」構想の一部だった。

ユニテル構想については、戦後放送史に詳しい有馬哲夫《ありまてつお》が詳細を明らかにしている。有馬によると、世界多重通信網としてのユニテル構想の日本における最初のステップが東京局、つまり日本テレビであり、第二ステップとして名古屋と大阪にも基幹局が開設されると同時に、テレビ、ラジオ、ファクシミリ放送のような放送事業だけでなく、電話など通信事業、レーダーなど軍事通信にも事業分野を広げる予定だった。そして第三ステップとして、三大都市の基幹局の下に一九ローカル局を設け、これらを通じて多重通信サービスを日本全国に届けることになっていたという。(5)

放送史研究者の松田浩《まつだひろし》は、マイクロ波ネットワーク構想について、「これが正力構想のなかで、どれだけ大きなウエートを占めていたかは、今日においても、なお十分理解されていない」と述べている。正力の関心は当初、大衆娯楽メディアとしてのテレビそれ自体にあったが、アメリカ側関係者の説明を聞き、マイクロ波による〈テレ・コミュニケーション〉が、放送だけでなく通信や経済全般の近代化に画期的な意味を持っていることを見抜いたという。(6)

正力のマイクロ波構想は種々の理由から挫折するが、前田がその野望を把握していなかったはずはない。その意味では、前田による東京タワーからの〈テレ・コミュニケーション〉構想は、遅れてきた正力構想ともいえるが、しかしそこにコンピューターという要素をいち早く持ち込んだところに新しさがあった。

日進月歩のＩＴ業界で、後ろを振り返る者は少ない。ＥＤＰ社が存在していたことは事実としても、どんな規模だったのか、産業史にどんな位置づけをもっているのか、ほとんどわからない。佃の著作はそれに触れた数少ないひとつだが、ほかにＩＴジャーナリストの谷島宣之《やじまのぶゆき》の記事がある。谷島はＥＤＰ社をこう説明する。

やや乱暴に言うと、その設立主旨は今日でいうクラウドコンピューティング・サービスを東京タワーから提供しようというものであった。顧客は自分のコンピューターを持たなくても、日本ＥＤＰが東京タワーの中に

設置したコンピューターを使って業務を処理できる。(7)

「今日でいうクラウド・サービスを東京タワーから提供しようというもの」という部分に興味を惹かれる。クラウドコンピューティングは今、高速のインターネット接続があってこそ実現されているが、それを電波でやろうとしたというのである。

構想は日の目をみなかったが、前田のコンピューターに対する野心は、意外なかたちでその後の産経と共鳴した。

ＥＤＰジャーナルは、新聞の体裁を整えたコンピューターに関する活字媒体としてはおそらく国内で初めてのものだった、と佃は書いている。タブロイド判一〇—一二ページ、一部一〇〇円、年間購読料二四〇〇円。発行はＥＤＰ出版社。編集兼発行人は鈴木惣一《すずきそういち》という人物である。

鈴木は宮崎市生まれ。早稲田大学を出て産経新聞社に入った。東京本社社会部長、論説委員、編集局次長、日本工業新聞社取締役編集局長を経て一九六一年同社常務に昇格した。産経時代は前田の部下だったわけだから、ＥＤＰ出版に来たのも前田の関係だろう。

一方で一九六八年四月、日本電子計算機開発協会広報担当理事にも就任した。同協会をつくったのは、当時の産経新聞社社長、稲葉秀三《いなばひでぞう》だったから、稲葉の「引き」だったことは想像に難くない。

稲葉は、何度かのアメリカ視察を通じて、国内産業の国際競争力を強化するには電子計算機の活用が欠かせないことを見抜いていた。あわせて国産の電子工業技術が将来の日本を支えるキーテクノロジーであると認識していた。

稲葉のコンピューターへの入れ込みようは本物だった。稲葉が産経の社長に就任したころの社内報『産経ＨＯＭＥ　ＪＯＵＲＮＡＬ』では、「新聞製作、コンピューター時代へ」という記事のほか、「教養講座　やさしいコンピューター教室」という連載まで始まっていた。

産経新聞東京本社に、作業が中断したままになっている社史編纂関連の資料が保存されている。その中に、稲葉についてのインタビューのメモが残されている。稲葉の側近として仕えた河端照孝《かわばたてるたか》に対して九五年一一月三〇日に新霞が関ビルで行われたインタビューの内容だ。それによると、ベストセラーになった杉山隆男《すぎやまたかお》『メディアの興亡』（一九八六年）をきっかけに、新聞制作にコンピューター導入を図ったのは日本経済新聞社だという認識が世間に広まったが、実は新聞社へのコンピューター導入は産経が最初だったという。一九六六年から六七年にかけて、産経は新聞制作工程に富士通のマシンを入れ、事務部門にもユニバックのコンピューターを導入した。河端曰く、「日経がコンピューターですごくやっていたことは僕も認めますが」その実働部隊は「稲葉が（産経で）育てたコンピューター要員」だった。彼らが日経に大量に移籍した結果、日経のコンピューター化が急激に進んだという。[8]

前田と稲葉は当然、知り合いだったが、鈴木という媒介項を通してみると、なぜ前田がコンピューターに目をつけたのか、そして産経新聞がどうかかわっていたのかがぼんやりと浮かんでくる。

前田はＥＤＰ社をただの情報サービス会社にするつもりはなかった、と佃は書いている。電子計算機の導入を検討し始めた企業の担当役員などを招き、経営管理講座などを「マネジメント・サイエンス・クラブ（ＭＳ

C)」と称して開き、会報的な媒体として『データネットニュース』というコンピューター専門紙を発行した。

コンピューター産業の揺籃期、ユーザー側の啓蒙などを意図した一群の人々がいた。彼らは大手企業の中にいて、コンピューターを業務にどう活かすかを業界横断的に話し合っていた。そうした人々が集まり、ときには移籍してきたのがEDP社だった。煩雑を避けるため名を列記することは控えるが、たとえば『メディアの興亡』[9]で日本経済新聞社長の円城寺《えんじょうじ》次郎《じろう》がコンピューターについて教えを乞うた相手として登場する鵜澤《うざわ》昌《まさ》和《かず》が、その後EDP社設立にあたって副社長として参画したということひとつをとってみても、日本のコンピューター産業の黎明期における「原始スープ」のような磁場が、東京タワーあたりにあったことがみえてくる。

だがうまく発展しなかった。EDPジャーナルも、一九六九年に鈴木が死去し、迷走が始まった。ふたつの媒体をどうするかについて、コンピューター業界の旗振り役であった稲葉に相談が寄せられた。稲葉は前田と話し合い、EDPジャーナルとデータネットニュースを整理することにした。データネットニュースは一九七〇年三月末で廃刊、EDPジャーナルを存続媒体とし、情報産業新聞を新たに創刊するというかたちをとった。EDP出版は産経新聞の子会社としてスタートしたコンピュータ・エージ社に統合された。

コンピュータ・エージ社は一九六七年二月、大手町の産経ビルに産経新聞社の半額出資により設立された出版社である。四月、『月刊コンピュートピア』創刊[10]。同誌は二〇〇五年に休刊するまで、わが国のIT産業の旗振り役として重要な役割を果たした。

大阪電気通信大学

公職追放中に引き受けた大阪電気通信大では、前田は追放が解除になったあとの一九五一（昭和二六）年、理事長の座についた。

学園改革の第一歩として、前田は学園を財団法人から学校法人に改めるとともに校名を大阪電気通信高等学校と改称した。このとき、各種学校から文部省認定の高等学校になった。六一年三月には文部省から四年制の大阪電気通信大学の設置認可を受け、五月に待望の一期生入学式が行われた。[11]

小冊子『母を憶う』では同大学への、そして教育への思いを語っている。

> 戦後の混迷で生徒は減りに減り、今にも廃校の寸前という状態であった。だから、何のものずきであんなものを引き受けたのかと、わざわざいってくれたひともあったほどだが、もともと私がこれを引き受けたというのも、私の少年期、身にしみた独学の体験が、私にそうさせた、ともいえるのである。（略）私は毎年春の卒業式に列して、希望に溢れる若い人達を前に、卒業証書を渡すときが、なんとも言えずたのしい。お役に立つ人間になってくれと肩をたたき、ひとりひとり送り出してやりたい思いに胸が一杯になる。なにかしら肩の荷が一つ一つおりてゆくようで、自分の少年期を思い出し、そして母が、どこからかうれしそうにみていてくれるような気さえしてくるのである。[12]

前田が産経を離れてしばらくたった一九六一年二月ごろの吉田禎男の回想録に、前田とともに「寝屋川《ねやがわ》へ行き、目下建築中の大阪電気通信学園（近く大学昇格）大学部校舎の下検分」「浅野氏と会見、来たる五月同校寝屋川大学部の新校舎落成式の打ち合わせ」との記述がある。[13] 希望に満ちた大学の開校は前田の心にも明るさをもたらすものだったのではないか。

同校の始まりは、一九四〇年四月に開かれた大阪無線学会主催の第一回無線通信士養成講習会にさかのぼる。大盛況だったこの講習会の熱気から学校設立の機運が盛り上がり、四一年四月の東亜電気通信工学校開校に結びついた。中心的な役割を果たしたのが浅野由三《あさのよしぞう》だった。

浅野は一九〇四年生まれ。無線電信講習所（現・国立電気通信大）を卒業した専門家で、電気通信従事者の育成に情熱を燃やしていた。学校設立に向け、議論のため深夜まで一杯のコーヒーを前に阿倍野の喫茶店で粘り、ついには店から締め出しをくらったこともあった。[14]

図21　浅野由三（大阪電気通信大学提供）

浅野は「日本一の電子工業大学をつくる」という夢を持っていた。関係者は、浅野の話を聞くのに「五時間以上、トイレも行かないで辛抱した」と回想している。[15]

前田は大阪電気通信大理事長を七一年まで務めた。東京タワーはじめ他の経営に忙しかったのか、大学にはあまり姿をみせなかった。東京にいる前田への連絡は、常務理事だった浅野の役目だった。浅野は七四年九月に亡くなる。前田は「まさに氏は、この学園のために、この世に生を受けて現れたような人

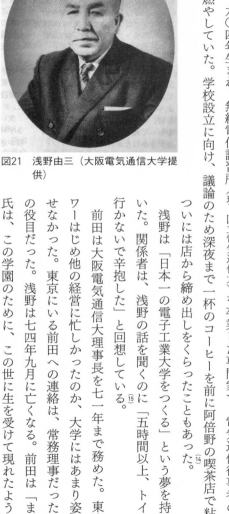

として、私の敬愛している人物の一人であります」との言葉を寄せている。[16]

電気通信事業に興味を持っていた前田にとって、大阪電気通信大は実践の場でもあった。冊子『学園27年の歩み』で、前田は「未来を創る電算機時代」の項を設け、一九六一年の大学設置と同時に電子計算機を導入した先見の明を誇るとともに、「電算界の急激な膨張は、プログラマー、キーパンチャーの不足を招来することは火を見るよりも明らか」だったため、六七年、旧守口市民会館の建物を改装して電子計算センターを開設したと振り返っている。[17]計算センターとは、情報処理技術が進化するなか単独で計算機を設置できない企業向けに、計算処理を請け負う商売で、五八年に設立された東京電子計算センター以降、全国に広がっていた。[18]前田は当然、動向を熟知していたはずだ。

もっとも、前田が、「大阪電気通信大学の父」あるいは「中興の祖」として、尊崇の念を集めている、というわけでは必ずしもない。『母を憶う』の記述では毎年の卒業式に出席していたように読めるが、ほとんど姿はみたことはないという証言もある。電子計算センターにしろ、前田の記述によると教育機関のように読めるが、実際にはビジネスとしてやっていた事業だと考えるべきだろう。

今、大阪電気通信大を訪ねると、前田をしのばせるものはほとんど残っていない。事務局のひろいスペースの壁面には、何人かの歴代理事長の肖像画が飾ってあるが、前田のものはない。

わずかに、キャンパスが完成した当時の「定礎」に、前田の名をみつけることができる。前田の肩書は理事長だが、その前に創立者・常務理事として浅野由三の名が刻まれているのは実務を取り仕切った浅野への敬意だろう。しかし、学長をはさんでそのあとにずらりとならぶ理事の顔ぶれが興味深い。

前田冨次郎《まえだとみじろう》、全徳信治、沢村義夫。いずれも「前田商店」の面々である。冨次郎は弟。全徳は経理部長として南大阪新聞時代から前田を支えた。沢村は大阪時事新報から大阪新聞に入社しのち産経新聞社長、関西テレビ副社長を務めた側近だ。

すでに水野成夫が産経の経営をにぎり、前田の影響力はほとんど排除されていたころである。全徳は別の会社で役員を務めていたし、沢村は関西テレビの副社長だが、産経とは一線を引いていたはずだ。これらの人びとが電気通信やコンピューターの専門家であったわけでもない。

前田は私的なネットワークを学校に持ち込んだ。事実、関係者からは、のちのちまで学内には「産経系」の人びとが派閥をつくり、問題化したこともあったとの証言も聞いた。実際には「前田系」であったはずだ。前田はついに「会社は自分のもの」という意識から抜け出すことができなかった。「公」と「私」を融通無碍に行き来する前田の体質。ときにはプラスの効果をもたらすものの、少なからぬマイナスもあったことは否定できまい。

俗塵から離れて

数寄者たち

数寄者《すきしゃ》という言葉がある。芸道に熱心な人物という意味だが、近代以降は茶の湯を趣味にする人、とりわけ財をなした成功者として茶を楽しむ人というニュアンスが加わる。

図22　産経会館内での茶会。左から前田、伊東正徳、千宗室（淡々斎）、五島慶太、小林一三、松永安左エ門、小泉信三（東京タワー提供）

近代数寄者といえば、小林一三は代表的な一人だし、電力事業で小林のライバルだった松永安左エ門《まつながやすざえもん》もそうだ。戦後しばらく、財界において茶の持つ意味は今とは比較にならないほど大きかった。

前田も茶を趣味としていた。が、錚々たる数寄者の中では大物とまではいえない。

こんなエピソードがある。裏千家の千玄室・前家元の直話である。

多田侑史《ただゆうし》という人物がいた。産経新聞に入り、東京で初代文化部長を務めた。茶道に造詣が深く趣味人だった。あるとき、多田は茶道の海外普及について、取り組みが注目されていた当時の若宗匠（現在の千玄室・裏千家前家元）に取材した。そこで意気投合した多田は「一度うちの社長に会って下さい」と前田に引き合わせた。

その後、多田は裏千家東京出張所初代所長に転出する。そのつながりが、前田が東京に建てた自邸で茶会を開いた際に生きた。そうそうたる面々があつまった。藤原銀次郎。松永安左エ門。文化人として前田と親しかった吉川英治《よしかわえいじ》、川口松太郎。だが前田に点前《てまえ》はできない。そこで当時の裏千家家元・千宗室（淡々斎《たんたんさい》）が亭主を務めた。普通ではあり得ないことだが、そこには多田らを介したつながり、そして人間的な交流があったのだろう。

淡々斎は前田の自邸の茶室に、無遮居《むしゃ》という名を贈った。一般に茶室は「庵」と命名される。が、前田はまだ自分は分不相応だ、と遠慮した。それで、「庵」の手前の「居」となったという。

無遮とは、四方に遮るもののないこと。現在、東京タワー展望台にその扁額をもとにしたディスプレイが飾られているが、無遮居とは東京タワーのことではない、と前家元はいう。そうではなくて、四方に遮るものがない産経の上り調子のことを指している。なぜなら、そのときはまだ東京タワーは建っていなかったのだから。[19]

ちなみに無遮とは仏教用語で寛容で差別や制限のないことという意味もある。自身も前田と親しかった前家元は「誤解する人もいるのですが、前田翁はとても謙虚な方でした」と話す。

前田は茶に何を求めたのだろうか。酒の付き合いと茶の付き合いは違う。茶の席は、酒の席のようにことさらに打ち解け、腹を割って話すわけではない。しかしそこにはやはり、独特のコミュニケーションがある。それが事業の大きな流れを左右していた時代だった。

前田は小林らとともに細流会という集まりをつくり、持ち回りで茶会を楽しんだ。前田は書いている。「財界人のお茶の集まりにはいろんなグループがありますが、大体メンバーが決まっていますから、単なる社交上の交際とちがって心やすい打ち解けた気分がかもされ」、胸襟を開いて語ることによってときに起死回生の策を得られる。[20]

一九五六年三月、前田は東京産経会館内につくった茶室で松永安左エ門、小林一三、五島慶太《ごとうけいた》、小泉信三《こいずみしんぞう》[21]らを招いて茶会を催した。これを契機に、産経紙上に小泉の寄稿が毎日掲載されるようになったという。前田にとって茶は休息、娯楽であり、かつ真剣勝負の場であった。

南房総・鹿野山

前田の晩年の舞台は、東京からさらに千葉に移る。

天下茶屋から大阪市内、大阪から東京へと移り変わった前田の活躍の舞台の変遷は、彼のあくなき拡大への意欲と重ね合わせればわかりやすい。が、その後南房総に焦点を移した理由と経緯はわかりにくい。また、例の如く、前田は理由についてなにも語らないし、説明もしない。ただ、思いつきのようでいて、あとから考えてみると「なるほど」と気づかされる布石も打っている。

前田の妻、ヒサが二〇一四年に刊行した『マザー牧場誕生物語』などに依拠して、前田が千葉になぜ目をつけたのか、なにをしようとしていたのかを概観してみたい。

一九五八(昭和三三)年一〇月に産経の社長から会長となり、実質的に産経の経営から退いた仕事人間・前田の心にはぽっかりと穴が空いた、とヒサはいう。

折から、二回目の参院選が控えていた。ここが面白いところなのだが、前田の場合、「では、今度は政治家だ」とストレートにはいかない。むろん、周囲はそうみていただろう。当選は片手間ではできない。結果的に前田は全国区四位で当選している。心血を注ぎ込んだ、といっていいだろう。

しかし、前田は選挙戦の過程で、別のものに心をとらわれてしまう。

一回目の選挙は大阪中心に動いた。今度は、すでに東京に産経の本社がたっている。関東での票を取りたい。

有力者にツテをたどって、票集めに奔走した。

産経新聞に輪転機を納入していた池貝鉄工所（現・株式会社池貝）という会社があった。旋盤やディーゼルエンジンの製作を手掛ける老舗だが、新聞社向けに高速度輪転機も納入していた。芝・増上寺の檀家総代でもあり、前田が東京タワーの土地を増上寺から購入する際にも大きな役割を果たしている。[22] その二代目社長の池《いけ》貝《がい》庄《しょう》太郎《たろう》が千葉・館山《たてやま》出身で、地元のバス会社、日東交通の社長で衆院議員だった中村庸一郎《なかむらよういちろう》を紹介した。

前田は中村に「一緒に千葉を開発しませんか」と持ちかけられたという。参院選で、東京、大阪に次いで票が集まったのが千葉だった。前田は風光明媚で東京湾を一望に見下ろす鹿野山の開発をてがけることを決意し、「房総開発」を設立した。

アキレス腱は、水だった。水が出ない。公営の簡易水道があったが、朝夕三〇分の給水がやっと。住民は天水桶や貯水槽に雨水を蓄え、家事に必要な水を賄っていた。一九五九年九月、鹿野山カントリークラブ（現・鹿野山ゴルフ倶楽部）が開業したが、水が出なければ死活問題である。前田は水源を探し始めた。

徒手空拳で山をさまよい歩くわけにはいかない。ヒサの著書によると、前田の相談に乗ったのはスーパー「吉池」の経営者の高橋與平《たかはしよへい》、高橋が紹介した「北陸掘削」の志賀東一《しがとういち》、高橋の友人で山形大学名誉教授の安《あん》斎徹《ざいとおる》らだった。山の中の「水のにおい」を求めてさまよい歩く。一九六六年、ついに水源を発見した。

赤坂の家に帰ってきた前田が、ヒサに「出たよ」とぽつんといった。前田は七三歳になっていた。

それに先立って一九六三年五月、マザー牧場が開園した。

戦後、台湾からの引き揚げ者一二人が酪農を志して鹿野山に入植した。しかし水もなく、苦闘が続いていた。

図23　探し当てた水源からは今も水が湧き出ている

そこに前田が手を差し伸べた。

実際に農業を行ったわけではない。狙いは、観光農場として経営を成り立たせるところにあった。六四年、ヒサを連れてアメリカ西部とカナダ南部の牧場を視察。それにヒントを得て、「畜産オリンピック」を開いた。「六〇万坪のマザー牧場を活用した近代農業と畜産の一大絵巻」だった。

アメリカ、イギリス、カナダ、ニュージーランド、オーストラリア、デンマークから乳牛、肉牛、ブタ、綿羊を集めて展示販売。日本の畜産業者が買い付けに群がった。開設されたアトラクション「牛乳実演館」をヒントに翌年からマザー牧場では乳牛の手しぼり体験を始める。この成功で、「日本初の観光専門牧場」としての道を歩むことになった。今も続く牧場の名物「こぶたのレース」は、競馬好きの前田の発案によるものだ。

マザー牧場には、意外な施設もあった。日本近代文学館別館の日本児童文化館である。

昭和三〇年代末期、日本近代文学館をたてようという計画が持ち上がり、理事長だった高見順《たかみじゅん》は頭を悩ませていた。それを耳にした前田が、千葉県鹿野山の土地を提供しようと申し出た。一九六三年二月一日、高見が東京タワーに前田を訪ねた日記が残っている。「前田久吉氏に会う。文学館建設の決意は、前田氏が鹿野山の土地二〇〇〇〇坪（結果は三〇〇〇〇余坪）を私に提供してくれるということで勇気を得たのによる。改めて謝意を表し、鹿野山に文学館の詩歌館を建てたいという構想を話す。すなわち、二〇〇〇坪を、改めて私にくれないかと頼む。よかろうと前田氏が言う」[23]。日本近代文学館は東京・駒場に土地がみつかり、鹿野山に行く必要がなくなったが、今度は児童文学関係で利用したらどうかという話になり、六五年八月、開館した[24]。

マザー牧場開設の動機については、母シゲノへの思いからだったと説明されることが多い。貧しい暮らしの中で、シゲノはしばしば「牛一頭でもいたら、畑仕事もずいぶん楽になるのに」と嘆いていたという。その光景が前田の目に焼き付いていて、「マザー牧場」を思いついたというのだ。

だが、前田の多角的な事業展開をみていると、根本にあった動機はどうもそれだけではないようにも思えてくる。

開発に本格的に乗り出す前の現地視察の際、前田は明治期の鹿野山が外国人の避暑地兼社交場だったという話をきいて、強い興味を示したという。

以下はまったくの推測だが、前田は鹿野山に神戸・六甲の山並みを重ね合わせたのではないか。そして、六甲山開発の偉大な先達、小林一三の背を思い浮かべたのではないか。前田は南大阪出身で、大阪人のイメージが強いが、戦後は神戸・御影《みかげ》にも別宅を構えていた。また、宝塚ホテルの別館として開業した六甲山ホテルに、しばしば小林一三を訪ねてもいる。

夕刊大阪は、「六甲越競争」などのイベントでも人気を呼んだ。農業だけでなく、観光、文化にも気を配る。そう考えると、新聞からテレビ、タワーそして牧場という一見バラバラな足取りに一本の線がみえてこないだろうか。

もっとも、前田の構想は例によって複雑である。産経を去った後の前田の足取りを注意深くたどっていくと、あちこちに新聞への執着がみえ隠れする。日本情報産業新聞もそのひとつだが、さらに農経新聞という新聞がある。今も五反田駅南に本社を構え、発行を続けている。

同社ホームページなどによると、一九六四年六月に「農業の近代化」を目的として、個人的に前田が創刊した。ただし、記者は産経新聞から移籍させ、題字も産経新聞の「産」を「農」に変えただけだったという。[25]

新聞といえば、一九六七年には経営危機にあった大阪日日新聞の再建に前田の弟の冨次郎が乗り出したと報じられた。大阪日日は戦前からの伝統を誇る新聞だが、新聞統合で前田が夕刊大阪に合併した。その後、占領期の新興紙叢生期に大阪時事新報とともに復刊したが、用紙の供給ができなくなり、朝日系に移って発行を続けた経緯がある。当時の状況について、朝日新聞の社内資料に「本社員が相次いで同社に出向、大阪本社二階の一室で編集、営業その他の業務を行い、情勢に恵まれて社業繁昌した」とある。[26] 冨次郎による再建については、「裏には前田久吉氏があることは明らかで、産経から手を引いて以来、久しぶりの新聞経営に前田氏の新聞界への執念がみてとれる」との声も上がった。[27] なお、大阪日日は曲折を経て二〇〇八年、鳥取県で日本海新聞を発行する新日本海新聞社に買収された。同紙には二〇一八年から一時、学校法人森友学園をめぐる報道などで活躍しNHKを退職したジャーナリスト、相沢冬樹《あいざわふゆき》が籍を置いたが、二〇二三年七月三一日付をもって休刊した。

禅と晩年

晩年の前田は、禅に傾倒した。これも、唐突だった。

「これからは禅が必要な時代になる」。ヒサが前田に、禅の研修施設をつくると告げられたのは一九七三（昭和四八）年。前田、八〇歳のときだった。

前田らしいのは、公共性とソロバン勘定のバランスは、ここにいたっても健在だったことだ。単に宿泊施設をつくるだけなら従業員も雇わねばならず採算があわないが、禅道場なら修行の一環として布団の上げ下ろしや掃除もある程度は来所者自身がしてくれる。

高僧を訪ね歩き、道場開設の構想を語った。最初は門前払いだった反応が次第に変化して、最終的に妙心寺の山田無文《やまだむもん》老師が総裁を務め、七六年五月九日、道場の落慶法要が営まれた。最初の一言から三年。前田の仕事は、これまでほとんど月単位だったが、それが年単位となったのはなにがしかの変化を物語っていた。

このころ、前田は雑誌のインタビューを受けている。もともと興味のない相手には愛想をいうことがなかったが、傾向はさらに強まり、素っ気ない。インタビュアーも「〝今太閤〟とも呼ばれたほどの風雲児だから、さぞかし談論風発と思いきや、事実はまるで逆」と、いいわけめいた書き出しをしている。

「私は一二年間、参議院議員をやりましたが、ただ議員をやったというだけで、別に大したことはやっておりません」「まあ、ボクに新聞問題をあまりいわさないで欲しいね。新聞経営から離れ、いまは別な仕事をしているし、言論界にも顔を出していないから、あまりいいたくない」。これでは記事にならない。

ロッキード事件が発覚して新聞報道は一色となっていた。報道ぶりについて聞くと、「新聞のことをボクがいうと刺激が強すぎるから、あまりいわないことにしている」。新聞は良い方ではなく悪い方に変わってきているのではという質問には「そこのところは想像に任せますよ」。インタビュアーによる締めくくりは「なんだか禅問答みたいになりましたが、今は禅道場のことで頭がいっぱいでしょうから、このあたりで……」と、さえないことおびただしい。(28)

が、前田はまた新しい構想を温めていた。寺をつくるというのだ。一九七七年一〇月一二日、鹿野山山頂に大悲山佛母寺が完成した。その名前のとおり、母シゲノへの思慕がここにもあった。

前田の死の直前の一九八六年四月、房総開発専務の楠本一雄《くすもとかずお》が前田の経営哲学について語った記事がある。楠本は東京タワーのボーリング場で働いていたところを見込まれ、六四年に房総開発に入社。営業部門の責任者を務めてきたが、禅研修所建設に当たって責任者に任命された。楠本はいう。「カネ儲けが先に立つなら、ほかにいくらでも事業はあります。しかし、社会的に意味のない事業は、われわれにとっては〝事業〟ではないのです。これは単なる言葉での遊びではなく、創業者の〝人生哲学〟そのものです(29)」。

全国に覇を唱えようとした新聞戦争において、最終的に前田は敗北した。

正力とは対照的である。読売新聞を育て上げた正力は「大正力」と呼ばれ、社内で神格化されることになった。

前田はいまや新聞界のダーク・ホースである。正力が二〇年前に心魂をつくしてたどった道を、前田は今日の時点において追いかけている。(略)日本の新聞界で「オレがこの新聞をつくりあげた」とうそぶける者がはたして幾人あるか。創業者の苦酸と栄光をあわせもつ人物が幾人あるであろうか。正力と前田はその少数者の一人であり、代表的な人物であることはうたがいない。[30]

産経を離れる前のこうした賛辞からすれば、前田の晩年は、目立たない場所へ一歩退いたかたちとなった。が、それは必ずしも、前田にとって不幸なことではなかったと考えたい。

やや公平を欠く引用かもしれないが、たとえば佐野眞一《さのしんいち》『巨怪伝』（一九九四年）に描かれた正力の晩年は悲惨である。[31]神格化は自らの正気をむしばみ、誇大妄想ともいえる現実との遊離の中で、正力はこの世を去って行った。それと比べれば、前田の晩年は人間的である。禅への傾倒もまた、その一部かもしれない。

正力が誇大妄想にむしばまれていたとすれば、前田は生涯インフェリオリティ・コンプレックスに悩まされたといえるかもしれない。ジャーナリストの青地晨がいっている。「彼の自伝に『日々これ勝負』という本がある。率直にいえば一向に面白くない。通り一遍のキレイ事や立志伝的美談があまりに多すぎるからだ。前田がキレイ事しか書けないのは、自信のほどが不足している証拠である」[32]。その見立ては、前田の生涯をたどってきた本書の結論と一致している。

晩年は、禅研修所から短い坂道を上がったところに建てた別荘で過ごすことが多かった。雲海荘と名付けたその終の住処からは、九十九谷《くじゅうくたに》と呼ばれる鹿野山の曲がりくねった風景が一望できた。

未公開の状態で山口県田布施町郷土館に寄託されている岸信介日記を、特別に許可を得て東京タワーの森勇己史料室長が前田関連部分を閲覧したところ、岸はしばしば晩年の前田を訪れていた。一九八一年四月一四日付日記には、岸がマザー牧場での花見の園遊会に出席したと記されている。「牧場も整備され禅道場、青少年研修所、佛母寺の諸施設も立派に完成。桜は稍《やや》盛りを過ぎたれど、海山の菜の花誠に見事なり」。一九八三、一九八五年にも同地での春の園遊会に出席した旨の記述がある。

最期のようすも、ヒサによって語られている。一九八五年八月一五日、ヒサが実家の京都へ墓参りに出かけ、帰京して雲海荘に電話をかけると、不調が伝えられた。翌朝、赤坂から鹿野山に駆けつけたヒサが声をかけても、応答がない。

翌年五月四日、死去。九三歳、贈従三位。

日本電波塔、房総開発、マザー牧場、関西テレビ、大阪放送、大阪電気通信大学ほか関連会社による合同葬は五月二六日、東京・青山葬儀所で営まれた。喪主、前田ヒサ。葬儀委員長は福田赳夫が務めた。合同社葬を行った会社のなかに産業経済新聞社の名はない。

新聞の仕事は他の仕事とちがって人一倍苦労が多い。時代感覚を紙面に盛り上げ、主題をよくつかんで、一人でも多くの読者を捕まえていく。新聞は、なんといっても、読者がのってこないと成功したということはいえない。いくら威張ってみても、読者のない新聞はだめだ。(33)

おわりに——空からの視線

〈二流〉という生き方

前田は一八九三（明治二六）年の生まれだが、仕事を始めた時期をみると、新聞販売店を任されたのが一九一四（大正三）年、南大阪新聞を創刊したのが一九二〇年である。そのころ、一九一四年に第一次世界大戦勃発、一八年に米騒動、二三年に関東大震災と、人々の興味関心を独占する大事件・大ニュースが続いた。大事件・大ニュースは事案の大きさもさることながら、それを伝えるメディアの発達がなければ世に出ない。一九二四年の大阪朝日、大阪毎日の百万部突破宣言、大手新聞社での東西専用線（電話）開通、二五年のラジオ放送開始などの新しいテクノロジーの登場と企業規模の拡大こそが、大事件・大ニュースをつくりあげたともいえる。その結果、大正末期の日本に出現した大衆社会と、前田はまさに向き合い、先導し、徹底的に奉仕することによって成功していった。

大衆への着目が、先行者や既得権益層、すなわちエスタブリッシュメントへの反逆と同義であったことも、すでに指摘した。たとえその道のりにおいて、持てる者や勝てる者のふところに飛び込み、ときにはもみ手をしてご機嫌をうかがうことがあったとしても、根底には反骨精神があった。

いいかえれば〈一流〉たるエスタブリッシュメントに挑む〈二流〉という立場だ。それは、前田が終生挑戦者、反逆者であり続けたという勲章でもある。〈二流〉という言葉に自由と明るさを感じるか、それともみすぼらしさや屈辱を感じるかで、前田の生涯への見方も大きく変わってくるだろう。

『週刊読書人』編集長で、日本出版学会会長も務めた植田康夫《うえだやすお》は、前田の訃報に接して一編のエッセーを書いた。

「島根県の片田舎の中学校に通っていた」ころ、植田は講談社発行の雑誌『キング』で前田の自叙伝『日々これ勝負』を読み、影響を受けた。「不便な田舎に住んでいた私は、学校新聞の編集を通して、新聞や雑誌を発行することに強い関心を抱いていた」。密かに自分も将来、新聞を創刊し、その経営者になることを空想して、いろいろと紙の上で計画をめぐらした、という。エッセーには、夕刊大阪時代のあんパン一個の夜の会議や、中山太陽堂での広告獲得のシーンが登場する。高校生時代、前田の生駒山での断食に触発され、「自宅で我流の断食を七日間やった」ことまであった。(1)

興味深いのは、出版人であり読書人であった植田が、新聞人前田に理屈を越えた共感を持っていた点である。同じ活字文化に携わる者であっても、出版人あるいは読書人と、新聞人とはややニュアンスが違う。前者が内容にこだわる正統派の教養人とすれば、後者は形式にこだわる人々といえようか。あるいはそれを、中身の深遠さを追求する〈一流〉と、目立てばいいと考える〈二流〉の対比といいかえることも可能かもしれない。

〈二流〉という概念を考える価値があるのは、それが大衆社会のありようと不可分に結びついているからでもある。大衆社会到来前には、当然ながら、言論の内容がモノをいった。教養の質、身分や職階の高さ、中央・中心・権力との距離の近さによって、内容は吟味された。その感覚は、今でも残っている。「あの人は〈エラい〉」と漠然と評価する言葉の裏には、とりわけ高齢者がいう言葉の裏側には、そうした感覚が厳然と存在している。

ところが、大衆社会においては、〈エラい〉感覚に別の回路が生まれた。たとえば、苦学の末に教養を身につけ、古歌や漢詩からの引用で述懐を表すなどというよりは、「清く正しく美しく」というような、それだけみれば身も蓋もないようなスローガンを掲げて平然としている。「いくらなんでも」と人々からあきれられるかといえばそうではなく、その表層性がむしろ「わかりやすく」「親しみやすい」と支持され、いつしかそれが尊敬に変わっていく。「清く正しく美しく」とは、いうまでもなく宝塚歌劇のキャッチ・フレーズだが、創設者、小林一三は前田の師ともいえる存在であった。

図24　縁側にて（東京タワー提供）

内容ではなく形式に重きを置く行き方は、〈メディア人間〉の類型にあてはまる。〈メディア人間〉とは、末端から頂上にいたる長い階梯を、一歩一歩、順番に登場する権威者に頭を下げ、ルールを受け入れ、認めてもらいながら登っていくという従来の道筋とは異なる、もうひとつの行き方だった。

ただし、〈メディア人間〉の特質が一直線にメディアの成功に結びつくわけではない。本書冒頭で、〈メディア人間〉の代表として野依秀市という人物に触れたが、野依も、前田も、最終的に自らのメディアを一流にまで育て上げることはできなかった。ふたりはともに、人生後半になって代議士になっている。佐藤卓己は、野依の政治への進出を、主宰するメディアの強度低下と、それに伴うメディアのモラル装置化の帰結だと指摘している。[2] 前田も参院議員時代に産経を去り、晩年は禅や青少年教育に傾倒した。〈メディア人間〉の軌跡を振り返るにあたっては、その蹉跌、そして〈二流〉であり続けることの難しさと凄みにこそ汲み取るべき教訓がある。

本書の主眼は、これまで平板な記述のなかに閉じ込められてきた前田久吉という人物に、少しでも立体的な陰影を与えることにあった。老いた前田が縁側でひとり、座っている写真が残っている。休むことを知らなかった前田の内面がどんなものだったのか、十全に知ることはもはやできない。

テクストとしての都市、メディアとしての都市

前田は新聞経営（産経新聞）と都市開発（東京タワー）という、一見脈絡のないふたつの違った世界を生きた。ふたつをつなぐ、納得できる説明を考えたい。そうでなければ、前田の全体像をつかまえたことにならない。

しばしば都市論の文脈から東京タワーに言及している社会学者、吉見俊哉《よしみしゅんや》の議論をてがかりに、産経新聞と東京タワーを結ぶ一本の線を探してみよう。

吉見は、自身の出発点に位置する著作『都市のドラマトゥルギー』で、次々にあらわれる東京論の隆盛を念

頭に、「これらの都市論の多くは、その表面上の多彩さにもかかわらず、都市を「読まれるべきテクスト」としてとらえる点で共通の地平に立っている」と指摘している。(3) これはなにも、そうしたアプローチを頭から批判しているわけではない。都市をテクストとして読み込むとは、都市を「鳥の眼」で俯瞰するのではなく「虫の眼」によって個別具体的にそれぞれの生活や日常、実感に肉薄していこうとする身のこなしのことである。それは誠実な態度であり、愉楽に満ちた豊饒な世界へつながる行き方でもある。だからこそ、東京論は読まれるジャンルでありつづけている。

しかしながら、吉見は同時に、「都市のテクスト論的分析は、この都市はああも読めます、こうも読めますと論者の視点から興味本位の「読み」を開陳してみせるのはそろそろ終わり」にしなければならない、という。「都市はたしかに、意味の秩序として、つまり「読まれるべきテクスト」としてわれわれの前に現象している」。しかしまた、「意味の秩序を可能にし、生成し、増殖させていく権力の場のトポロジカルな編制」を問う「鳥の眼」も軽視してはならない、と吉見は主張する。

この議論を、フランスの哲学者、ミシェル・ド・セルトーの議論に重ね合わせると、輪郭がはっきりしてくる。

セルトーは、今は9／11（米中枢同時テロ）でなくなってしまったニューヨークの世界貿易センタービルの最上階からの眺望を、「都市を支配する高み」であり、街路にしばりつけられた身体を呪縛から解き放つ〈神のまなざし〉であると説く。(4)

最上階から離れて、「上からは見えるのに、下に降りると途端に姿の見えなくなるあの群衆が行き交う空間」

に降りていくことは、神の視点を失うことである。しかし、実は都市の日常的な営みは「下のほう」で繰り広げられている。それこそが、都市に住む人々の日常生活の実践なのだ、とセルトーはいう。[5]「ブリコラージュ《なんとかやっていくこと》」にこだわったセルトーが、「下のほう」すなわち「テクスト論的」な視座により親近感を抱いているのは明白である。

だが、「テクスト論的」都市論の隆盛は、「鳥の眼」で俯瞰することの重要性を覆い隠してしまう、と吉見は指摘する。テクストとしての都市を「意味の秩序としての都市」と定義付ける吉見は、対極にメディアとしての都市、すなわち「空間の秩序としての都市」を置く。前者が多彩かつ身近で、親近感の持てるものだとすれば、後者は重要かつ決定的でありながらしばしば権威主義的である。これを前田に引きつけて考えるとどうだろうか。

「高いところ」への前田のこだわりを思い出したい。前田は生活空間の細かなディテールや微妙な味わい、あるいは重層的な街の歴史をテクストとして読み解くことなどには興味はなかった。前田がこだわったのは「鳥の眼」であり、「世界一の高さ」の実現や「乱立するテレビ塔の一本化」といった、空間の秩序の構築であり、さらにはそういった具体的な目的を越えて「上から視る」ことへの本能的な欲望であった。

吉見は、前田が空撮事業の強化を目指すなど「「空からの視点」への欲望を持っていた」と指摘している。[6]東京タワーを建てた前田久吉という人物を理解するためには、前田が、東京タワー自体がその後、山のように背負わされることになる「意味」——さまざまな思い入れや都市伝説、しばしば牽強付会とも思える多彩な解釈——には関心がなく、むしろ「鳥の眼」に偏った特異な存在であったということを押さえておく必要がある。

この議論を、新聞経営にあてはめるとどうなるか。

「テクスト論的」都市論と「メディア論的」都市論の対比になぞらえるなら、新聞を読み解く視点には、「ジャーナリズム論的」アプローチと「メディア論的」アプローチのふたつがある。ジャーナリズム論とはものごとの真偽に価値をおき、規範を求めるやりかたである。メディア論はそうではない。真偽よりも効果の大きさに価値を置き、いかに人を動かすことに成功したかにこだわるアプローチである。人まねであろうが何であろうが売れれば勝ちとうそぶき、白紙でも売ってみせると豪語する〈メディア人間〉前田は、明らかに「メディア論的」人間でもあった。

問題は、しばしば前者、すなわちテクスト論的/ジャーナリズム論的アプローチが、後者すなわちメディア論的な視点を覆い隠してしまうことである。「都市＝テクストを論者の恣意的な「読み」に委ねられた記号体系として扱う」ことが、「意味作用の場への問い、すなわちそうした相互媒介的な諸身体を囲繞し、布置し、組織している場へのトポロジカルな編制への問い」の欠落をもたらすと指摘する吉見の論(7)になぞらえれば、その欠落はまさに、前田を考えるときにわれわれがしでかしてしまいがちな見落としと共通するのではないだろうか。

大物ジャーナリストの武勇伝を読むときに感じる感激や興奮、感情移入が、前田久吉の伝記を読んでいても、さらにいえば村山龍平や本山彦一の伝記を読んでいても今ひとつ伝わってこないのには、理由がある。分析レンズをもっと精密に磨き上げなければ、〈メディア論的〉人間はわれわれの視界に入ってこないのだ。

表象としての東京タワー

東京タワーは変わらずわれわれの心をとらえ続け、想像力をかき立て続けている。

社会学者の日高勝之《ひだかかつゆき》は、「昭和ノスタルジア」を考察するなかで、東京タワーに注目している。日高は昭和三〇年代を描いてヒットした映画『ＡＬＷＡＹＳ　三丁目の夕日』において、完成した東京タワーではなく建設中の未完イメージが強調されるのはなぜかと問う。日高によれば、高度経済成長の終わり、バブル経済の崩壊、失われた三〇年という「東京タワー完成後」を知っている観客にとって、東京タワーがいまだ建設中であり、未完成であるというフィクションこそが、永続的な夢と希望につながるからである。[8] 実際、東京タワーは今にいたるまで注意深く塗り替えが繰り返され、保存状態は良好で、解体などによる「終わり」は想定されていない。東京タワーは、うつろいゆく都市の中で極めて貴重な永続性の感覚を提供し続けている。

むろん、戦後日本の歩みは明るいだけではない。六〇年代末に永山則夫《ながやまのりお》が起こした連続射殺事件に、東京タワーは重要な場所として登場する。永山は、タワー下のボーリング場で他人の遊ぶ姿を見物し、タワーから見下ろす東京プリンスホテルに侵入し、呼び止めたガードマンを射殺する。見田宗介《みたむねすけ》は東京の街と自分との間にあるのりこえがたい障壁、すなわち階級の不可視の障壁を突きつけたものが東京タワーだったと述べている。[9]

そうした断絶が、豊かさによって埋められていった八〇年代においても、東京タワーは変わらず意味を担い続ける。ライターの速水健朗《はやみけんろう》は、松任谷由実《まつとうやゆみ》の「手のひらの東京タワー」、角松敏生《かどまつとしき》の「Ｔｏｋｙｏ　Ｔｏｗｅｒ」（一九八五年）といった一九八〇年代のポップカルチャーに描かれた東京タワーを、ＹＭＯの「テクノポリス」、沢田研二《さわだけんじ》の「ＴＯＫＩＯ」などにみられるような「世界都市」としての読み替え作業をもはや必要と

しないまでに成長した東京を示すものだと論じた。(10)
豊かさの帰結として、九〇年代に「どこにもリアリティーの感じられない現代」が到来した際、漫画家の岡《おか》崎京子《ざききょうこ》が描いた『ヘルタースケルター』に「繁栄と消費の帝都」の象徴として登場するのもまた、東京タワーだった。(11)「虫の眼」による日常生活の再発見が「リアリティー」だとすれば、「鳥の眼」を象徴する東京タワーがリアリティーの消失の表象として描かれるのは当然だが、おもしろいのは、メディア都市の進化にともなって、いつのまにか「リアリティーの消失」自体が新たなリアリティーとして登場する逆説もまた、東京タワーから浮かび上がってくることだ。

東京の街を自分が運転している車で走っていることに不思議さを感じながら、車窓から改めて見直す東京の風景は新鮮に見えた。(略)夜の芝公園を車で抜けていた時。深緑の森に包まれた先には真紅の東京タワーがオレンジ色の灯りで周辺を目映く照らしている。(略)僕はオカンに聞いた。「オレ、東京に来てもう十何年になるけど、東京タワーの上、展望台に登ったことがないんよ。オカンもないやろ?」「ああ、でも見晴らしがええで気持ちがよかろうねぇ(12)」

リリー・フランキーによるベストセラー『東京タワー　オカンとボクと、時々、オトン』のエンディング近く。主人公は「クルマを運転するようになって、どんどん東京の景色が好きになっていった」と語る。高速度の移動が生み出す近景の消滅は、「鳥の眼」の獲得と同義である。そこにおいて、東京タワーに昇り、鳥の眼で周囲を俯瞰することは、まっとうに生きることへの決意と結びつく。

江國香織《えくにかおり》は、小さいころ夜に光る東京タワーを見て「大人の人生がいいものに思え、私もはやく大人になりたい、と思った」ことから、若者たちの恋の物語の舞台を東京タワーの見守ってくれる場所に設定したと『東京タワー』のあとがきに書いている。[13] 江上剛《えがみごう》『東京タワーが見えますか』には、不良債権化し住居を競売にかけられた取引先の社長が「東京タワーって不思議ですね」とつぶやく場面が出てくる。「優しい気持ちの時には、鮮やかに見えるのです。でも優しさをなくすとかすんでしまいます」[14]。

ツイッター発の小説として人気を呼んだ麻布競馬場《あざぶけいばじょう》『この部屋から東京タワーは永遠に見えない』は、東京に憧れ港区に住みながら東京に押しつぶされる若者の心情を、「ペラペラのカーテンの向こうには首都高が見えるだけで、東京タワーは永遠に見えません」という独白に託す。[15] 泉麻人《いずみあさと》の『東京タワーの見える島』は、実際には東京タワーは見えない〈臨海都市〉の高層マンションの一室が舞台だ。しかし、物語の最後に「頂きの部分が欠けた真新しい東京タワー」、つまり建築中の東京タワーの映像が登場する。[16] タワーが、貧しかった戦後から高度成長期を経て現在に至る東京の現代史の暗喩であることは明らかであり、同時に「東京タワーが見えない」ことはある種の遮断、断絶を意味するものとなる。

いずれにしろ、東京タワーはなにか「良きもの」の表象として描かれている。同時に、過剰ともいえる「意味」を背負わされている。現代に生きる東京の人々にとって、東京タワーはもはや、内面化された存在になっている。そしてその多彩で複雑で豊饒なイメージが、前田久吉という少なくとも表向きには極めて表層的で単純なキャラクターの持ち主から生み出されたという逆説こそ、メディア都市の謎を解き明かす一つの答えになっているのではないだろうか。

それは、なぜ東京タワーが大阪人であり、かつ大衆社会が生んだ産経という新聞の創始者でもある前田によって建てられたのか、そしてなぜそれが成功したのかという、誰の胸にもすぐに浮かぶけれども、はっきりと答えられたことはない疑問への答えにもなっている。東京という魅力的なテクストにこだわりもなければ蘊蓄も持ち合わせない外部の人間であったからこそ、前田はその表層性を駆使してメディア都市東京のシンボルを建てることができたのである。

東京タワーのトップデッキに隠された秘密の小部屋という設定の『東京タワーに住む少年』という児童小説がある。ギュスターブ・エッフェルはエッフェル塔最上部に自分が暮らすための部屋をつくっていたというから、タワーに住むというのは普遍的な夢なのかもしれない。それほどまでに東京タワーは夢をかき立てる存在なのだが、作中に登場する前田久吉は、主人公の思いにまったく理解を示さない不機嫌な老人として描かれる。[17] 案外それは、前田の本質を正確にとらえている。もっとも、前田が「東京タワーに住んでみたい」という夢を語った記録も、あるにはあるのだが。[18]

大阪ブルジョアジーの思想

前田久吉は新聞人であるとともに起業家、今でいうアントレプレナーとしても傑出した人物だったといえる。賭け事にはいたって強く、ラスベガスではカード、スロット、ルーレットなにをやっても大勝ちした。子供のころから博才があった。近所にバクチ打ちの親分がいて、前田を連れて行くとどこでも勝つので、「一人前に仕込む」と親方は本気になった。心配した母のシゲノが「久吉がバクチ打ちになりませんように」と願をかけるのをみて、前田は親分に会うのをやめた。とにかく子供のころからあまりにも引きが強かった。[19]むろん、運だけで世渡りをしてきたのではない。鹿野山の水源探しのエピソードひとつとっても、その根気、粘り強さ、意志の強さは際立っている。

決断はどうやって下されるかということについて、ケインズは「ほとんどがアニマルスピリットの結果でしかない」と述べている。決断は「手をこまねくより何かをしようという、自然に湧いてくる衝動」であって、「定量的な便益に定量的な確率をかけた加重平均の結果」などではないのだ。[20]

前田も決断の早さで知られた。未来を読むことができたのだろうか。人並み外れたするどい洞察力を持っていたのは事実だ。しかし、神ならぬ人間に未来がみえるはずはない。根本的には「行動への突発的な衝動」以外のなにものでもないと考えるべきだろう。

アカロフとシラーは、近代経済学ではアニマルスピリットという経済用語は、「経済の中の不穏で首尾一貫しない要素を指している」と指摘している。[21] 新聞、証券、銀行、大学、高校、航空会社、放送、観光、農業と一見脈絡のない軌跡を描いた起業家・前田は不穏で、首尾一貫せず、そのために少なからぬ人々から疑われ、低くみられた。前田は〈二流〉としてついに、だれからも尊敬されるようなわかりやすい成功者としての場所にはたどりつかなかったが、本書はそれを、実像が理解されなかったからだとみるのではなく、むしろ、前田がもっていた「不穏で首尾一貫しない要素」がなせる業だったととらえたい。

起業家・前田と新聞人・前田という、「首尾一貫しない」足取りをつなぐものは何か。大友六郎を中心とした〈チーム前田〉の一人で、東京タワーでも要職を歴任した石井田康勝《いしいだやすまさ》は、前田には「公共性」という口癖があった、と述べている。公共性があるかないかと自分のハカリにかけてみる。目先に儲かりそうな仕事があっても、公共性の目盛りが満たされないとやりたがらない。

南房総開発では、「農村青年と都会青年の格差をなくしたい」という公共性への目配りがあってこそ、のめり込んだ。それは、新聞というメディアが持つ、公共性と商業性という、ときに相矛盾するベクトルの同居ともつながる。

といってしち面倒くさい大義名分にとらわれるタイプではなかった。むしろ、思いつき優先だった。側近に対して、突然思い立って命令する。「東京湾に橋を駆けるとしたら、どこからどこの間が適当か。すぐに資料をそろえてくれ」「自然環境キャンペーンの第一弾として、窓際に花を植える運動というのはどうだろうか」。石井田や大友ら前田を支えた人々は、年中こんな言葉に右往左往していたようだ。(22)

公共性という言葉は、戦時総動員体制下で、言論を統制し人々の欲望を抑え込む魔法の言葉として重宝された。大阪における新聞統合の勝者だった前田は、その響きの裏側にあるものをだれよりも知っていたにちがいない。公共性を尊びつつも、前田はあくまで、自分の利益を犠牲にしようとはしなかった。相反するものととらえず、むしろ相おぎなってさらに大きくなる方途を考えた。その、公共性とアニマルスピリットとの独特な同居こそ、アントレプレナー前田の本質のように思える。

それは大阪の本質でもあり限界でもある。社会学者の山本明《やまもとあきら》は、〈関西ジャーナリズム〉の源流を、上昇期の自由主義ブルジョアジーとしての大阪商人の自負に求めた。大阪商人は一にも二にも自らの利益を追求するが、私利はすなわち社会の利益であると考えるがゆえに、信念にゆるぎがない。この自由主義ブルジョアジーの思想こそが関西ジャーナリズムの土台であるというのが、山本の主張であった。[23]

自分の利益をガムシャラに追求する営みこそが、国家と関係なく、「社会」を前進させる原動力であると信じる、実力主義を背景にした大阪商人の自負。こうした大阪の非政商的ブルジョワジーの思想が、明治以後の大阪の思想を規定づけるものであったとすれば、そこに、前田の生涯との共通項を見出すことは容易である。[24]ただし、その思想の有効性は、自らの利益と社会の利益とが一致しない場面に遭遇したとき、もろくも崩れる。

ここでいう非政商的、自由主義的ブルジョワジーの思想とは、現代においても珍しいものではない。むしろ、極めて現代的なエートスともいえる。たとえば、二〇〇五（平成一七）年にニッポン放送の買収を試み、フジサンケイグループと対峙したホリエモンこと堀江《ほりえ》貴文《たかふみ》について、こんな指摘がある。「彼はなぜ、「おカネを稼ぐこと」にそこまでフォーカスしていたのか。（略）背景にあったのは、自分がサクセスストーリーをつくることこそが社会の停滞を打破するパワーになるはずという信念だった」[25]。ホリエモンの思想はまさに、致富を道として追求する大阪商人の思想と一致している。同時に、熱狂的なファンを持つホリエモンが、日本社会の主流ではないこともまた事実である。

百年の孤独

ノーベル賞作家ガブリエル・ガルシア＝マルケスの代表作『百年の孤独』は、ラテンアメリカの架空の都市マコンドに生起する人々の営みを百年の神話的時間に圧縮し描いた作品である。人々は必死に生き、冒険し、ドラマを演じるが、自らの歴史には無頓着であり、最終的に暴風になぎ倒されて町そのものが消え去ってしまう。マルケスが寓話的に描こうと試みたのは、人々の、時にはつまらぬ営みを執拗に、しかつめらしく記録することによって歴史を構築したヨーロッパに対し、そうした意識を持たないラテンアメリカの生き生きとした営みと、そしてそれが最終的に忘れ去られてしまうという悲劇的な宿命だった。

マルケスが描く登場人物はみな、一直線に快楽や成功を求め、好奇心を満たすことに躍起となり、勝負に命をかける。小難しい内面など持ち合わせない。それは、大阪、関西、そして前田の営みと共通するのではないか。「日々これ勝負」の人生はたしかに複雑で起伏に富んでいるが、ものごとを反省し総括し詠嘆するような内面とは無縁で、そこには「深さ」が欠落している。その表層性は、現代的であると同時に、どこか哀調を帯びている。「大阪＝ラテン説」はしばしば語られるけれども、それは単ににぎやかで陽気で楽天的であるということにとどまらない。

前田は、表向き用意されたイメージとは違って、複雑な陰影を備えた人物である。そもそも出自からして従来の説明とは違っている。貧困から身を起こし、刻苦勉励を重ね、身を立てる。修身の教科書に登場しそうなそんなストーリーとは裏腹に、実は生家はさほど貧乏ではなく、教養豊かなインテリ家庭で、本人も海外への雄飛を含めさまざまな夢や希望、未来に目を奪われる移り気な青春を送った。

古い写真の中に、カンカン帽にステッキを手にして洒落者を気取った前田や、異国風の衣装を身につけた若き前田を発見することができる。そうした自分を、前田は成功を収めるにつれ注意深く人の目に触れない場所にしまい込んでしまった。だが、改めて眺めてみると、ラテン的な快楽をさえ感じさせるそれらの写真は、思い一筋に苦労と我慢を重ねて道を切り開く明治時代よりも、むしろあっという間に社会が変わり、未来が開けていく中で自らの可能性を羽ばたかせていく大正期の生き方をたしかに映し出している。

明るさ、視野の広さ、楽天性、そして移り気で、面白そうなものには理屈をこねるより先に飛びつく身軽さ、さらにいえば「深さ」の欠如、表層性こそ、大衆社会の新聞人前田と、モダンで人々を明るくする東京タワーとを結ぶ一本の糸だ。

戦後日本の硬直は現代の「失われた三〇年」にまで及んでいる。東京と大阪にだれもが驚く高層ビルを出現させ、「建ててしまえばこっちのものだ」とうそぶく前田は、縮小傾向にあえぐ現代の日本と鋭く対立している。

図25　洒落者を気取り（左）、異国風の衣装に身を包む（東京タワー提供）

前田が歩んだ道には、シリコンバレーの起業家たちがリスク・マネー、すなわち「返さなくてもいいお金」を縦横に駆使して想像を超えるビジネスと成功を手にする道筋に似た自由な感覚がある。そうでなければ、テレビ、ラジオ、タワー、銀行、証券会社、大学、ゴルフ場、観光農場、禅研修所、そして政治家と、秩序の感覚を無視して広がる前田の足取りに説明がつかない。

奔放で自由な大阪イズム、あるいは上昇期ブルジョアの倫理としての大阪商人の精神は、百年を通じて、中央集権の中心たる東京の組織性、階層性、政治性に敗北していった。だが日本全体がその硬直性を脱すべきとされる今、大阪的なものはひとつの突破口となるかもしれない。

単なる大阪回帰、あるいはガムシャラな「日々これ勝負」の精神がその答えとはもちろんいえない。ただ、少なくとも、「気が多く一つのことが続かない」前田が、そのたぐいまれなハードワークによって多くのことを成し遂げるに至るまでの複雑で込み入った経路は、大衆社会誕生から百年を経て、今、振り返るに価するものといえるだろう。

図26　前田伸・東京タワー社長邸から見つかった南大阪新聞社旗。紫地に白で文字と社章が染め抜かれている（東京タワー提供）

あとがき

前田久吉を追いかける旅は、南大阪・天下茶屋から始まった。人通りは少なく、がらんとしていたが、細く入り組んだ路地に入ると、思いがけないところに店の入り口があったり、軒先園芸の鉢がずらりと並んでいたりして、大大阪の繁栄とその蓄積をしのばせた。

大阪中心部には、ゆかりの地がいくつもある。最大のものは、今はブリーゼタワーと名を変えて高層ビルとなっている大阪サンケイビル（大阪産経会館）だ。私はここで、二〇代から三〇代の初めにかけて過ごした。その編集局は一階にあり、ときどき来訪者がさまよいこんできて、警備員があわてて連れ出すこともあった。そのせいか、私は今でも編集局がエレベーターで上がった高層階にある新聞社に違和感を感じる。大阪時事新報本社から大阪新聞本社となった曽根崎のビルは、大阪駅前第三ビルのあたりにあったという。今、その地下は梅田界隈で働くサラリーマンたちが愚痴を言い合い、喉を潤す憩いの場となっている。

九〇年代の半ば、私は社会部記者として大阪地方裁判所など司法関係を担当していた。地裁の建つ西天満《にしてんま》界隈は落ち着いた町並みで人気のエリアだが、その一角に前田が終生、関西における住まいとしたビルがあったことを知った。前田の拠点は複数あったようだ。地下鉄淀屋橋駅と本町駅の中間、今橋あたりにあった事務所は、大宅壮一が「誰が行ってもメシが食える」と書き残した場所だが、ほかに神戸・御影にも邸宅があって、茶会を開いた写真なども残っている。

次は東京である。一足飛びに移動して、あいだがないのはいかにも前田らしい。戦前から、前田は東京―大阪を往復していた。近代は、移動の意味を変えた。プロセスを無化し、目が覚めれば目的地に着く旅を実現した。産経新聞は全国紙といいながら、東京と大阪に発行が集中している、途中がないではないかとしばしば指摘される。それは、旅が高速化し、移動のプロセスに意味を見出さなくなった現代に生まれた新聞として当然のことなのである。

東京駅を下りて十分ほど歩けば、大手町・サンケイビルにたどり着く。私は旧ビルでも働いたことがある。地下鉄丸ノ内線大手町駅は、「サンケイ前」という副駅名がついていて、表示もあればアナウンスもされる。だが、当の産経で働いている者でさえ、そうそうたる大企業が立ち並ぶ大手町の駅を「サンケイ」が代表していることに戸惑うことがあるのも事実である。もちろん、それは前田が東京産経会館をつくった歴史を知らないからにすぎない。自らを語ることを好まなかった前田は、泉下でペロリと舌を出しているに違いない。

東京から南房総・鹿野山までは、東京湾アクアラインを突っ走れば一時間あまりで着く。アヒルや羊、子ブタたちが駆け回るマザー牧場に隣接する佛母寺の、下界を望む一角に、前田の墓がある。戒名は佛母院殿久翁禅徳大居士。さらに禅研修所があって、隣に晩年を過ごした雲海荘がある。非公開の私邸だが、特別に内部をのぞかせてもらった。九十九谷と呼ばれ、いくつもの山並みが折り重なる風景が、リビングの眼下に広がっていた。飛行機やヘリを飛ばし、日本一高い塔を建てた前田はついに、「高いところ」に安らぎを見出したのだった。

東京タワー界隈を歩くのは、いつも楽しい。芝公園から歩いても、神谷町から向かっても、それぞれに趣がある。まさに無限の「テクスト」の宝庫である。だが、前田はそうした風雅や味わいに眼を向けるよりも、終生「高いところ」を目指した。

東京タワーは、東京の分厚く堆積した文化の空間を切り裂くように屹立している。しかし、それを建てた者のことはほとんど記憶されていない。今でも、東京タワーを公共施設だと考えている人は少なくない。まして、このとびきり都会的なタワーが、大阪人によって生み出されたことを知る人は少ない。

もっとも前田は、仕事の成果に対する世間のまなざしには気を使うものの、自分の「本心」や「内面」を他人に理解してもらうことには関心がなかった。そういった前田の性質が、タワーをめぐる言説に謎めいた欠落を残している。それは、新聞についても同じである。

産経といえば、保守、右寄り、正論路線といわれる。ただし、大阪では必ずしもそうではない。左寄り、というわけではないが、必ずしも右寄りでもないし、保守一辺倒でもない。

雑食性《オムニボア》は、産経の歴史から来ている。本書を読んでいただければわかるとおり、夕刊大阪はむしろ当時の関西における自由主義者、リベラル論壇の旗手たちが自由に思いを吐露できる場だった。前田が東京に進出した際に買収し、東京産経の母体とした世界日報にしろ、戦前の同盟通信の記者たちが理想主義的に立ち上げた新聞であり、リベラル色が強かった。前田が深い関わりを持った時事新報も、論調はオールドリベラリズムとでもいうべきものであって、現在の保守とはずいぶん毛色が違う。

その後、産経が経営危機に陥った際に財界が支援に立ち、前田から水野茂夫が経営を引き継いだときから、政治的立場がエスタブリッシュメント寄りになり始め、続く鹿内信隆が一九七三年に「正論」路線を始めてから、より鮮明になった。だが社内にも当然アンチは存在するし、面従腹背、疑心暗鬼、先送り、さまざまな綱引きがあった。もちろん、表には出ない。大阪産経出身のジャーナリスト、河村直哉《かわむらなおや》がいうように、「産経新聞の歴史の大部は闇に沈んだままになっている」のである。

結果的に、産経のアイデンティティは、とりわけ大阪からみれば、ところどころにあいまいさや矛盾を抱えたものになってしまった。その理由のひとつは、前田があまりに素顔を語らなさすぎたことにある、と私は思っている。だから、前田の素顔を再発見する必要がある。それは同時に、大阪人、関西人の素顔の再発見でもある。

もっとも、前田の生涯はそうした理屈づけを超えて痛快であり、刺激的である。単なる英雄伝にせず、人間くさい部分、泥臭い部分も盛り込んだつもりだ。その意味で、本書を明治生まれのひとりの快男児の一代記として読んでいただければこれに勝る幸せはない。

本書は産経新聞大阪本社発行夕刊に二〇二二年六月から一一月にかけて連載された「メディアの革命児・前田久吉」（やや遅れて東京本社発行朝刊にも掲載）に大幅な加筆修正を加えたものである。連載の経緯を簡単に記しておきたい。

「来年、産経新聞の前身『南大阪新聞』の創刊から百年を迎える。創業者の前田久吉について、連載を書いてもらえないか」。そんな打診が産経新聞社の内野広信《うちのひろのぶ》・執行役員大阪代表補佐（現・産経新聞印刷社長）からあったのは二〇二一年一二月のことだった。

要請が異例であることは明らかだった。単に「辞めた人間に書かせる」のが珍しいというだけではない。新聞社が創業者の評伝を出すとなれば、それは一般に社史に準ずるものとみなされてもおかしくはない。だがマスコミ業界でしばしば揶揄を交えてとりざたされるように、産経新聞の社史はこれまで刊行されたことがない。

ところが話を聞くうちに、私は面白い試みになるかも知れないと考え始めた。産経の社史がない理由の一つに、経営の転変によってこれまで晴れがましい「発展史」を描きにくいところがあったとすれば、新聞購読者の減少という業界全体が直面する難問にさらされ、もはや過去のいきさつに拘泥している余裕はない状況は、歴史を描く自由度を上げる方向に働くかもしれない。もはやかたちにこだわる余裕はないのだが、それは逆に新しい試みや方法論を許容することにもつながるのではないか。

すでに触れたように、産経新聞社も社史編纂を試みたことがある。社史刊行にまで至らなかった理由は定かではないが、なんらかの障壁が存在したことはまちがいない。とすれば、新聞業界が現在直面している逆風がむしろ、そうした障壁を乗り越えるための後押しとなる可能性もあるのではないか。そもそも「社史ではない」という言質があるだけで、大幅に〝社史〟を書く自由度はひろがる。

大阪で仕事をした経験からいえば、産経とはかなりの程度、価値を持つブランドである。街角で取材していて、しばしば「産経さん」とさん付けで呼びかけられた。役所や企業の担当者からだけではない。火事の現場や、街だね取材においてそうなのである。産経という看板が、記者としてなんとかメシを食えるようにしてくれたという感覚があった。同時に、その信用と存在感がどこから来るのか、よくわからないというモヤモヤ、フリーライドのうしろめたさがあった。

本書は、そんな負債感覚をいくぶんかでも返済しようとした試みでもある。

多くの方々にお世話になった。まっさきに、東京タワーの前田伸社長に深い感謝を申し上げる。前田社長、森勇己史料室長をはじめとする東京タワーの方々の惜しみない協力がなければ、少なからぬ事実が歴史のかなたに眠ったままであっただろう。連載に先立って佛母寺に立つ前田の墓に詣でたとき、前田が大阪人という枠を超えて起ち上がってきた感覚を今でも覚えている。実は前田は、産経という枠にも、大阪という枠にもとらわれない人間だった。

前田の妻、ヒサさんが二〇二三年八月一日、九六歳で亡くなられた。実際にお目にかかることはできなかったが、その著書を含め、前田の生涯を追う道筋を照らす灯台のような存在だった。ご冥福をお祈りしたい。

産経新聞社内の方々との仕事は、気の合う旧友との再会にも似て、心を明るくしてくれるものだった。内野氏をはじめ、大阪本社でもろもろを取り仕切っていただいた徳永潔編集総務、真鍋義明秘書室長、デスクワークに当たっていただいた山田智章編集長にお礼を申し上げる。折に触れ温かい励ましをいただいた大阪本社出身の飯塚浩彦会長にも深くお礼を申し上げたい。

取材、調査、執筆全般にわたってサポートしていただいた織田淳嗣記者、小川原咲記者のお二人には格段の謝意を捧げる。また、本文中、石原保、織田作之助、鷲谷武にかかる記述については織田記者の取材、執筆にかかるものであることを記しておく（肩書きはすべて当時）。むろん、幾分かの加筆修正は行っており、最終的な文責は松尾にある。

すでに産経を退職されている方々にもお世話になった。『大阪新聞七五周年記念誌』を編集された田中準造氏の、前田が南大阪新聞を創刊した天下茶屋からさほど遠くないご自宅で、突然現れた私を玄関先に招き入れ、対応していただいたのには感激した。あのときは偶然にも田中邸の電話が不調でつながらず、アポなしで呼び鈴を鳴らしたのだった。田中氏が『七五周年記念誌』編纂に傾けられた情熱、手間、知識の何分の一、何十分の一かでも本書に結実していればと願う次第である。

歴史学はまず、一次史料の発掘から始まる。歴史学の一分野としてのメディア史にとっての一次史料とは、一義的には新聞紙面や雑誌誌面、ラジオやテレビの番組といったメディアそのものだが、吉田禎男による詳細な回想録がなければ、今回の作業はまったくちがったかたちに終わっていたに違いない。ただ、吉田禎男の長男である眞也氏宅に保管されていた回想録にたどり着くまでには曲折があった。産経社内に保存されていた過去の社史編纂関係資料から回想録の存在は推測できたものの、現物がない。社史編纂に従事されていた先輩もすでに物故されており、雲をつかむような作業を強いられたが、インターネットなどで当たりを付けた番号にやや緊張しながら電話をかけたところ、幸運にも眞也氏につながった。その後、御宅を訪問して目にした吉田回想録の浩瀚さに仰天するとともに、亡くなって久しい吉田の思いがまだ、世を漂っていて私を呼び寄せたかのように感じた。実は同回想録は社史編纂を含め何度も関係者に貸し出されていたという。今回、曲がりなりにもようやく一般の目に触れるかたちにできたことを本当にうれしく思っている。

産経新聞社の大先輩でもある河端照孝氏のお目にかかったのも忘れ得ない思い出となった。居合の達人で、にこやかな中にどこか古武士の風格を漂わせる河端氏は、『月刊コンピュートピア』の発行などを通じて、情報社会という理想がかたちとなり、日本の基幹産業に育っていく歴史の目撃者であり続けた。その歴史の一部を産経が占めていたという事実は、おそらく現在、産経新聞社にあってもほとんど知られていないだろう。

裏千家の千玄室大宗匠から直接にお話をうかがえたのも得難い機会だった。「前田さんは、誤解する方もいらっしゃるのですが、とても謙虚な方でした」との言葉に込められた重みに、思い込みで評伝を書いてはいけないと粛然としたことを憶えている。大宗匠に今も産経新聞に連載をいただいている理由を知らなかった己を恥じるところ大である。

日本情報産業新聞という、聞いたことのない新聞を追ってたどり着いた佃均氏から、実は自分はその編集長を務めていたと告げられたときの驚きは、今でも強く憶えている。まるで脈絡のないようにみえる前田の歩みに、一本の補助線がすっと引かれたように感じた瞬間だった。

明治に通学した一人の卒業生について聞きたいと不躾にも押しかけた私に、親切にご対応いただいた大阪教育大学附属天王寺小の小﨑恭弘校長にも厚くお礼申し上げる。校長室に積み上げられた明治期の文書を、時間切れの懸念につきまとわれながら小一時間めくり続けた私に、厭な顔一つせずにお付き合いいただいた。ほぼ諦めかけた頃、「前田久吉」の文字が目に飛び込んできたのは感動的な体験だった。

前田の側近として活躍した大友六郎、早嶋喜一の取材についても、不思議なつながりを感じた。大友六郎のご子息である指揮者の大友直人・大阪芸術大学教授は、おなじ学校法人に属する大学に勤める私にとって広い意味での同僚である。東京・神宮前の喫茶店で時間を忘れて話し込んだのが懐かしい。また旭屋書店といえば、大阪社会部で駆け出しのころ、曾根崎警察署の記者クラブを拠点とした通称「ネソ回り」だった私にとって思い出深い存在であった。話題の書籍の取材をするとき、写真は決まって曾根崎署近くにあった旭屋書店梅田本店で撮ることになっていたが、理由がわからなかった。元々産経の社長だった早嶋が作った書店だったからだということすら知らなかった私は、歴史に疎いとのそしりを甘んじて受けるしかない。現会長の茂氏にも長時間にわたる取材を受けていただいた。感謝を申し上げる。

大阪・池田の逸翁美術館に訪ねた仙海義之館長の手許に、びっしりと付箋が挟み込まれた数冊の『小林一三日記』が置かれているのをみたとき、またひとつ新たな前田の秘密を発見したような気がした。付箋は、日記の中で前田に触れたページを示したものだった。二〇二三年は前田が師と仰いだ小林一三の生誕一五〇年にあたり、各地で記念イベントや展示が催されている。小林はさらに深く研究され語り継がれるべき存在であり、かつ、前田とのつながりもその重要な一部だという確信をいただいたことをありがたく思っている。

メディア史研究の恩師、というより指導教官といったほうがまだしっくりくる京都大学大学院教授の佐藤卓己先生には、折々のご指導に加え、産経での連載完結にあたってご高評をいただいた。そのコピーは今も私の研究室の壁に張ってある。

そのほか、お世話になった方々のお名前を順不同で記して謝意に替える。宮井肖佳、岡島正幸、木村正行、関口隆士、近藤豊和、小熊敦郎、神山紀夫、東尚子、福田理恵子、黛萌々子、柴谷一慶、森井真理、尾関裕、小川良、阪秀樹、岩田智雄、内田透、池辺直哉、神松一三。むろん、これは全体のほんの一部である。

書籍化に際して、創元社の山口泰生氏に前著『大阪時事新報の研究』に引き続いてお世話になった。前田の『日々これ勝負』は創元社から出版された。当時の創元社社長、矢部良策が声をかけたもののようだ。前田は戦後、私家本として、同書を復刻した。奥付に創元社の名がないその本を鹿野山の禅道場で目にしたとき、前田が同書に寄せた思いをかいまみた気がした。その出版社から本書を刊行できたのはこの上ない歓びである。

最後に、変わらぬ愛情と寛容とを注いでくれた妻と娘に感謝を捧げる。

二〇二三年八月、東京タワーを間近に臨みつつ

松尾　理也

※本書は科研費若手研究『占領期大阪の新聞と「関西ジャーナリズム」の変容をめぐるメディア社会学的研究』（課題番号22K13555）、および同基盤B『近代日本の政治エリート輩出における「メディア経験」の総合的研究』（課題番号20H04482、研究代表者佐藤卓己京都大学大学院教授）の研究成果の一部である。

注

■はじめに

（1）木津川計『含羞都市へ』神戸新聞出版センター、一九八六年
（2）佐藤卓己「『メディア人間』の集合的無思想に挑む雑誌研究」『日本思想史学』二〇一七年、二二頁
（3）平山昇「解説・明治生まれの「メディア青年」？」佐藤卓己『負け組のメディア史—天下無敵野依秀市伝（『天下無敵のメディア人間』改題）』、岩波現代文庫、二〇二一年、四八三頁
（4）佐藤卓己『負け組のメディア史—天下無敵野依秀市伝』岩波現代文庫、二〇二一年、四七一頁
（5）『実業之世界』一九三六年一一月号、実業之世界社、七五頁
（6）『実業之世界』一九五六年六月号、実業之世界社、八一頁
（7）『実業之世界』一九五八年一二月号、実業之世界社、三〇頁
（8）読売新聞東京社会部編『東京今昔探偵—古写真は語る』中公新書ラクレ、二〇〇一年、二三—二七頁
（9）中沢新一『増補改訂　アースダイバー』講談社、二〇一九年
（10）前田愛「塔の思想」加藤秀俊、前田愛『明治メディア考』中央公論社、一九八〇年、二四五頁

■第一章

（1）前田久吉『母を憶う』旭屋書店、一九五八年、二頁
（2）前田久吉傳編纂委員会編『前田久吉傳』日本電波塔、一九八〇年、七〇頁。ただし、同じ著者による『前久外伝』では八人兄弟の次男となっている。後段で触れたように、前田には幼いころに亡くなった兄がいたと見られ、それが異同につながっていると考えられる
（3）『読売グラフ』一九五五年一〇・一一月号、二〇頁
（4）前田久吉『新聞生活四十年—日々これ勝負』創元社、一九五三年、一一頁
（5）橋爪紳也『大大阪の時代を歩く』洋泉社、二〇一七年、三五頁

(6) 津金澤聡廣編『近代日本のメディア・イベント』(同文館出版、一九九六年)ほかを参照
(7) 阿部知二、西崎恵、前田久吉、水野成夫、赤尾好夫「座談会これからの青年―社会ではどんな青年を望んでいるか」『高校時代』一九五五年九月号、二八―三五頁
(8) 前田久吉『若き日の思い出』旺文社、一九五五年
(9) 前田、前掲『母を憶う』、一六頁
(10) 前田久吉傳編纂委員会編、前掲書、九三頁
(11) 「創業のこころをたずねて―創業者前田久吉氏夫人・前田ヒサさんに聞く」『産経新聞販売報特別号』一九九八年六月二〇日付
(12) 前田ヒサ『マザー牧場誕生物語』産経新聞出版、二〇一四年、五五―五六頁
(13) 前田久吉傳編纂委員会編、前掲書、三〇頁
(14) 前田、前掲『新聞生活四十年―日々これ勝負』、四五頁
(15) 加藤新一『アメリカ移民百年史』時事通信社、一九六二年、五五頁
(16) 前掲書、五八頁
(17) 前田久吉(述)「聴きとりでつづる新聞史」『別冊新聞研究』七号、一九七八年
(18) 前田、前掲『母を憶う』、二〇頁
(19) 清水虎一「十五年間に三段跳びして新聞配達から新聞社長になった時事新報社専務前田久吉氏」『実業之日本』一九三六年一〇月号、一五四―一五五頁
(20) 清水伸『前久外伝』誠文図書、一九八二年、五三頁
(21) 前田、前掲『新聞生活四十年―日々これ勝負』、五五頁
(22) 清水、前掲書、三五頁
(23) 前田、前掲『母を憶う』、四頁
(24) 前掲書、一七頁
(25) 拙著『大阪時事新報の研究』創元社、二〇二一年、一六二頁

(26) 黒田勇「内なる他者〈OSAKA〉を読む」伊藤守編『メディア文化の権力作用』せりか書房、二〇〇二年

■第二章

(1) 難波功士『「就活」の社会史―大学は出たけれど…』祥伝社新書、二〇一四年、二二頁
(2) 前掲書、三五頁
(3) 吉田禎男『わが思出の記』七巻前篇、七二二頁。手書きで綴られた同書は現在、吉田の長男である吉田眞也氏宅に保存されている。全巻にわたって通しでページ番号が振られており、本稿で示したページ数はそれに拠る
(4) 吉田、前掲書七巻前篇、七一一頁
(5) 前掲書、七巻前篇、七一二頁
(6) 清水伸『前久外伝』誠文図書、一九八二年、九五頁
(7) 『新聞総覧大正一四年版』日本電報通信社、一九二五年、新聞総覧編三五頁
(8) 『日本新聞年鑑大正一四年版』新聞研究所、一九二五年、全国新聞社一覧表部三頁
(9) 大阪新聞社編『大阪新聞七五周年記念誌』大阪新聞社、一九九七年、三三頁
(10) 福良虎雄『大阪の新聞』岡島新聞舗、一九三六年、一七七頁
(11) 前田久吉(述)「聴きとりでつづる新聞史」『別冊新聞研究』第七号、一九七八年、三九頁
(12) この記録の日付は二〇〇二年二月となっている
(13) 吉田、前掲書七巻前篇、七二四頁
(14) 前田、前掲記事「聴きとりでつづる新聞史」
(15) 清水、前掲書、八三頁
(16) 大阪新聞社編『大阪新聞七五周年記念誌』大阪新聞社、一九九七年、三八頁
(17) 前田久吉傳編纂委員会編『前田久吉傳』日本電波塔、一九八〇年、三四頁
(18) 前田久吉『新聞生活四十年―日々これ勝負』創元社、一九五三年、六五頁

(19)『大阪新聞社会社概要』冊子。発行年月は不明だが、「沿革」の最新の項が昭和三二年七月となっており、そのころに同社が作成したものとみられる
(20)前田、前掲記事「聴きとりでつづる新聞史」
(21)『日本新聞年鑑大正一三年版』新聞研究所、三頁
(22)前田久吉傳編纂委員会編、前掲書、一一〇頁
(23)前田、前掲記事「聴きとりでつづる新聞史」
(24)「本紙の沿革」『大阪新聞』一九四八年一〇月二日付
(25)清水、前掲書、八一頁
(26)北尾鐐之助『近代大阪』一九三二年(創元社より一九八九年復刻)
(27)前掲書、三六六頁
(28)南木生「住吉街道」『上方』一九三二年六月号
(29)柴田勝衛「大正年間に於けるジャーナリズムの変遷」『文章倶楽部』一九二七年三月号、新潮社、九六—九九頁
(30)川上富蔵『毎日新聞販売史戦前大阪編』毎日新聞大阪開発、一九七九年、二五四頁
(31)『現代新聞批判』(不二出版より一九九五年復刻)一九三五年九月一日付
(32)前田、前掲『新聞生活四十年—日々これ勝負』、五九頁
(33)谷原吏『〈サラリーマン〉のメディア史』慶應義塾大学出版会、二〇二二年、五二頁
(34)竹内洋「サラリーマン型人間像の誕生と終焉」中牧弘允、日置弘一郎編『経営人類学ことはじめ』東方出版、一九九七年、二二六—二二七頁
(35)竹村民郎『増補・大正文化　帝国のユートピア』三元社、二〇一〇年、一一〇頁
(36)吉田、前掲書八巻、八五〇頁
(37)前掲書、八五〇頁
(38)山室新一「サラリーマン・職業婦人・専業主婦の登場」鷲田清一編『大正=歴史の踊り場とは何か』講談社、二〇一八年、二〇頁
(39)吉田、前掲書七巻前篇、七七九頁

(40) 前掲書、七七九頁
(41) 前掲書、七八一頁
(42) 前掲書、七二〇頁
(43) 前掲書、七一九頁
(44) 司馬遼太郎他『司馬遼太郎の跫音』中公文庫、一九九八年、一五頁
(45) 前掲『日本新聞年鑑大正一三年版』
(46) 前田、前掲『新聞生活四十年―日々これ勝負』、六七―六八頁
(47) 前掲書、六六頁
(48) 前掲書、七〇頁
(49) 吉田、前掲書九巻、九五二頁
(50) 前掲書、九五二頁
(51) 川上、前掲書
(52) 小野秀雄『大阪毎日新聞社史』大阪毎日新聞社、一九二五年
(53) 日本新聞連盟編『日本新聞百年史』日本新聞連盟、一九六一年、三四七頁
(54) 藤本篤『大阪府の歴史』山川出版社、一九九六年、二八五頁
(55) 川上、前掲書、二五五頁
(56) 吉田、前掲書（巻号不明）、八八一頁
(57) 清水、前掲書、一九八二年
(58) 畠山清行「不屈の闘魂―水呑み百姓の小倅から大産経を築き上げた、前田久吉の半生」『人物往来』一九五七年八月号、六六頁
(59) 前田久吉（述）「仕事を生み出すもの、仕事の生み出すもの」『オール生活』一九五四年一一月号、一八―二三頁
(60) 前田、前掲『新聞生活四十年―日々これ勝負』、一四頁
(61) 前田、前掲記事「仕事を生み出すもの、仕事の生み出すもの」、一八―二三頁

(62) 前田、前掲記事「聴きとりでつづる新聞史」
(63) 未公開の産経新聞社史編纂資料から
(64) 七海又三郎（述）「聴きとりでつづる新聞史」『別冊新聞研究』第三号、一九七六年
(65) 清水、前掲書、八五頁
(66) 前田、前掲『新聞生活四十年—日々これ勝負』、七六頁
(67) 吉田、前掲書八巻、八七六頁
(68) 藤本、前掲書、二八三頁
(69) 阿倍武司、沢井実『東洋のマンチェスターから「大大阪」へ—経済でたどる近代大阪のあゆみ』大阪大学出版会、二〇一〇年、五八頁
(70) 堀田暁生ほか『大阪府の歴史』山川出版社、二〇一五年、二八九頁
(71) 吉田、前掲書七巻前篇、七五一頁
(72) 篠田桃紅『これでおしまい』講談社、二〇二一年
(73) 橋爪紳也『大大阪の時代を歩く』洋泉社、二〇一七年、一四二頁
(74) 藤本、前掲書、二九〇頁
(75) 黒田勇『メディア・スポーツ・20世紀』関西大学出版部、二〇二一年、一五三頁
(76) 橋爪、前掲書、三頁
(77) 関一「大阪の現在及将来」大阪毎日新聞社編『大阪文化史』大阪毎日新聞社、一九二五年、四七頁
(78) 前田久吉傳編纂委員会編、前掲書、一一二頁
(79) 吉田、前掲書八巻、八七五頁
(80) 藤沢桓夫『大阪自叙伝』中公文庫、一九八一年、二二五頁（原著は朝日新聞社より一九七四年刊行）
(81) 内務省警保局編『新聞雑誌社特秘調査』（『新聞雑誌及通信社ニ関スル調』（昭和二年刊）の複製）、大正出版、一九七九年
(82) 輪島裕介『創られた「日本の心」神話—「演歌」をめぐる戦後大衆音楽史』光文社新書、二〇一〇年
(83) 南博、社会心理研究所『大正文化　1905—1927』勁草書房、一九六五年、一一八頁

(84) 森彰英「老獪な怪物・前田久吉」『人と日本』行政通信社、一九七二年六月号、二〇六頁
(85) 吉田、前掲書八巻、八五五頁
(86) 前掲書、八五八頁
(87) 前掲書、八六二頁
(88) 未公開の産経新聞社史編纂資料から
(89) 時光墟外「映画の「光」哲学」『マツダ新報』東京芝浦電気、一九二五年九月号、二〇頁
(90) 未公開の産経新聞社史編纂資料から
(91) 読売新聞社社史編修室編『読売新聞発展史』読売新聞社、一九八七年、二七九頁
(92) 前田久吉傳編纂委員会編、前掲書、一一八頁
(93) 未公開の産経新聞社史編纂資料から
(94) 吉田、前掲書一一巻、一二二五頁
(95) 前田久吉傳編纂委員会編、前掲書、一二一頁
(96) 清水、前掲書、八八頁
(97) 前田、前掲『新聞生活四十年―日々これ勝負』、八三頁
(98) 未公開の産経新聞社史編纂資料から
(99) 吉田、前掲書七巻前篇、七七二頁
(100) 吉田、前掲書九巻、九四二頁
(101) 吉田、前掲書二二巻、二四二四頁
(102) 福良竹亭『新聞記者生活五十年』福良竹亭記者生活五十年祝賀会記念出版事務所、一九三九年、二二二六頁
(103) 吉田、前掲書二二巻、二四二八頁
(104) 前田、前掲記事「聴きとりでつづる新聞史」、四〇頁

■第三章

（1）前田久吉『新聞生活四十年―日々これ勝負』創元社、一九五三年、八四頁
（2）木村和世『路地裏の社会史―大阪毎日新聞記者村嶋歸之の軌跡』昭和堂、二〇〇七年、二七八頁
（3）吉田禎男『わが思出の記』九巻、一〇〇四頁
（4）前掲書一〇巻、一〇二五頁
（5）前掲書一一巻、一一二七頁
（6）吉田、前掲書七巻後篇、四八六〇頁
（7）清水伸『前久外伝』誠文図書、一九八二年、九五頁
（8）前田久吉傳編纂委員会編『前田久吉傳』日本電波塔、一九八〇年、三六―三七頁
（9）前田、前掲『新聞生活四十年―日々これ勝負』、七八頁
（10）『五十人の新聞人』電通、一九六二年、二八〇頁
（11）清水、前掲書、七六頁
（12）大本七十年史編纂会編『大本七十年史　上巻』宗教法人大本、一九六四年、五一〇頁
（13）森彰英「悟りきった怪物前田久吉」『陰の主役』行政通信社、一九七五年、二九八頁
（14）林純平「あとがき」夕刊大阪新聞社『時代と思索』甲文堂書店、一九三七年、一一一頁
（15）前田久吉「私の魂」『中央公論』一九五二年一〇月号
（16）吉田禎男『わが思出の記』七巻後篇、四八六〇頁
（17）清水、前掲書、八九頁
（18）吉田、前掲書一一巻、一一六六頁
（19）今西光男『新聞資本と経営の昭和史』朝日新聞社、二〇〇七年、八〇頁
（20）前掲書、九九頁
（21）前掲書、九九頁

(22) 後藤孝夫『辛亥革命から満州事変へ――大阪朝日新聞と近代中国』みすず書房、一九八七年、三九一頁
(23) 今西、前掲書、一一三頁
(24) 前掲書、一一三頁
(25) 高原操(一八七五―一九四六)は明治から昭和前期にかけてのジャーナリスト。福岡県出身。京都帝大卒。大阪朝日新聞社に入社、経済部長をへて一九一八年取締役。主筆をつとめ、普選推進と軍縮で論陣を張った。号は蟹堂
(26) 後藤、前掲書、三九一頁
(27) 吉田、前掲書一一巻、一一八二頁
(28)「新聞界の惑星に聞く――新聞稼業四十年」『実業之日本』一九五二年一〇月号、四六―四九頁
(29) 吉田、前掲書(巻号不明)、四九一三頁
(30) 前田久吉傳編纂委員会編『前田久吉傳』日本電波塔、一九八〇年、一三一頁
(31) 自動車情報社編『自動車事業と人』自動車情報社出版部、一九三八年、二九三頁
(32) 前田久吉「私の魂」『中央公論』一九五二年一〇月号、一九二―一九五頁
(33) 前田、前掲『新聞生活四十年――日々これ勝負』、九三頁
(34) 山本為三郎、永田雅一(対談)「2ラッパ鳴りわたる――定評ある放談人が心ゆくまで一夕を語る」山本為三郎、永田雅一『文藝春秋』一九五二年八月号、八〇―八七頁
(35) 安養寺敏郎(述)「聴きとりでつづる新聞史」『別冊新聞研究』第三四号、一九九八年、五―五五頁
(36) 前田久吉傳編纂委員会編、前掲書、一三四頁
(37) 畠山清行「不屈の闘魂――水呑み百姓の小伜から大産経を築き上げた、前田久吉の半生」『人物往来』一九五七年八月号、六七頁
(38) 吉田、前掲書七巻後篇、四八六五頁
(39) 前田久吉傳編纂委員会編、前掲書、二六一頁
(40) 梶山義三編『工業大博覧会記念誌』日本工業新聞社、一九三五年、九頁
(41) 前田久吉傳編纂委員会編、前掲書、一三六頁

(42) 清水、前掲書、一〇六頁
(43) 前掲書、一一二頁
(44) 山本文雄『ある時代の鼓動』新泉社、一九七七年、四四—四五頁
(45) 高石真五郎（一八七八—一九六七）は明治から昭和にかけてのジャーナリスト、毎日新聞社会長。「ハーグ密使事件」など国際報道におけるスクープ記者として鳴らした。戦後、IOC委員として活動し、一九六四年東京五輪招致にも力を尽した
(46) 高石真五郎（述）「聴きとりでつづる新聞史」『別冊新聞研究』第一号、一九七五年、四八頁
(47) 大阪毎日新聞社の社長を務めた本山彦一が昭和七年一二月に死去した後、社長を廃して合議制の会長に就任していた城戸元亮が、社内抗争のため一〇か月で退陣に追い込まれた事件。同時に大毎・東日から多数の城戸派の人材が去った
(48) 前田久吉（述）「聴きとりでつづる新聞史」『別冊新聞研究』第七号、一九七八年、四三頁
(49) 清水、前掲書、一一七頁
(50) 根津嘉一郎（一八六〇—一九四〇）は政治家、実業家で根津財閥の創始者。東武鉄道をはじめ多くの鉄道敷設や再建に関わり、「鉄道王」と呼ばれた。根津は一九二六年、経営が悪化した國民新聞社に出資。その後創業者の徳富蘇峰と対立し、一九二九年の蘇峰退社につながった
(51) 前田久吉傳編纂委員会編、前掲書、七〇六頁
(52) 木舎幾三郎「ひとり言—噫！時事新報」『政界往来』一九三七年二月号、一一六—一一七頁
(53) 清水虎一「十五年間に三段跳びして新聞配達から新聞社長になった時事新報社専務前田久吉氏」『実業之日本』一九三六年一〇月号、一五四—一五五頁
(54) 式正次『新聞活殺剣』精華書房、一九三六年、五〇八頁
(55) 前田久吉（述）「新聞広告と広告代理業」『広告研究昭和一一年版』、日本電報通信社、一九三六年
(56) 前田久吉「時事解散の真相」『文藝春秋』一九三七年二月号
(57) 式正次『新聞活殺剣・続編』精華書房、一九三六—一九三九年、一三—一四頁
(58) 前田久吉（述）「聴きとりでつづる新聞史」『別冊新聞研究』七号、一九七八年、四三頁
(59) 前掲『五十人の新聞人』、二八二頁

(60) 清水虎一、前掲記事、一五四―一五五頁
(61) 山本、前掲書、四六頁
(62) 前田久吉傳編纂委員会編、前掲書、一六〇頁
(63) 近藤操（一八九四―一九七九）は大正から昭和にかけてのジャーナリスト。山形県生まれ。慶応義塾大学経済学部卒業。『時事新報』社説部長、『東京日日新聞』論説委員などを経て、戦後再刊の『時事新報』編集局長、主筆、産経新聞論説委員
(64) 山本、前掲書、五三頁
(65) 清水、前掲書、一二二頁
(66) 前田、前掲「聴きとりでつづる新聞史」、四八頁
(67) 前田、前掲『時事解散の真相』、二五一―二五六頁
(68) 前田久吉傳編纂委員会編、前掲書、一七八頁
(69) 前田、前掲「聴きとりでつづる新聞史」、四五頁
(70) 前田、前掲「時事解散の真相」
(71) 前掲記事
(72) 前掲記事、二五一―二五六頁
(73) 川上富蔵編著『毎日新聞販売史戦前・大阪編』毎日新聞大阪開発、一九七九年、四一四頁
(74) 前田、前掲「時事解散の真相」、二五一―二五六頁
(75) 前掲記事、二五一―二五六頁
(76) 前田久吉傳編纂委員会編、前掲書、一八〇頁
(77) 山崎扇城『新聞人史』第一編、新聞事報社、一九二九年、三七頁
(78) 吉田、前掲書四四巻、四六〇三頁
(79) 前掲書、四六〇七頁
(80) 前掲書、四六一二頁

(81) 前田、前掲「聴きとりでつづる新聞史」、五〇頁
(82) 式正次『新聞外史』新聞之新聞社、一九五八年、二四頁
(83) 旧時事新報従業員会編『大毎東日資本閥に蹂躙された福澤精神―時事新報解散の真相』旧時事新報従業員会、一九三七年
(84) 松岡金助「新聞記者時代―二・二六事件と時事新報解散の思い出」『経済知識』一九五九年七月号、七二―八一頁
(85) 長谷川進一（述）「聴きとりでつづる新聞史」『別冊新聞研究』第三〇号、一九九四年
(86) 内務省警保局編『社会運動の状況　労働運動編第三巻』日本資料刊行会、刊行年不明、一〇三五―一〇四一頁
(87) 伊能芳雄（述）「波乱万丈のわが半生を語る」『自警』一九五七年一二月号、三二頁
(88) 未公開の産経新聞社史編纂資料から
(89) 清水、前掲書、三七〇頁
(90) 前田久吉傳編纂委員会編、前掲書、一七八頁
(91) 前掲「新聞界の惑星に聞く―新聞稼業四十年」、四六―四九頁
(92) 前掲記事、四六―四九頁
(93) 式正次（愚鱈生）『新聞活殺剣・正編』精華書房、一九三六年、五五三―五五五頁
(94) 前田久吉傳編纂委員会編、前掲書、七二六頁
(95) 「昭和百人物を語る」『経済往来』一九九〇年三月号、二一五―二一八頁
(96) 『競馬年鑑』昭和一一年版、競馬研究会、一九三六年、一八四頁
(97) 高石真五郎（述）「聴きとりでつづる新聞史」『別冊新聞研究』第一号、一九七五年
(98) 織田作之助「大阪論」『織田作之助全集』第八巻、文泉堂書店、一九七六年、二百五十二頁
(99) 清水、前掲書、九〇頁

■第四章

(1) 鹿倉吉次（述）「聴きとりでつづる新聞史」『別冊新聞研究』第三号、一九七六年

(2) 清水伸『前久外伝』誠文図書、一九八二年、一四三頁
(3) 前田久吉『新聞生活四十年―日々これ勝負』創元社、一九五三年、一六六頁
(4) 前田久吉（述）「新聞界の惑星に聞く―新聞稼業四十年」『実業之日本』一九五二年一〇月号、四六―四九頁
(5) 高石真五郎（述）「聴きとりでつづる新聞史」『別冊新聞研究』第一号、一九七五年
(6) 嘉数次人、小川誠治「京都大学山本天文台資料の東日天文館関連資料について」『大阪市立科学館研究報告』二七号、二〇一七年、五―一二頁
(7) 加藤賢一『わが国最初のプラネタリウム』『大阪市立科学館研究報告』一七号、二〇〇七年、二三頁
(8) 前田久吉（述）「聴きとりでつづる新聞史」『別冊新聞研究』第七号、一九七八年
(9) 前掲記事
(10) 前田久吉傳編纂委員会編『前田久吉傳』日本電波塔、一九八〇年、一八六頁
(11) 高石、前掲記事
(12) 高石真五郎伝記刊行会編『高石さん』高石真五郎伝記刊行会、一九六九年
(13) 清水、前掲書
(14) 虎ノ門事件は一九二三（大正一二）年一二月二七日、帝国議会に向う摂政宮裕仁親王の車が無政府主義者難波大助に狙撃された事件。責任を負って山本権兵衛内閣は総辞職、警視総監湯浅倉平、警視庁警務部長正力松太郎は懲戒免職となった
(15) 吉田禎男『わが思出の記』四三巻、四五六九頁
(16)「昭和百人物を語る」『経済往来』一九九〇年三月号、二一五―二一八頁
(17) B・P・U「読売は関西に進出できるか」『話』一九三七年五月号、文藝春秋社、七四―七七頁
(18) 式正次『新聞活殺剣・続編』精華書房、一九三六―一九三九年、一四六頁
(19) 読売新聞社社史編集室編『読売新聞発達史』読売新聞社、一九八七年、三一〇頁
(20) 拙著『大阪時事新報の研究』創元社、二〇二一年、二八四頁
(21) 外務省、陸軍、海軍など各省に設置されていた非公式な情報委員会がまとめられ一九三六年、内閣情報委員会が発足。さらに情報部、情報局

と発展し、戦時下の言論統制を取り仕切った

(22) 里見脩『新聞統合—戦時期におけるメディアと国家』勁草書房、二〇一一年、七三—七四頁

(23) 前掲書、七三—七四頁

(24) 川上富蔵編著『毎日新聞販売史戦前・大阪編』毎日新聞大阪開発、一九七九年、五三二頁

(25) 未公開の産経新聞社史編纂資料から

(26) 吉田禎男『わが思出の記』巻号不明、四九一五頁

(27) 岡島真蔵（述）「聴きとりでつづる新聞史」『別冊新聞研究』第一号、一九七五年

(28) 里見、前掲書、一三二頁

(29) 前田久吉傳編纂委員会編、前掲書

(30) 宮本吉夫「戦時下の新聞再編成（四）」『新聞研究』一九七五年一一月号、日本新聞協会、七六頁

(31) 青地晨『現代の英雄—人物ライバル物語』平凡社、一九五七年、一〇九—一一〇頁

(32) 大宅壮一「前田久吉とはどんな男か」『丸』一九五二年七月号、聯合プレス社、三二—四〇頁

(33) 大宅壮一「阪僑罷り通る」『人物鑑定法（下）』サンケイ新聞出版局、一九六七年、二〇一頁

(34) 前田久吉（述）「聴きとりでつづる新聞史」『別冊新聞研究』七号、一九七八年、

(35) 吉田、前掲書二五巻、二六八一頁

(36) 前掲書、二四三一頁

(37) 村上勝彦『進駐軍向け特殊慰安所ＲＡＡ』ちくま新書、二〇二二年

(38) 前田、前掲「聴きとりでつづる新聞史」

(39) 「特秘検発五二号」昭和一七年二月一二日付＝有山輝雄、西山武典編『情報局関係資料』（柏書房、二〇〇〇年）第七巻所収

(40) 「特秘検発一〇五号」昭和一七年三月六日付＝有山輝雄、西山武典編『情報局関係資料』（柏書房、二〇〇〇年）第七巻所収

(41) 吉田、前掲書二五巻、二六八三頁

(42) 未公開の産経新聞社史編纂資料から

(43)『日本新聞報』一九四三年一〇月七日付、日本新聞会
(44)岡村二一『新聞新体制の理論と実際』東京帝国大学文学部新聞研究室、一九四三年、五二—五三頁=奥平康弘編『言論統制文献資料集成第一三巻』日本図書センター、一九九二年所収
(45)岡村二一（一九〇一—一九七八）は日本の新聞記者、ジャーナリスト。特殊法人「日本新聞會」が設立されると専務理事に任命され新聞統合にあたった。のち東京タイムズ社長
(46)春原昭彦『四訂日本新聞通史』新泉社、二〇〇三年、二一三頁
(47)宮本吉夫「戦時下の新聞再編成（二）」『新聞研究』一九七五年九月号、日本新聞協会、および（三）、一九七五年一〇月号
(48)未公開の産経新聞社史編纂資料から
(49)未公開の産経新聞社史編纂資料から
(50)吉田、前掲書二六巻、二八三七頁
(51)前掲書、二八四〇頁
(52)鷲谷武（述）「文楽と大阪と私」大阪PR協会編『おおさか』一九七三年二月号、三二—三五頁
(53)前掲記事、三二—三五頁
(54)織田作之助『夫婦善哉』創元社、一九四〇年
(55)大谷晃一『生き愛し書いた—織田作之助伝』講談社、一九七三年、二〇八頁
(56)織田作之助『西鶴新論』修文館、一九四二年、八三頁
(57)吉田、前掲書二二巻、二三六〇頁
(58)未公開の産経新聞社史編纂資料から
(59)未公開の産経新聞社史編纂資料から
(60)未公開の産経新聞社史編纂資料から
(61)式正次『新聞外史』新聞之新聞社、一九五八年、一五〇頁
(62)前田久吉傳編纂委員会編、前掲書、二〇六頁

(63) 吉田、前掲書七巻後篇、四八七〇頁

■第五章

(1) 小山仁示、芝村篤樹『大阪府の百年』山川出版社、一九九一年、二三五頁
(2) 吉田禎男『わが思出の記』三八巻、四〇二六頁
(3) 未公開の産経新聞社史編纂資料から
(4) 大宅壮一「前田久吉とはどんな男か」『丸』一九五二年七月号、聯合プレス社、三三―四〇頁
(5) 河合勇『新聞の今昔―激動する新聞戦国史』新日本新聞社、一九七三年、一一二頁
(6) 小野秀雄『新聞研究五十年』毎日新聞社、一九七一年、二七一頁
(7) 中川一徳『二重らせん―欲望と喧噪のメディア』講談社、二〇一九年
(8) 「コクサイ友の会」文集編集委員会編『國際新聞の思い出』非売品、一九九七年、一頁
(9) 未公開の産経新聞社史編纂資料から
(10) 福山琢磨「日中友好の旗印として華僑が発行―大阪の新聞興亡史」『大阪春秋』二〇〇七年新年号、新風書房、四〇―四五頁
(11) 茂木雄吉「新聞界の怪物前田久吉」『人物往来』一九五二年二月号、二四―二七頁
(12) 清水伸『前久外伝』誠文図書、一九八二年、一七四頁
(13) 前掲書、一七四頁
(14) 板倉卓造（述）「聴きとりでつづる新聞史」『別冊新聞研究』第一号、一九七五年
(15) 前田久吉（述）「聴きとりでつづる新聞史」『別冊新聞研究』第七号、一九七八年、四八頁
(16) 清水伸『板倉卓造抄伝　学者・教授・新聞記者』非売書、一九八四年、一七二頁
(17) 板倉、前掲「聴きとりでつづる新聞史」、一二〇頁
(18) 前掲記事、一一八頁
(19) 前田久吉傳編纂委員会編『前田久吉傳』日本電波塔、一九八〇年、二三一頁

(20) 酒井寅吉『ジャーナリスト―新聞に生きる人びと』平凡社、一九五六年、一九三頁
(21) 清水、前掲「板倉卓造抄伝―学者・教授・新聞記者」、一七五頁
(22)『日本新聞報』一九四六年一月三日付
(23)『日本新聞報』一九四五年一二月一〇日付
(24) GHQ/SCAP Civil Information and Education Section (CIE) Analysis and Research Division. Information Media Research., Special Report: The Jiji Shimpo Publishing Company., 25 Oct. 1946., pp6-7.
(25) 前田久吉傳編纂委員会編、前掲書、七〇一頁
(26) 前田久吉「逸翁を偲びて」小林一三翁追想録編纂委員会編『小林一三翁の追想』小林一三翁追想録編纂委員会、一九六一年、一六二頁
(27) 前掲書、一六四―一六五頁
(28) 松浦行真『人間・水野成夫』サンケイ新聞社出版局、一九七三年、三六一頁
(29) 小林一三、前田久吉（対談）「二人の『今太閤』大いに語る―事業の面白味ここにあり」『キング』一九五二年一二月号、一一四―一二三頁
(30) 久米茂「ある追放者前田久吉の場合」『思想の科学』一九六六年八月号、四六頁
(31) 前田久吉傳編纂委員会編、前掲書、二三四頁
(32) 吉田、前掲書三七巻、三九六四頁
(33) 前掲書、三九六六頁
(34) 吉田、前掲書三八巻、四〇二八頁
(35) 前掲書、四〇三二頁
(36) 前田久吉「新聞経営三十年」『経済往来』一九五一年六月号、七三頁
(37) 未公開の産経新聞社史編纂資料から
(38) 吉田、前掲書三八巻、四〇三一頁
(39) 前田久吉傳編纂委員会編、前掲書、二三九頁
(40) 前掲書、二三九頁

(41) 前掲書、二四七頁
(42) 石原保「右手にソロバン、左手に〝情〟を」大阪商工会議所編『Chamber』第二八六号、三六頁
(43) 宮野澄『人間横丁—愛と反骨と—』毎日新聞社、一九八二年、一八〇—一八六頁
(44) 前田久吉『新聞生活四十年—日々これ勝負』創元社、一九五三年、一九二頁
(45) 清水、前掲『前久外伝』、一九二頁
(46) 前田久吉傳編纂委員会編、前掲書、二四九頁
(47) 未公開の産経新聞社史編纂資料から
(48) 清水、前掲『前久外伝』、一九三頁
(49) 前田久吉傳編纂委員会編、前掲書、二五一頁
(50) 前掲書、三一〇頁
(51) 未公開の産経新聞社史編纂資料から
(52) 正木毅「初期・三代の思出」『旧友会報（産経OB組織の会報）』二〇一一年一月一日付
(53) 電通九〇年史編纂委員会編『虹をかける者よ—電通九〇年史一九〇一—一九九一』電通、一九九一年、一四三頁
(54) 正木、前掲記事
(55) 波多尚（述）「聴きとりでつづる新聞史」『別冊新聞研究』第一四号、一九八二年
(56) 正木、前掲記事
(57) 小山房二「世界日報の合併」『サンケイHOME　JOURNAL』一九六八年四／五月号、八頁
(58) 小山房二「ベトナムでのスクープ」『月刊官界』一九八三年八月号、二〇六頁
(59) 来栖良夫「『子ども新聞』と『学級・学校新聞』」『児童問題講座　第五巻』新評論社、一九五四年、一一八頁
(60) 波多、前掲記事
(61) 佐藤純子「『石井光次郎日記』にみる新聞共同販売と戦時統制」『東京電機大学総合文化研究』二〇一七年一一月号、一一九頁
(62) 社団法人日本新聞販売協会編『新聞販売概史』社団法人日本新聞販売協会（非売品）、一九七九年、三五八—三五九頁

(63) 新田宇一郎「戦後販売合戦記」『文藝春秋』一九五二年一二月号、一二八―一三九頁
(64)「新聞の死闘」『時事通信』一九五三年四月三日付
(65) 太田有楽斎「紙のカーテン大いに揺らぐ―新聞販売合戦うら話」『経済往来』一九五二年一二月号、一四九頁
(66) 未公開の産経新聞社史編纂資料から
(67) 正木、前掲記事
(68) 前川八郎「三〇〇万人を動員した婦人とこども博」『サンケイHOME JOURNAL』一九六八年六／七月号、一〇頁
(69) 前田久吉傳編纂委員会編、前掲書、二六一頁
(70) 前掲論文、一六二頁
(71) 前田冨次郎編『講和記念婦人とこども大博覧会記念誌』産業経済新聞社・大阪新聞社、一九五二年
(72) 松本郁子「村岡花子の社会活動―東京婦人会館をめぐって」『史料室だより』二〇一八年五月一〇日号、東洋英和女学院史料室委員会、一―二頁。
(73) 阪田寛夫『わが小林一三』河出書房新社、一九八三年、一四六頁
(74) 前掲書、一四四頁
(75)『産経学園五十年史』産経学園、二〇〇五年、四二頁
(76) 本郷貫一郎『小売王奮戦記―アイデアと信念の勝利』徳間書店、一九六二年、一三四頁
(77) 早嶋喜一回顧録刊行会編『風雪有情―早嶋喜一回顧録』非売品、一九六八年
(78) 前田久吉傳編纂委員会編、前掲書、一九八頁
(79)「殿様商売を抜け出す法」『経営学と応用の知恵200例』自由国民社、一九六七年、一一三頁
(80) 早嶋喜一「結婚相手を見つける広場」『全生季刊』一九六三年一二月、三三―三四頁
(81) 早嶋喜一、村岡花子ほか「新時代の結婚はこのように」『主婦と生活』一九五六年三月号、三七二―三七八頁
(82) 早田雄二「昭和を熱くした女性五〇人　伊東絹子」『文藝春秋』一九九〇年二月号、三四〇頁
(83) 加藤新一編『米国日系人百年史―在米日系人発展人士録』新日米新聞社、一九六一年、八八頁
(84) 楠田實編著『産経新聞政治部秘史』講談社、二〇〇一年、三七二頁

(85) 吉田、前掲書一一巻、一二二七—一二三〇頁
(86) 「スタイル社の盛衰」『NPO宇野千代生家HP』http://www.unochiyoseika.jp/content/unochiyo_20.html 二〇二三年三月一八日閲覧
(87) 前田久吉傳編纂委員会編、前掲書、七二六頁
(88) 前掲書、七三六頁
(89) 前田ヒサ『マザー牧場誕生物語』産経新聞出版、二〇一四年
(90) 前掲書、四七頁
(91) 前田ヒサ(述)『産経新聞販売特別号・勢い』産経新聞大阪本社販売局、一九九八年
(92) 前田ヒサ、前掲書、二三頁
(93) 川口松太郎「前田久吉論—新聞界の鬼」『文藝春秋』一九五二年九月号、一四九頁
(94) 旺文社編『若き日の思い出』旺文社、一九五五年、二六一頁
(95) 未公開の産経新聞社史編纂資料から
(96) 上田耕作「喜びの大阪新社屋完成」『サンケイHOME JOURNAL』一九六八年四/五月号、一八—一九頁
(97) 清水、前掲『前久外伝』、二二四頁
(98) 川口、前掲記事
(99) 前田久吉傳編纂委員会編、前掲書、三〇五頁
(100) 赤沼三郎「前田久吉と本田親雄」『人物往来』一九五二年八月号、三二頁
(101) 畠山清行「不屈の闘魂—水呑み百姓の小倅から大産経を築き上げた、前田久吉の半生」『人物往来』一九五七年八月号、六八頁
(102) 未公開の産経新聞社史編纂資料から
(103) 未公開の産経新聞社史編纂資料から
(104) 佐藤一段『関西経済人—ちょっと味な昔噺二八集』文藝春秋企画出版部、二〇一六年一二月、二七九頁
(105) 植田新也『戦中・戦後、そして今』一一四頁。私家本。同書に奥付はないが、「あとがき」の日付は二〇〇六年六月三〇日になっている
(106) 俵孝太郎「全学連、テロ、共産党—激動の渦中で」楠田實編著、前掲書、一二五頁

(107) 山本文雄『ある時代の鼓動』新泉社、一九七七年、二一四頁
(108) 板倉、前掲記事、日本新聞協会
(109) 前田、前掲「聴きとりでつづる新聞史」、五六頁
(110) 前田久吉傳編纂委員会編、前掲書、三一八頁
(111) 川口松太郎「前田久吉という人物」『産経時事パンフレット』(一九五七年発行)
(112) 前田ヒサ、前掲書、五一頁
(113) 前田久吉傳編纂委員会編、前掲書、三五一頁
(114) 前田ヒサ、前掲『産経新聞販売報特別号・勢い』
(115) 前田、前掲「聴きとりでつづる新聞史」
(116) 未公開の産経新聞社史編纂資料から
(117)「新産経誕生の内幕」『財界』一九五九年一月号、三七頁
(118) 飛車金八「出馬する新聞界の〝今太閤〟」『週刊サンケイ』一九五三年五月三日号
(119) 吉田、前掲書四一巻、四三四〇頁
(120) 前田久吉傳編纂委員会編、前掲書、三五三頁
(121) 前掲書、三二三頁
(122) 前掲書、三七〇頁
(123) 吉田、前掲書四四巻、四六五二頁
(124) 清水、前掲『前久外伝』、三七頁
(125) 前掲書、三七頁
(126) 木下半治『右翼テロ—泥沼にうごめく反動団体』法律文化社、一九六〇年、一六四頁
(127) 花村仁八郎(述)「経団連の政治献金斡旋はこう築かれた」『エコノミスト』一九九四年五月二四日号、八八—九三頁
(128) 中川一徳『メディアの支配者』(下)講談社、二〇〇五年、一五六—一五八頁

(129) 『鹿園』一九八六年八月号、鹿野山禅青少年研修所、四頁
(130) 「福田『将軍』を足繁く訪れる『ご老公』の正体」『週刊現代』一九七八年三月九日号
(131) 山本武利『占領期メディア分析』法政大学出版局、一九九六年、二〇三頁
(132) 前田久吉「機械力と人間」『電波時報』一九五三年三月号、一七頁
(133) 佐藤卓己『新版現代メディア史』岩波書店、二〇一八年、二二〇頁
(134) 前田久吉傳編纂委員会編、前掲書
(135) 前掲書、三四一頁
(136) 前田久吉『東京タワー物語』東京書房、一九五九年、一二頁
(137) 鮫島敦『東京タワー50年』日経ビジネス人文庫、二〇〇八年、六四頁
(138) 石原保「東京タワー建てたんは浪花男や」『月刊公論』一九九二年一二月号、一〇三―一〇四頁
(139) 清水、前掲『前久外伝』、二九〇頁
(140) 佃均『日本IT書紀』第三分冊、ナレイ、二〇〇五年、四六―四七頁。梅澤隆、内田賢『ソフトウェアに賭ける人たち―情報サービス産業人物列伝』コンピュータ・エージ社、二〇〇一年、四一―四三頁にも同様の記述がある
(141) 鹿内信隆『泥まみれの自画像（上）』扶桑社、一九八八年、一八三頁
(142) 松尾三郎「電波塔の建設とその目的」『放送技術』一九五八年一一月号、兼六館出版、一―四頁
(143) 鹿内、前掲書、一八九頁
(144) 前田久吉（述）「話題の人に聞く　世界の新名所・テレビ塔への情熱」『週刊サンケイ』一九五八年七月八日号、三二―三三頁
(145) 前田、前掲書、一三頁
(146) 岡田昌彰『テクノスケープ―同化と異化の景観論』鹿島出版会、二〇〇三年、六五頁
(147) 松尾三郎「東京タワーの建設について」『電気通信』一九五八年一二月号、電気通信協会、一四頁
(148) 前田久吉傳編纂委員会編、前掲書
(149) 福田定一『名言随筆サラリーマン』六月社、一九五五年、二四頁

(150) 司馬遼太郎「「竜馬がゆく」がうまれるまで」『サンケイ社内報』一九六三年新春特別号、二二頁
(151) 「前田久吉の二四時間」『丸』一九五三年一〇月号、五二—五七頁
(152) 一九四二年から四五年にかけて、治安維持法違反の容疑で編集者、新聞記者ら約六〇人が逮捕され、約三〇人が有罪となり、四人が獄死した事件。戦後、無実を訴える元被告人やその家族・支援者らが再審請求を続け、二〇〇五年に再審開始、罪の有無を判断せず裁判を打ち切る免訴判決が下された。
(153) 酒井寅吉『ジャーナリスト—新聞に生きる人びと』平凡社、一九五六年、一〇五頁
(154) 前掲書、一四八—一四九頁
(155) 前掲書、一七五頁
(156) 前掲書、一五二頁
(157) 前掲書、一六四頁
(158) 前掲書、二〇九頁
(159) 山本文雄『ある時代の鼓動』新泉社、一九七七年、二一四頁
(160) 吉田、前掲書四四巻、四六二九頁
(161) 松浦、前掲書、三六〇頁
(162) 前掲書、三六一頁
(163) 前掲書、三六一頁
(164) 中川一徳『メディアの支配者』(上)講談社、二〇〇五年、一三二頁
(165) 菅本進『前田・水野・鹿内とサンケイ』東洋書院、一九九六年、三二頁
(166) 前掲書、二七頁
(167) 前掲書、五五頁
(168) 前掲書、二一頁
(169) 清水、前掲『前久外伝』、四一一頁

（170）前掲書、二六九頁
（171）前掲書、二四五頁
（172）鮫島、前掲書、九八頁
（173）前田ヒサ、前掲書、六二頁
（174）前掲書、一〇二頁
（175）菅本、前掲書、四二頁
（176）前掲書、五九頁
（177）前掲書、五八頁
（178）大草実、萱原宏一、下村亮一「昭和百人物を語る」『経済往来』一九九〇年三月号、二一八頁
（179）吉田、前掲書（巻号不明）、四九六七頁
（180）前掲書、五〇一〇頁
（181）中川、前掲書、三五二―三五四頁
（182）俵孝太郎「東西人事交流の第一陣」楠田實編著、前掲書、四〇五頁
（183）前田ヒサ、前掲書、六二頁

■第六章

（1）「世界一〝正力タワー〟への風当たり」『財界』一九六八年九月号、八一―一頁
（2）前田ヒサインタビュー『産経新聞販売特別号・勢い』産経新聞大阪本社販売局、一九九八年
（3）松山秀明『テレビ越しの東京史―戦後首都の遠視法』青土社、二〇一九年、五〇頁
（4）佃均『日本IT書紀』第三分冊、ナレイ、二〇〇四年、四九頁
（5）有馬哲夫『日本テレビとCIA』宝島SUGOI文庫、二〇一一年、四七頁
（6）松田浩『ドキュメント放送戦後史』（一）双柿舎、一九八〇年、二五〇―二五一頁

(7) 谷島宣之「ソフトウエア、それが問題だ」https://xtech.nikkei.com/it/atcl/column/14/122200131/01050008/ 二〇二三年四月二八日閲覧
(8) 産経新聞の社史編纂資料(未公開)による。本来なら表に出せない資料であり、また、もはや確認をとることもできないが、極めて興味深い内容が含まれているため、差し障りがないと判断できる範囲で紹介した。
(9) 鵜澤昌和(一九一八―二〇一九)は、日本の経営学者。ブリジストンタイヤなどを経て研究生活に入り、青山学院大学学長、東京家政学院大学学長を歴任した。
(10) 佃、前掲書第四分冊、一三四頁
(11) 前田久吉傳編纂委員会編『前田久吉傳』日本電波塔、一九八〇年、三四七頁
(12) 前田久吉『母を憶う』旭屋書店、一九五八年、三一頁
(13) 吉田禎男『わが思出の記』巻号不明、四九五四頁
(14) 「創立一五周年記念特集」『大阪電通高新聞』第一九号、一九五六年一〇月一日付
(15) 『友電会からみた「学史・草創期編」』(大阪電気通信大学提供資料)による
(16) 『学園二七年の歩み』学校法人大阪電気通信学園(大阪電気通信大学提供資料)による
(17) 前掲資料
(18) 佃、前掲書第三分冊、二八三―二八九頁
(19) 二〇二二年八月五日に東京タワーにて行ったインタビューによる
(20) 前田久吉「忙中の茶」『淡交』一九五三年五月号、二一頁
(21) 前田久吉「小泉先生の思い出」『小泉信三先生追悼録』新文明発行所、一九六六年、九四―九五頁
(22) 前田久吉傳編纂委員会編、前掲書、四五四頁
(23) 高見順「高見順日記　昭和三八年一月一日―二月一六日」『世界』一九六七年八月号、三〇三頁
(24) 福田清人『児童文学のすすめ』、愛育出版、一九六六年
(25) 宮澤信一「独自の流通構築をめざす若手生産者と実需者」『生鮮取引電子化推進協議会会報』第七七号、二〇一七年九月、一一頁
(26) 『本社の南方諸新聞経営―新聞非常措置と協力紙』朝日新聞社社史編修室(社内用資料)、一九七〇年、三六七頁

(27) 「「大阪日日」再建の背後に前田久吉氏」『時事通信　時事解説版』一九六七年五月三〇日号、一一頁
(28) 前田久吉（述）「青少年教育に賭ける八十歳の執念」『実業の世界』一九七六年六月号、四五―四七頁
(29) 岩井正和「都会人によりよい自然環境を―〝禅の心〟が根底に流れる異色の観光企業」『月刊中小企業』一九八六年四月号、二六―二九頁
(30) 青地晨『現代の英雄―人物ライバル物語』平凡社、一九五七年、七三―一一〇頁
(31) 佐野眞一『巨怪伝―正力松太郎と影武者たちの一世紀』文藝春秋、一九九四年
(32) 前掲書、一〇八―一〇九頁
(33) 前田久吉「勝たなければ負ける」扇谷正造編『学校は出なくても―十一人の名士の歩んだ道』有紀書房、一九五七年、四一頁

■**おわりに**

(1) 植田康夫「ある新聞人の死」『知識』一九八六年七月号、彩文社、二〇六―二〇七頁
(2) 佐藤卓己『負け組のメディア史―天下無敵野依秀市伝』岩波現代文庫、二〇二一年、四二六頁
(3) 吉見俊哉『都市のドラマトゥルギー』弘文堂、一九八七年、七頁
(4) セルトー（山田登世子訳）『日常的実践のポイエティーク』ちくま学芸文庫、二〇二一年（原書刊行・一九八〇年、初訳・国文社、一九八七年）、二三二頁
(5) 前掲書、二三六頁
(6) 吉見俊哉「東京タワーとモンスター」（講演要旨）公益財団法人吉田秀雄記念事業財団ホームページ https://www.yhmf.jp/school/report/yoshimi/ 二〇二三年五月一日閲覧
(7) 吉見、前掲『都市のドラマトゥルギー』八一九頁
(8) 日高勝之『昭和ノスタルジアとは何か』世界思想社、二〇一四年、一八二頁
(9) 見田宗介『まなざしの地獄』河出書房新社、二〇〇八年、五七―五九頁
(10) 速水健朗『東京β』筑摩書房、二〇一六年、一五三頁
(11) 前掲書、一六二頁

(12) リリー・フランキー『東京タワー　オカンとボクと、時々、オトン』新潮文庫、二〇一〇年、三〇五―三〇六頁
(13) 江國香織『東京タワー』マガジンハウス、二〇〇一年
(14) 江上剛『東京タワーが見えますか』講談社、二〇一二年
(15) 麻布競馬場『この部屋から東京タワーは永遠に見えない』集英社、二〇二二年
(16) 泉麻人『東京タワーの見える島』講談社、一九九六年
(17) 山口理『東京タワーに住む少年』国土社、二〇二三年
(18) 前田久吉「世界に誇る東京タワー」『郵政』一九五九年六月号、三〇頁
(19) 前田ヒサ『マザー牧場誕生物語』産経新聞出版、二〇一四年、一七〇頁
(20) ケインズ（山形浩生訳）『雇用、利子、お金の一般理論』講談社学術文庫、二〇一二年
(21) アカロフ／シラー（山形浩生訳）『アニマルスピリット』東洋経済新報社、二〇〇九年、五頁
(22) 森彰英「悟りきった怪物前田久吉」『陰の主役』行政通信社、一九七五年、二九八頁
(23) 山本明「関西ジャーナリズム論」『出版ニュース』一九六九年七月下旬号、七頁
(24) 前掲論文
(25) レジー『ファスト教養―10分で答えが欲しい人たち』集英社新書、二〇二二年、八六―八七頁

前田久吉年譜

1893（明治26）年、0歳
4月22日、天下茶屋に生まる

1894（明治27）年、1歳
茶臼山に引っ越し

1895（明治28）年、2歳
日清戦争

1900（明治33）年、7歳
天王寺師範学校附属小学校に入学

1903（明治36）年、10歳
小学校卒業、漬物桶店で丁稚奉公。第5回内国勧業博覧会

1904（明治37）年、11歳
日露戦争勃発

1905（明治38）年、12歳
日露戦争終結

1906（明治39）年、13歳
呉服問屋で丁稚奉公

1909（明治42）年、16歳
呉服問屋を退去

1910（明治43）年、17歳
米国渡航を模索

1912（大正元）年、19歳
天下茶屋に転居

1913（大正2）年、20歳
有川新聞舗の手伝いを始める。徴兵検査を受け、丙種合格。

1914（大正3年）、21歳
有川新聞舗の経営を引き受ける。第一次世界大戦勃発

1915（大正4）年、22歳
全国高校野球選手権大会始まる
1916（大正5）年、23歳
1月、野杁《のいり》テルと結婚
1917（大正6）年、24歳
有川新聞舗の店舗を新築。村山龍平、本山彦一が来訪。2月、ロシア革命
1918（大正7）年、25歳
米騒動。白虹事件。第一次世界大戦でドイツ降伏
1920（大正9）年、27歳
南大阪新聞創刊
1922（大正11）年、29歳
このころ南大阪新聞を日刊化
1923（大正12）年、30歳
このころ南大阪新聞を夕刊大阪新聞と改題。関東大震災
1924（大正13）年、31歳
夕刊大阪新聞社を天下茶屋から土佐堀に移転。大阪市内に進出。「春のセンバツ」始まる
1925（大正14）年、32歳
紙面にラジオ欄を創設。先に始めた映画欄とともに好評博す。ラジオ放送開始
1926（大正15、昭和元）年、33歳
10月、堺市大浜で「キネマと劇博覧会」
1927（昭和2）年、34歳
4月、夕刊大阪新聞社を土佐堀から堂島浜通に移転。7月、従来の個人経営を株式会社に改組し社長に就任。3月、片岡失言により昭和恐慌
1928（昭和3）年、35歳
小中学生向け学校版を新設。2月、第1回普通選挙

1930（昭和5）年、37歳
夕刊大阪、第2印刷工場新設
1931（昭和6）年、38歳
囲碁将棋欄開設。本因坊秀哉と呉清源の記念対局主催。西銀座に東京支社開設。9月、満州事変勃発
1932（昭和7）年、39歳
12月、本山彦一死去。国際連盟によるリットン調査団が報告書公表
1933（昭和8）年、40歳
4月、『陸軍光栄録』編纂。日赤病院に入院。6月、日本工業新聞創刊。11月、村山龍平死去。国際連盟脱退。京都帝大で滝川事件。ゴー・ストップ事件
1934（昭和9）年、41歳
満蒙大博覧会開催。11月、日本工業新聞の染織版を独立して日刊日本染織新聞を創刊。武藤山治暗殺。室戸台風襲来
1935（昭和10）年、42歳
4月、大阪城前で日本近代工業大博覧会。生駒山道場で断食。母シゲノ死去。時事新報再建着手。12月、大阪・日工東京支社を西銀座から有楽町の日本閣ビルに移す。天皇機関説問題。永田鉄山刺殺
1936（昭和11）年、43歳
2月、東京で日本工業大博覧会。二・二六事件。年末、時事新報社解散。11月、日独防共協定
1937（昭和12）年、44歳
株式会社東日館設立、専務に就任。7月、盧溝橋事件
1938（昭和13）年、45歳
1月、中国・天津に日本工業新聞社が「北支工業斡旋所」設置、営業活動の拠点とする。9月、三菱、藤田組所有の毎日株を引き受け毎日新聞社取締役就任。9月、大陸と内地を結ぶ「大陸工業通信」発行。10月、東日館竣工、プラネタリウムが人気呼ぶ

1939（昭和14）年、46歳
3月、株式会社日本工業新聞社を資本金18万円で設立。9月、織田作之助が日本工業新聞に入社。同月、ドイツがポーランドに侵攻

1940（昭和15）年、47歳
12月、江戸堀に本社移転。既存の建物を改造したこれまでと違い、初めて新聞社として建築された建物だった。大阪毎夕新聞を統合。汪兆銘南京政府樹立。大政翼賛会発足

1941（昭和16）年、48歳
5月、大阪日日、関西中央などを合併。9月、福良虎雄没。新聞連盟発足。12月、新聞共販制開始。真珠湾攻撃

1942（昭和17）年、49歳
大阪時事新報を合併。6月、大阪新聞創刊。8月、父音吉死去。11月、愛知以西の業界紙など33紙を統合、日本工業新聞を終刊し、産業経済新聞創刊。毎日から編集局長として藤岡啓、監査役として奥村信太郎が参加

1943（昭和18）年、50歳
4月、大阪・東京間に直通電話開設。5月、大阪毎日新聞社取締役辞任。山本五十六戦死。アッツ島玉砕

1944（昭和19）年、51歳
新聞はペラ1枚の時代に。11月、東京初空襲

1945（昭和20）年、52歳
3月13日の空襲で江戸堀の本社焼失。4月、ヒトラー、ムッソリーニ死亡。8月6日、広島に原爆投下、出張中の地方部次長が殉職。太平洋戦争終結。新聞用紙割当委員に就任

1946（昭和21）年、53歳
元旦に東京で時事新報復刊。2月、大阪時事新報復刊。公職追放

1947（昭和22）年、54歳
近畿無尽会社の増資に協力、大阪印刷株式会社を設立、東亜電気通信学校再建を引き受ける。用紙割当委員会が

GHQの示唆に基づき購読希望調査

1948（昭和23）年、55歳
東西証券株式会社を設立。東亜電気通信高等学校（のち大阪電気通信大学）を設立。

1949（昭和24）年、56歳
不破証券を合併して今橋証券設立。9月、用紙割当委員会（用紙割当審議会と改称）が過去3年間停止していた新規割り当てを再開、地方夕刊に割り当て。用紙事情の改善に伴い「夕刊旋風」

1950（昭和25）年、57歳
3月、産経の東京印刷開始。4月、妻テル死去。10月、公職追放解除。同月20日、大阪新聞、産業経済新聞の社長に復帰。東京産経を戦後初めて朝夕4頁発行とし好評。12月、朝毎読が一斉に夕刊発行。大阪不動銀行設立。

1951（昭和26）年、58歳
4月、新聞用紙を除くパルプの統制撤廃。4月、東京産経が『世界日報』を吸収合併。5月、新聞用紙の統制解除、11年間にわたる用紙割当制度が終結。東京産経が8月、専売制一本に移行

1952（昭和27）年、59歳
3月、「講和記念婦人とこども大博覧会」。6月、梅田・桜橋に産経会館ビル（大阪）完成。11月、大阪読売新聞創刊

1953（昭和28）年、60歳
第3回参院選に全国区から出馬し当選。5月、杉原ヒサと結婚

1955（昭和30）年、62歳
2月、産経東京本社に勝田重太朗、大阪本社に沢村義夫を社長に据え、両本社の会長となる。2月、東京・大手町に産経会館（東京）竣工。11月、時事新報と合同

1956（昭和31）年、63歳
大関西テレビ放送による放送許可申請

1957（昭和32）年、64歳
5月、日本電波塔を設立し社長に就任。7月、テレビ放送予備免許

1958（昭和33）年、65歳
1月、日本工業新聞復刊。2月、関西テレビ放送設立、前田が社長に就任。3月、大阪放送を設立し社長に就任。10月、産経社長を水野成夫に譲り会長に就任。11月、関西テレビ開局。12月23日、東京タワー開業。

1959（昭和34）年、66歳
5月、参院再選。自民党に入党。房総開発設立。産経会長を辞任。自由国民連合を創立

1961（昭和36）年、68歳
大阪電気通信大学を創立

1963（昭和38）年、70歳
5月、マザー牧場開園

1964（昭和39）年、71歳
学校法人房総学園設立。デンマークで開かれた列国議員会議に日本の国会議員代表として出席

1965（昭和40）年、72歳
政界引退。近代農業と国際畜産ショー開催

1966（昭和41）年、73歳
水源を掘り当て、鹿野山水道株式会社を創立

1970（昭和45）年、77歳
ＦＭ大阪開局。ＦＭ東京に出資

1971（昭和46）年、78歳
10月、大阪電気通信学園理事長を辞し、理事に

1974（昭和49）年、81歳
東京タワー座禅会始める

1976（昭和51）年、83歳
鹿野山禅青少年研修所を創立
1977（昭和52）年、84歳
佛母寺を建立
1986（昭和61）年、93歳
5月4日、心不全のため死去

【り・る・わ】

【む】

【も】

【や】

【よ】

【ま】

【み】

【ひ】

【ふ】

【ほ】

【な】

【に】

【ね】

【の】

【は】

【ち・つ】

【て】

【と】

【す】

【せ】

【た】

【こ】

【さ】

【し】

【か】

【き】

【く】

【け】

【う】

【え】

【お】

■人名索引

＊注及び年表は対象から除外した。

＊頻出する「前田久吉」は採っていない。

【あ】

【い】

著者略歴

松尾理也（まつお・みちや）

1965年兵庫県生まれ。慶応義塾大学文学部卒業。産経新聞社に入社し、大阪社会部、東京社会部、外信部を経てロサンゼルス特派員、ニューヨーク特派員、フジサンケイビジネスアイ編集長などを歴任。大阪芸術大学短期大学部に転じ、教授、メディア・芸術学科長。京都大学大学院教育学研究科博士後期課程修了。博士（教育学）。主な著書に『大阪時事新報の研究―「関西ジャーナリズム」と福澤精神』（創元社、2021年）、『ルート66をゆく―アメリカの「保守」を訪ねて』（新潮新書、2006年）、『近代日本のメディア議員』（共著、佐藤卓己・河崎吉紀編、創元社、2018年）など。

装丁・ブックデザイン　森裕昌

叢書パルマコン・ミクロス m 06

前田《まえだ》久吉《ひさきち》、産経新聞《さんけいしんぶん》と東京《とうきょう》タワーをつくった大阪人《おおさかじん》

2023 年 11 月 20 日　第 1 版第 1 刷発行

著　者　松尾理也
発行者　矢部敬一
発行所　株式会社創元社
https://www.sogensha.co.jp/
〔本　　社〕〒 541-0047 大阪市中央区淡路町 4-3-6
Tel. 06-6231-9010 Fax. 06-6233-3111
〔東京支店〕〒 101-0051 東京都千代田区神田神保町 1-2 田辺ビル
Tel. 03-6811-0662
印刷所　株式会社太洋社

ISBN978-4-422-70130-1 C0021

pharmakon micros

叢書パルマコン・ミクロス
—叢書パルマコンの四六判姉妹シリーズ

---

01 偏愛的ポピュラー音楽の知識社会学

愉しい音楽の語り方

長﨑励朗［著］

216頁・定価（本体1,700円＋税）

---

02 近代日本の競馬

大衆娯楽への道

杉本竜［著］

344頁・定価（本体2,500円＋税）

---

03 コンスピリチュアリティ入門

スピリチュアルな人は陰謀論を信じやすいか

横山茂雄、竹下節子、清義明、堀江宗正、栗田英彦、辻隆太朗、雨宮純［著］

296頁・定価（本体2,200円＋税）

---

04 心理療法の精神史

山竹伸二［著］

304頁・定価（本体2,600円＋税）

---

05 怪異と妖怪のメディア史

情報社会としての近世

村上紀夫［著］

248頁・定価（本体2,400円＋税）